全国测绘地理信息职业教育教学指导委员会
测绘地理信息高等职业教育“十三五”规划教材

工程概论与识图

主　编　周　荣
主　审　李骏元

黄河水利出版社
·郑州·

内 容 提 要

本书是测绘地理信息高等职业教育“十三五”规划教材，是结合高等职业教育的教学特点和专业需要而设计和编写的。全书共7章，主要介绍土木工程的内涵和发展简史、土木工程结构、土木工程材料、土木工程施工以及工程识图基本知识、各类工程图纸的识读内容和方法等方面的知识及技能。针对建筑工程、道路工程、桥涵工程、地下工程、水利工程的结构和工程图纸的识读，介绍了土木工程的新成果、发展趋势和制图识图基本要求。

本书除可作为测绘地理信息教材外，也可作为土木工程类专业的工程技术及科研人员的参考书。

图书在版编目（CIP）数据

工程概论与识图/周荣主编.—郑州：黄河水利出版社，2020.1

测绘地理信息高职教育“十三五”规划教材

ISBN 978-7-5509-2549-6

Ⅰ.①工… Ⅱ.①周… Ⅲ.①工程制图-识图-高等职业教育-教材 Ⅳ.①TB23

中国版本图书馆CIP数据核字（2019）第282487号

组稿编辑：陶金志 电话：0371-66025273 E-mail：838739632@qq.com

出 版 社：黄河水利出版社 网址：www.yrcp.com

地址：河南省郑州市顺河路黄委会综合楼14层 邮政编码：450003

发行单位：黄河水利出版社

发行部电话：0371-66026940、66020550、66028024、66022620（传真）

E-mail：hhslcbs@126.com

承印单位：河南承创印务有限公司

开本：787 mm×1 092 mm 1/16

印张：13.25

字数：322千字 印数：1—3 000

版次：2020年1月第1版 印次：2020年1月第1次印刷

定价：39.00元

前 言

工程概论与识图是职业学校测绘类及相关专业的一门专业基础课程，主要介绍各类土木工程的内涵和发展简史、土木工程结构、土木工程材料、土木工程施工以及工程识图基本知识、各类工程图纸的识读内容和方法等方面的知识及技能。

工程建设日新月异，且在我国经济发展中的基础性地位日益突出。当前土木工程发展所面临的资源、环境压力日益加大。土木工程采用绿色、环保科技，走可持续发展的理念日益深入人心。近年随着高等学校招生规模逐步扩大，测绘类相关专业的招生规模显著增加，本书结合土木工程领域的最新进展、未来发展趋势以及土木工程结构的相关内容将各类工程图纸的识读方法介绍给本专业的学生，特别是刚入学的新生，对学生全面了解专业情况、树立专业意识和理想具有重要意义。

本书重点强调培养学生空间思维和空间想象能力及职业素养，了解各类土木工程的结构，掌握阅读各类工程图样的方法，为后续专业课的学习、课程设计和毕业设计，以及毕业后从事土木工程技术服务工作打下基础。编写过程中力求遵循学生学习规律、符合专业工作岗位内容，以应用为目标，以必需够用为度的原则。

本书编写内容精炼，由浅入深，图形美观，并配有形象逼真的立体图，将各种图示手法在教材的示范中进行应用，可读性强；专业工程图讲解系统、多样，与工程实践联系紧密，以利于学生向专业介入与深入学习。

本书共 7 章，由河南测绘职业学院承担编写工作，由周荣担任主编，李宏超担任副主编。其中，第 1、4 章由李俊宝编写；第 2、5 章由周荣编写；第 3、7 章由李宏超编写；第 6 章由荆地编写。全书由周荣负责统稿校订。本书由河南测绘职业学院李骏元担任主审。

编写过程中，编者参阅了国内外出版的有关教材和资料，同时也得到了一些工程设计和施工专家的有益指导，在此一并表示感谢！

由于编者水平有限，书中难免存在不妥与疏漏之处，恳请读者批评指正。

编 者
2019 年 10 月

目　录

前　言

第1章　绪　论

1.1　土木工程

1.1.1　土木工程的定义

中国国务院学位委员会在学科简介中把土木工程定义为:土木工程是建造各类工程设施的科学技术的总称,它既指工程建设的对象,即建在地上、地下、水中的各种工程设施,也指所应用的材料、设备和所进行的勘测设计、施工、保养、维修等技术。可见土木工程不但包括工程的对象,还包括利用工程材料和设备进行的各类技术性活动。可以看出,土木工程学科是一个专业涵盖极广泛的综合学科,它对国家的建设和发展起着重要的作用。

土木工程涉及的对象十分广泛,常见的包括房屋建筑、工业厂房、公路、桥梁、隧道、铁路、港口、码头、水库以及地下结构等建筑物和构筑物。它们与人们的日常生产和生活息息相关。例如,居住需要修建住宅,办公需要修建办公室,生产活动需要修建工厂,出行和运输需要修建道路、隧道、桥梁、铁路和码头,发电需要修建大坝和电厂,供应自来水需要修建水库、水渠和水厂等。此外,人类改造自然和探索太空的种种活动也离不开土木工程。例如,我国的南水北调工程需要开挖大量的沟渠和修建众多的泵站,人类的航空航天事业需要修建发射塔架以及各种附属设施等。随着时代的发展,土木工程的内容和形式也在不断地演化和扩充。由此,一些国家也将土木工程建设称为国家的“基本建设”。

1.1.2　土木工程的发展

人类出现以来,为了满足住和行以及生产活动的需要,从构木为巢、掘土为穴的原始操作开始,到今天能建造摩天大厦、万米长桥,以致移山填海的宏伟工程,经历了漫长的发展过程。土木工程的发展与社会、经济的发展有密切联系,但对土木工程的发展起关键作用的,首先是作为工程物质基础的土木建筑材料,其次是随之发展起来的设计理论和施工技术。每当出现新的优良的建筑材料时,土木工程就会有飞跃式的发展。

土木工程作为伴随人类发展而产生的一个传统产业,解决了人类生存和发展中住和行的问题,从开始就是人类生活的重要组成部分,它的发展是伴随着人类进步而不断发展的。

对土木工程的发展起关键作用的,首先是作为工程物质基础的土木建筑材料,其次是随之发展起来的设计理论和施工技术。每当出现新的优良的建筑材料时,土木工程就会有飞跃式的发展。根据材料的发展,土木工程经历了三次飞跃。

1.1.2.1　第一次飞跃

人们在早期只能依靠泥土、木料及其他天然材料从事营造活动,后来出现了砖和瓦这种人工建筑材料，使人类第一次冲破了天然建筑材料的束缚。我国在公元前 11 世纪的西周初期制造出瓦。最早的砖出现在公元前 5 世纪至公元前 3 世纪战国时代的墓室中。砖和瓦具有比土更优越的力学性能，不仅易于加工制作，而且能就地取材。

砖和瓦的出现使人们开始广泛地、大量地修建房屋和城防工程等。由此，土木工程技术得到了飞速的发展。在长达 2 000 多年的历史中，砖和瓦一直是土木工程的重要建筑材料，为人类文明做出了伟大的贡献，甚至在目前还被广泛采用。很多工程的建造都是通过匠人的代代相传，利用长期的经验，建造了很多有价值的传世佳作。下面举一些有代表性的工程实例：

(1)赵州桥(又名安济桥，见图 1-1)。位于河北赵县，由隋朝李春带领其他工匠设计建造，桥约建成于公元 605 年，距今已有 1 400 多年的历史，桥全长 64.4 m，净跨 37.02 m，拱高 7.23 m，是当今世界上跨径最大、建造最早的单孔坦弧敞肩型石拱桥。它也是世界上现存最早、保存最好的巨型石拱桥，虽经过无数次的水灾、地震和战乱，目前依然完好。

图 1-1　赵州桥

(2)万里长城(见图 1-2)。始建于春秋战国时期，秦朝统一中国后连成万里长城。准确地说，长城不只有一座，在 2 000 多年间，各代王朝在中国的北方修建了许多座长城，其中目前保存最完整的应属明代长城，明代除对过去的长城进行了修缮外，还进行了大规模扩建，使得长城总长达到近 7 000 km。长城是一座结构庞大、复杂的砖石结构边防堡垒，它是世界七大奇迹之一，是人类文明史上最伟大的建筑工程，其工程之浩繁、气势之雄伟，在世界建筑史上绝无仅有。

图 1-2　万里长城

(3)都江堰水利工程(见图1-3)。坐落于现在的四川省都江堰市城西,位于成都平原西部的岷江上。工程建于公元前256年左右,由战国时期的秦国蜀郡太守李冰父子主持设计建造,它是全世界至今为止,年代最久、唯一留存、以无坝引水为特征的宏大水利工程。工程设计巧妙合理,兼有灌溉、防洪、水运等作用,建堰2 000多年来经久不衰,而且发挥着愈来愈大的效益。都江堰的创建,以不破坏自然资源,充分利用自然资源为人类服务为前提,变害为利,使人、地、水三者高度和谐统一,它被认为是世界上最佳水资源利用的典范。

图1-3 都江堰

(4)山西应县佛宫寺释迦塔(俗称应县木塔,见图1-4)。位于山西应县城内西北佛宫寺内,木塔建于辽清宁二年(公元1056年),金明昌六年(公元1195年)增修完毕。是我国现存最高最古老的一座木结构塔式建筑,木塔建造在4 m高的台基上,塔高67.31 m,底层直径30.27 m,呈平面八角形。虽经历900多年的风雨侵蚀、地震战火,至今仍保存完好,它在我国古代建筑艺术中可以说达到了最高水平,即使现在也有较高的研究价值,也充分证明了我国古代木塔建筑的伟大成就。

图1-4 应县木塔

(5)古埃及金字塔(见图1-5)。是古埃及奴隶社会的方锥形帝王陵墓,数量众多,分布广泛,开罗西南尼罗河西古城孟菲斯一带最为集中。吉萨南郊8 km处利比亚沙漠中的三座尤为著名,其中第四王朝法老胡夫的陵墓最大,建于公元前27世纪,高146.5 m,相当于40层高的摩天大厦,底边各长 230 m,由 230 万块重约 2.5 t 的大石块叠成,占地52 900 m^2。塔内有走廊、阶梯、厅室等,全部工程历时 30 余年。塔东南有巨大的狮身人面像。整个工程规模宏大,是世界七大奇迹之一。

图 1-5　金字塔和狮身人面像

(6)古罗马斗兽场(见图 1-6)。位于今天的意大利罗马市中心,是古罗马时期最大的椭圆形角斗场,建于公元 72 ~ 80 年,现仅存遗迹。从功能、规模、技术和艺术风格各方面来看,古罗马斗兽场是古罗马建筑的代表作之一。古罗马斗兽场是世界新七大奇迹之一。斗兽场平面是长圆形的,相当于两个古罗马剧场的观众席相对合一。斗兽场长轴 188 m,短轴 156 m,围墙高 57 m,中央的表演区长轴 86 m,短轴 54 m,斗兽场有三层拱券结构看台,每层 80 个拱,形成了 80 个开口,观众们入场时分别从底层各拱门入场,然后沿着楼梯找到自己所在的区域,最后找到自己的座位。整个斗兽场最多可容纳 9 万人,却因入场设计周到而不会出现拥堵混乱,这种入场设计在今天的大型体育场依然沿用。

图 1-6　古罗马斗兽场

此外，北京故宫、承德避暑山庄、沈阳故宫、颐和园、明十三陵等古建筑群都是现存世上著名的古代木结构宫殿建筑群，特别是工程至今大部分完好，充分体现了中国古建筑的高超水平。

在长期的实践中，还出现了一些有经验的工匠总结的工程著作，如中国北宋李诫编著的《营造法式》，清代的《清工部工程做法》等。

1.1.2.2　**第二次飞跃**

钢材的大量应用是土木工程的第二次飞跃。17 世纪 70 年代开始使用生铁、19 世纪初开始使用熟铁建造桥梁和房屋，这是钢结构出现的前奏。从 19 世纪中叶开始，冶金业冶炼并轧制出抗拉和抗压强度都很高、延性好、质量均匀的建筑钢材，随后又生产出高强度钢丝、钢索，于是适应发展需要的钢结构得到蓬勃发展。除应用于原有的梁、拱结构外，新兴的桁架、框架、网架结构、悬索结构逐渐推广，出现了结构形式百花争艳的局面。建筑物跨径也从砖结构、石结构、木结构的几米、几十米发展到钢结构的百米、几百米，直到现代的千米以上。

为适应钢结构工程发展的需要，在牛顿力学的基础上，材料力学、结构力学、工程结构设计理论等应运而生。施工机械、施工技术和施工组织设计的理论也随之发展，土木工程从经验上升成为科学，在工程实践和基础理论方面都面貌一新，从而促进了土木工程更迅速的发展。

下面举一些有代表性的工程实例：

(1)埃菲尔铁塔(见图 1-7)。1889 年由法国建筑师古斯塔夫·艾菲尔设计，建造了高 300 m 的埃菲尔铁塔，直到 1930 年它始终是全世界最高的建筑。由于铁塔上增设了广播和电视天线，它的总高已达 320 m 左右。

图 1-7　埃菲尔铁塔

(2)中国京张铁路。中国工程师詹天佑于 1909 年主持设计，建造了全长 200 km 的京张铁路。

(3)旧金山金门大桥。1937 年由美国工程师约瑟夫·斯特劳斯主持设计，建造了金门悬索桥(见图 1-8)。大桥包括从钢塔两端延伸出去的部分，全长达 2 000 m，两个钢塔之间的大桥跨度就达 1 280 m，为世界所建大桥中罕见的单孔长跨距大吊桥之一。

图 1-8　金门悬索桥

(4)北京 2008 年奥运会国家体育场(鸟巢)(如图 1-9 所示)。设计者用树枝般的钢网把一个可容 10 万人的体育场“编织”成一个温馨“鸟巢”！其暴露的结构外观，充分体现了自然美。“鸟巢”结构设计也较奇特新颖，工程使用一种低合金高强度钢 Q460 钢材，其外形结构主要由巨大的门式钢架组成，共有 24 根桁架柱。建筑顶面呈鞍形，长轴为 332.3 m，短轴为 296.4 m，最高点高度为 68.5 m，最低点高度为 42.8 m。

图 1-9　北京 2008 年奥运会国家体育场(鸟巢)

1.1.2.3　第三次飞跃

19 世纪 20 年代，波特兰水泥制成后，混凝土问世了。混凝土的组成材料可以就地取材，混凝土制成的构件易于成型，但混凝土的抗拉强度很小，用途受到限制。19 世纪中叶以后，钢铁产量激增，随之出现了钢筋混凝土这种新型的复合建筑材料，其中钢筋承担拉力，混凝土承担压力，发挥了各自的优点。20 世纪初以来，钢筋混凝土广泛应用于土木工程的各个领域。

从30年代开始,出现了预应力混凝土。预应力混凝土结构的抗裂性能、刚度和承载能力,大大高于钢筋混凝土结构,因而用途更为广泛。土木工程进入了钢筋混凝土和预应力混凝土占统治地位的历史时期。混凝土的出现给土木工程带来了新的、经济的、美观的工程结构形式,使土木工程产生了新的施工技术和工程结构设计理论。这是土木工程的又一次飞跃发展。

下面举一些有代表性的工程实例:

(1)纽约帝国大厦(见图1-10)。1931年由美国著名的建筑师威廉·F.兰博设计,建成了103层的帝国大厦,大厦原本共381 m,20世纪50年代安装的天线使它的高度上升至443.7 m,大厦自1931年建成以来,雄踞世界最高建筑的宝座达40年之久。

图1-10 纽约帝国大厦

(2)上海东方明珠电视塔(见图1-11)。1994年建成,高468 m。仅次于加拿大多伦多电视塔和莫斯科电视塔,位居亚洲第一,世界第三。

(3)三峡工程(见图1-12)。是中国,也是世界上最大的水利枢纽工程,是治理和开发长江的关键性骨干工程。三峡工程水库正常蓄水位175 m,总库容393亿 m^3;水库全长600余km,平均宽度1.1 km;水库面积1 084 km^2。它具有防洪、发电、航运等综合效益。

(4)中央电视台总部大楼(见图1-13)。造型独特、结构新颖、高新技术含量高,在国内外均属“高、难、精、尖”的特大型项目,总建筑面积约55万 m^2,高约230 m, 正是这个方案以其突破常规的造型和结构,引起了巨大争议。

图 1-11　上海东方明珠电视塔

图 1-12　三峡工程

现代土木工程的发展是伴随着土木工程基础理论研究的飞速进步、新材料的不断出现、材料性能的不断提高、新型结构的不断发明创造、大型高水平施工机械的不断研发创新、现代计算机技术的出现而快速发展的。其中,计算机的出现与发展使复杂结构的分析不再是难以克服的工程问题,使土木工程建设日新月异、发展神速。

土木工程的信息化已经在土木工程实际施工的全过程中得到应用。土木工程信息化是用计算机、通信、自动控制等信息汇集处理高新技术对传统土木工程技术手段及施工方式进行改造与提升,促进土木工程技术及施工手段不断完善,使其更加科学、合理、有效地提高效率,降低成本。实现土木工程的信息化将引起土木工程企业管理方式的深刻革命,必然推动企业团队的重组及施工流程的优化,促使企业管理理念和手段的革新。土木工程的信息化是土木工程市场发展的高级阶段,必定融入现代物流业、电子商务业和信息产业,从而实现土木工程的高效益、高效率。土木工程信息化可以通过 BIM 技术实现,BIM 是以三维数字技术为基础,集成了建筑工程项目各种相关信息的工程数据模型,是对工程项目设施实体与

图 1-13 中央电视台总部大楼

功能特性的数字化随着经济持续稳定增长,城市化进程加快,以青藏铁路、南水北调、西气东输、西电东送等为代表的一大批西部大开发和国家能源交通基础设施项目,以北京奥运工程为代表的各大中城市的基础设施项目,还有量大面广的城乡住宅建设项目正处在建设高潮之中。如今实施迎接经济全球化挑战的大战略,土木工程作为国民经济的支柱产业之一,在这重要的发展机遇中肩负重任,所以必须把握住大课题,如土木工程的信息化建设,实现更高层次的技术创新和素质提升。

1.2 工程图纸

工程图简称图样,是根据投影法来表达物体的投影面,根据投影方式的不同可分为正投影和斜投影。最常见的工程图有一维投影、二维投影和轴测投影(立体投影,又叫三维投影)。按照规定,图纸需要画图框,根据图框的不同可以分为 Y 型图纸和 X 型图纸。

图样是工程界用来准确表达物体形状、大小和有关技术要求的技术文件。近代一切机器、仪器、工程建筑等产品和设备的设计、制造与施工、使用与维护等都是通过图样来实现的。设计者通过图样表达设计意图和要求;制造者通过图样了解设计要求、组织生产加工;使用者根据图样了解产品构造和性能、正确的使用方法和维护方法。因此,图样与文字、数字一样是表达设计意图、记录创新构思灵感、交流技术思想的重要工具之一,被喻为工程界的技术语言,是进行工程规划、设计和施工不可缺少的工具之一。工程图纸的识读,是工程技术人员表达设计意图、交流技术思想、指导生产施工等必须具备的基本知识和技能,工程技术人员必须熟练地掌握这种语言。

图纸是标有尺寸、方位及技术参数等施工所需细节和业主希望修建的工程实物的图示表达。它包含两层意思:①作为包括在合同内的工作的图纸;②由业主(或其代表)根据合同签发的增加和修改的图纸。

目前,工程图样已广泛应用于各个生产领域。为了使工程图样规范化,我国不断制定满足各行业需要的制图标准。各专业制图标准是以技术制图系列标准为蓝本,结合本专业的特点而制定的。建设部于 2001 年批准颁布了《房屋建筑制图统一标准》(GB/T 50001—

2001,2017 年修订,GB/T 50001—2017)、《总图制图标准》(GB/T 50103—2001,2010 年修订,GB/T 50103—2010)、《建筑制图标准》[GB/T 50104—2001,2010 年修订,《建筑给水排水制图标准》(GB/T 50104—2010)]、《建筑结构制图标准》(GB/T 50105—2001,2010 年修订,GB/T 50105—2010)、《给水排水制图标准》(GB/T 50106—2001,2010 年修订,GB/T 50106—2010)和《暖通空调制图标准》(GB/T 50114—2001,2010 年修订,GB/T 50114—2010),这 6 本标准是我国当前在房屋建筑工程方面正在实施的制图标准。交通部于 1992 年颁布了《道路工程制图标准》(GB 50162—1992)。水利部于 1995 年颁布了《水利水电工程制图标准》(SL 73.1 – 73.5—1995)。在土建工程中,还会遇到上述专业以外的有关图纸,此时就需查阅和使用我国现行的其他行业制图标准。制图标准将随着科学技术和国家建设的发展而不断地修订完善。世界各国和行业组织的制图标准也在不断地进行协调和统一。

1.3 测绘在工程各个阶段的应用

1.3.1 测绘工程

测绘科学是一门独立的工程科学,随着高新技术在测绘理论和实践中的应用,传统的测量概念正经历着迅速而深刻的演变。在高新技术的渗透下,测绘工程专业既充满古老永恒的魅力,又是一个与现代高新技术结合极为密切并极具发展潜力的专业。

测绘工程的应用涉及多个行业,尤其在城市规划管理、城市建设、环境工程、土地管理与房地产管理、交通管理与规划、国土规划、国防、矿业、水利与电力、农业、林业等多个领域中有着广泛的应用前景。

本专业着重加强了计算机应用和数字化技术专业应用课程的学习,包括计算机文化基础、计算机技术基础、C 语言、数据库原理与设计、数字测图等。主要专业课程有测量学、控制测量学、摄影测量与遥感、全球导航卫星系统(GNSS)、地理信息系统(GIS)、电子全站仪与电磁波测距仪、GIS 工程软件开发等。以计算机技术和数字化技术为支撑是该专业的特色。

本专业学生毕业后可到规划管理部门、城市建设、市政建设、路桥建设、城市管网测绘、国土资源管理、交通规划、房地产管理等部门工作。

1.3.2 测绘工程在土木工程中的作用

测绘工程是比较重要的一门学科,它在国家基本建设、国防、土地、各类土木工程中发挥着重要的作用,虽然在土木工程的学科介绍中未指明其具体的学科特点,但从项目运作和管理学的角度可以明确看出,不论是项目的前期、中期还是后期,测绘工程都扮演着不可缺少的角色,譬如在项目的前期,需要对当地的地形进行周密的勘察测绘,设计人员根据地形图等前期资料才能进行全面的项目设计,因此作为未来的测绘工程专业技术人员,需要多了解一些各类工程方面的特点,以便将来能尽快适应工程建设的需要。

1.4 本课程的内容和要求

本课程既考虑了工程图学和土木工程学自身的理论体系，又着重考虑了测绘专业的需要，取材上自成一体，主要内容包括：

(1)制图基本知识——介绍制图工具、仪器、用品的使用和维护方法，基本制图标准和几何作图等基本知识。

(2)投影作图——介绍绘制和阅读基本形体、组合体投影图的基本原理和方法。

(3)土建工程概述——介绍常见土建工程(包括房屋建筑工程、公路工程、桥隧工程、水利工程)勘测、设计、施工和有关工程设施的基本知识。

(4)识读工程图——介绍常见土建工程中工程图纸的内容、识读方法。

本课程是一门实践性很强的技术基础课。要学好这门课，最主要的是要坚持理论联系实际的学风，不但要认真钻研理论，还必须在理论指导下多画图，多读图，多参观施工现场。本课程主要研究绘制和阅读工程图样的方法，培养学生的制图技能和空间想象能力，使学生掌握工程类专业必备的土木工程图识读的基础知识和基本技能，为学生后续专业技能课程的学习打下基础；对学生进行职业意识培养和职业道德教育，使其形成严谨、敬业的工作作风，为今后解决生产实际问题和职业生涯的发展奠定基础。

第2章 制图与识图基础知识

2.1 制图基本知识

工程图样是工程界的技术语言，是建造房屋时进行施工的依据。为了使这一语言具有通用性，工程图样必须统一标准，以便于识读与交流，从而保证制图质量，提高制图效率，使图面清晰、简明，符合设计、施工和存档的要求。国家对建筑工程图样的内容、格式和画法等颁布了统一规范，如《房屋建筑制图统一标准》(GB/T 50001—2017)、《总图制图标准》(GB/T 50103—2010)和《建筑制图标准》(GB/T 50104—2010)等。下面主要介绍图幅与图框、图线、字体、比例、尺寸标注和基本绘图步骤等内容。

2.1.1 图幅与图框

2.1.1.1 图幅

图幅即图纸的幅面大小。图纸幅面与图框尺寸应符合表2-1的规定。图纸幅面规格见图2-1。

表2-1 幅面及图框尺寸 (单位:mm)

尺寸代号	幅面代号				
	A0	A1	A2	A3	A4
$B \times L$	841×1 189	594×841	420×594	297×420	210×297
c	10			5	
a	25				

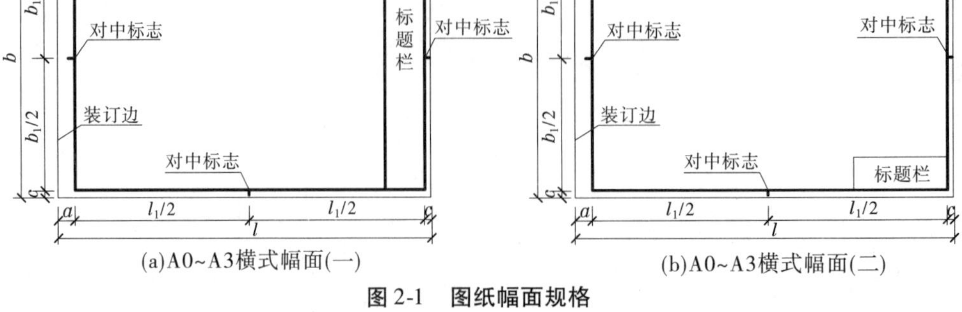

图2-1 图纸幅面规格

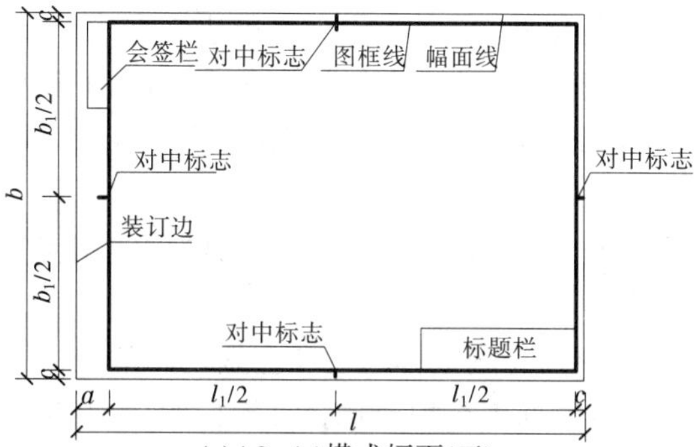

(c)A0~A1横式幅面(三)

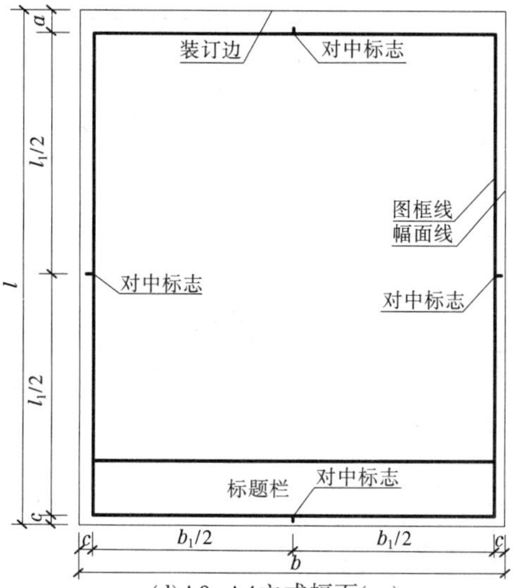

(d)A0~A4立式幅面(一)

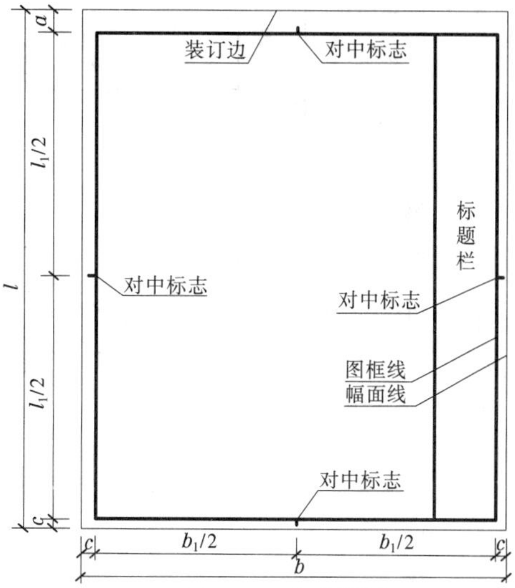

(e)A0~A4立式幅面(二)

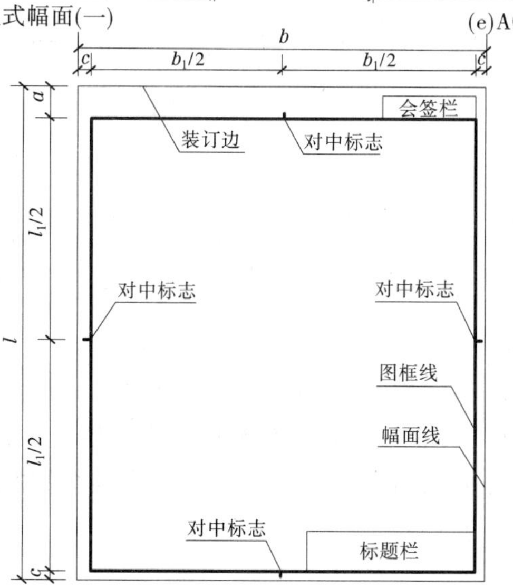

(f)A0~A2立式幅面(三)

续图 2-1

图纸以短边作为垂直边为横式,以短边作为水平边为立式。A0 ~ A3 图纸宜横式使用,必要时,也可立式使用。图纸短边尺寸不应加长,A0 ~ A3 幅面长边尺寸可加长。一个工程设计中,每个专业所使用的图纸不宜多于两种幅面(不含目录及表格所采用的 A4 幅面)。

2.1.1.2　**图框**

图框即图纸的边框。图框距图纸边距离见表 2-1,图框线用粗实线绘制。

2.1.1.3　**标题栏**

每张图纸的规定位置必须画有图纸标题栏和会签栏。常见标题栏和会签栏的布局形式如图 2-2 和图 2-3 所示。具体根据工程需要选择确定标题栏、会签栏的尺寸、格式及分区。

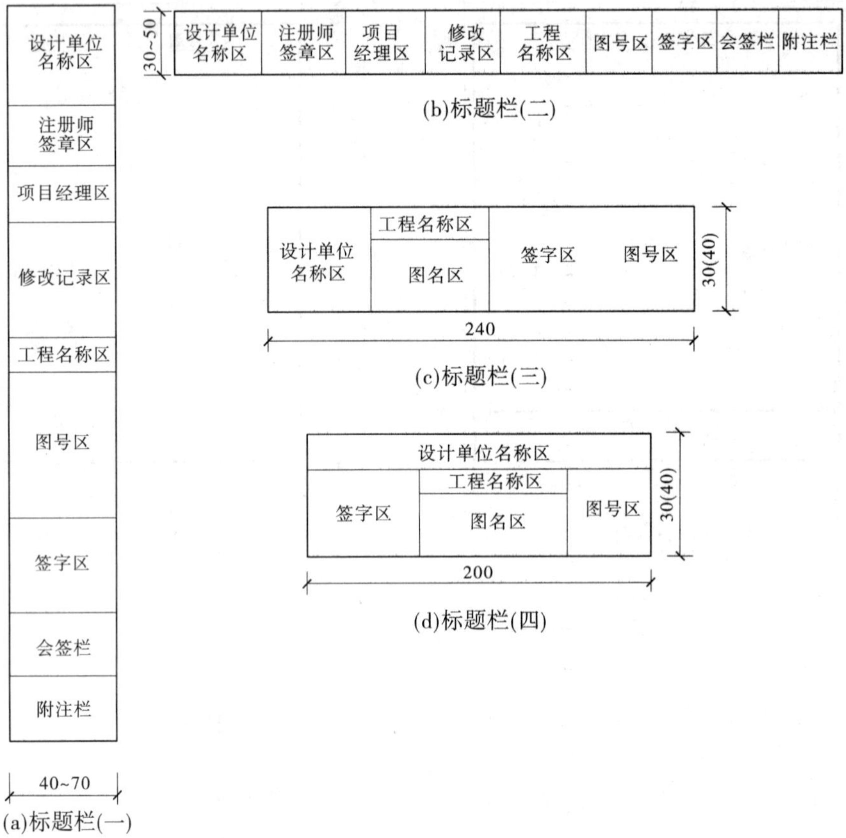

图 2-2　标题栏　(单位:mm)

除图标外,建筑工程图在图框线外左上角尚应画出会签栏,如图 2-3 所示,作为图纸会审后签名用。一个会签栏不够用时,可并列另加一个。不需会签的图纸,可不画会签栏。

2.1.2　图线

2.1.2.1　**图线的种类**

为了表示不同的内容且能分清主次,图样须用不同的线型及粗细来表示。

工程建设制图中各种图线种类及用途见表 2-2。

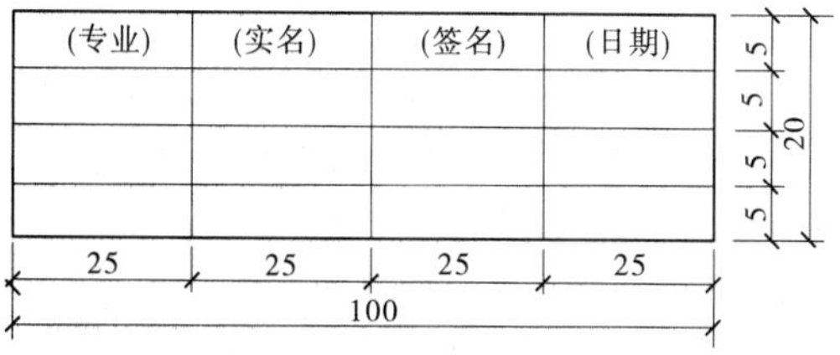

图 2-3　会签栏　（单位:mm）

表 2-2　图线种类及用途

名称		线型	线宽	用途
实线	粗		b	主要可见轮廓线
	中粗		$0.7b$	可见轮廓线、变更云线
	中		$0.5b$	可见轮廓线、尺寸线
	细		$0.25b$	图例填充线、家具线
虚线	粗		b	见各有关专业制图标准
	中粗		$0.7b$	不可见轮廓线
	中		$0.5b$	不可见轮廓线、图例线
	细		$0.25b$	图例填充线、家具线
单点长画线	粗		b	见各有关专业制图标准
	中		$0.5b$	见各有关专业制图标准
	细		$0.25b$	中心线、对称线、轴线等
双点长画线	粗		b	见各有关专业制图标准
	中		$0.5b$	见各有关专业制图标准
	细		$0.25b$	假想轮廓线、成型前原始轮廓线
折断线	细		$0.25b$	断开界线
波浪线	细		$0.25b$	断开界线

图纸的图框和标题栏线可采用表 2-3 中的线宽。

表 2-3　图框和标题栏的线宽

幅面代号	图框线	标题栏外框线、对中标志	标题栏分格线、幅面线
A0、A1	b	$0.5b$	$0.25b$
A2、A3、A4	b	$0.7b$	$0.35b$

图线宽度 b 取值为 1.4 mm、1.0 mm、0.7 mm、0.5 mm，线宽比分 b、0.5b、0.25b 三种，线宽最小不能小于 0.18 mm。同一张图纸内，相同比例的图样，应选用相同的线宽组。

绘图时，线宽一般取 0.7 mm，标题栏外框线取 0.7 mm，标题栏分格线、会签栏线取 0.35 mm，A0、A1 图框线取 1.4 mm，A2、A3、A4 图框线取 1.0 mm。

2.1.2.2　绘制图线应注意的事项

(1)相互平行的图线，其净间隙或线中间隙不宜小于 0.2 mm。

(2)虚线、单点长画线或双点长画线的线段长度和间隔，宜各自相等。

(3)当单点长画线或双点长画线在较小的图中绘制有困难时，可用实线替代。

(4)单点长画线或双点长画线的两端不应采用点。点画线与点画线交接或点画线与其他图线交接时，应采用线段交接。

(5)虚线与虚线交接或虚线与其他图线交接时，应采用线段交接。虚线为实线的延长线时，不得与实线连接。

(6)图线不得与文字、数字或符号重叠、混淆，不可避免时，首先保证文字等的清晰。

2.1.3　字体

图纸上所需书写的文字、数字与字母等，均应笔画清晰、字体端正、排列整齐；标点符号应正确、清楚。

2.1.3.1　文字

工程图纸上的文字一般采用字高大于 10 mm 的 True Type 字体，如需书写更大的字，其高度应按$\sqrt{2}$的倍数递增。一般文字的字高应从表 2-4 中选用。

表 2-4　文字的字高

字体种类	汉字矢量字体	True Type 字体及非汉字矢量字体
字高(mm)	3.5、5、7、10、14、20	3、4、6、8、10、14、20

图样及说明中的汉字，宜优先采用 True Type 字体中的宋体字型，采用矢量字体时应为长仿宋体字型。同一图纸字体种类不应超过两种。矢量字体的宽高比宜为 0.7，打印线宽宜为 0.25～0.35 mm。True Type 字体宽高比宜为 1。大标题、图册封面、地形图等的汉字，也可书写成其他字体，但应易于辨认，其宽高比宜为 1。

2.1.3.2　数字与字母

图样中数字和字母书写宜优先采用 True Type 字体中的 Roman 字型。数字书写要求整齐、清楚；字母分大小写。数字与字母有直书写和斜 75°书写两种形式。

长仿宋汉字、字母、数字应符合现行国家标准《技术制图　字体》(GB/T 14691—1993)中有关规定。

2.1.4　比例

图样的比例是图形与实物的对应线性尺寸之比。比例大小是指比值的大小。

比例应注写在图名右侧，字号比图名小一号或小两号。

绘图时所用比例，应根据图样的用途与被绘制对象的复杂程度从表 2-5 中选用，并优先选用表中常用比例。

表2-5 绘图所用的比例

常用比例	1:1、1:2、1:5、1:10、1:20、1:30、1:50、1:100、1:150、1:200、1:500、1:1000、1:2000
可用比例	1:3、1:4、1:6、1:15、1:25、1:40、1:60、1:80、1:250、1:300、1:400、1:600、1:5000、1:10000、1:20000、1:50000、1:100000、1:200000

一般情况下,一个图样应选一种比例。根据专业制图需要,同一图样可选两种比例。特殊情况下也可自选比例,此时除应注出绘图比例外,还应在适当位置绘出相应的比例尺。

2.1.5 尺寸标注

2.1.5.1 尺寸组成

尺寸标注由尺寸界线、尺寸线、尺寸起止符号和尺寸数字4部分构成,见图2-4。

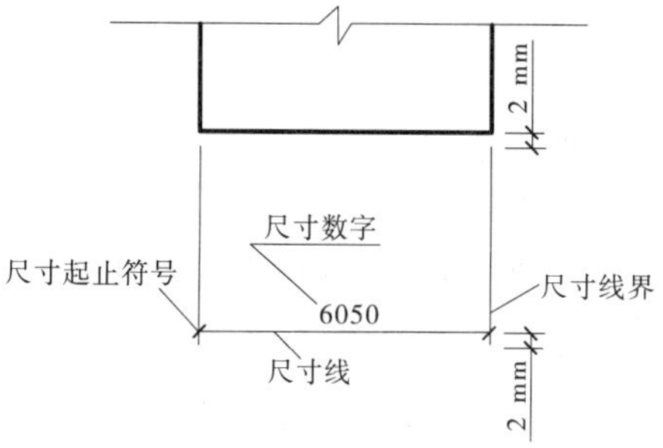

图2-4 尺寸的组成

2.1.5.2 基本规定

(1)尺寸界线。用细实线绘制,一般与被注长度垂直,其一端离开图形轮廓不小于2 mm,另一端超出尺寸线2~3 mm。必要时也允许用图形轮廓线及中心线做尺寸界线。

(2)尺寸线。用细实线绘制,尺寸线与被注长度平行且不宜超出尺寸界线。图形本身的任何线均不得做尺寸线。

(3)尺寸起止符号。一般用中粗斜短线绘制,其倾斜方向与尺寸界线成顺时针45°,长度为2~3 mm。半径、直径、角度和弧长的起止符号为箭头,箭头宽度为图形粗实线宽度 b 的1.4倍,长度为线宽的4~5倍,且涂黑,见图2-5。

(4)尺寸数字。是指物体的实际大小,与绘图的比例无关。工程图中的线性尺寸单位除标高和总平面图以米(m)为单位外,其余均以毫米(mm)为单位。

尺寸数字的方向应按图2-6(a)的规定注写。在30°斜线区域内,尺寸数字按图2-6(b)的形式注写。

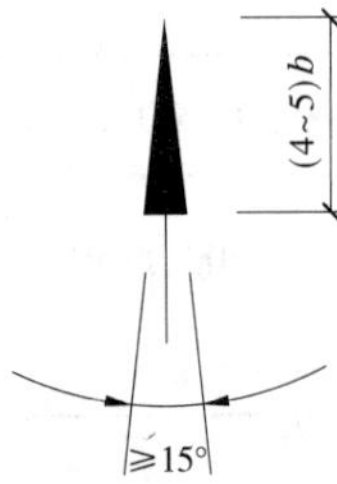

图 2-5　箭头起止符号

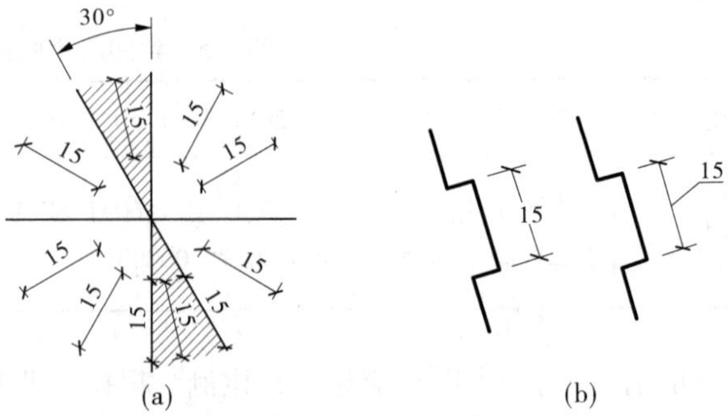

图 2-6　尺寸数字的注写方向　（单位:mm）

尺寸数字按其方向注写在靠近尺寸线的上方中部。如果没有足够的注写位置,最外的尺寸数字可注写在尺寸线的外侧,中间相邻的尺寸数字可错开注写,如图 2-7 所示。

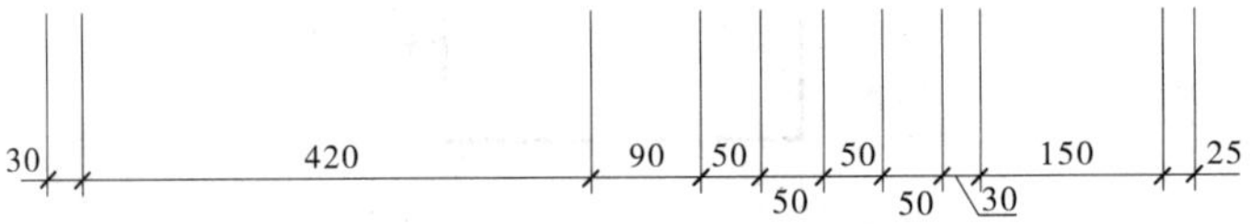

图 2-7　尺寸数字的标注

2.1.5.3　圆的直径和圆弧的标注

圆的直径和圆弧半径的尺寸,一般标注在圆弧内部,并在尺寸数字前加注直径符号“φ”或半径符号“*R*”。标注直径尺寸时的尺寸线应通过圆心,尺寸线两端画箭头指至圆弧。标注半径尺寸时的尺寸线一端应从圆心开始,另一端画箭头指至圆弧。较小的直径或半径,可注在圆弧的外部。较长的半径可用折断线表示的,如图 2-8 所示。角度的尺寸线是以细实线的圆弧表示的,圆弧的圆心应是该角的顶点。起止符号用箭头表示,数字水平书写。当角度较小时,箭头可标注在角度轮廓线的外侧。

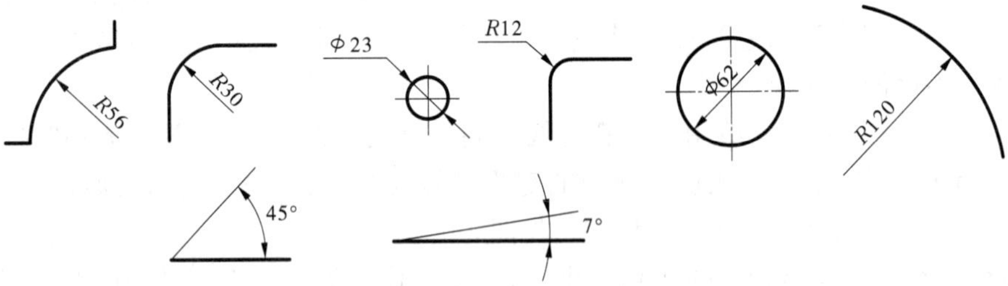

图 2-8　直径、半径和角度的标注

2.1.5.4　坡度的标注

坡度是指一直线或一平面对水平面的倾斜度。

坡度标注时,应加注坡度符号“⟵”,箭头指向下坡方向。坡度也可以用直角三角形形式标注,如图 2-9 所示。

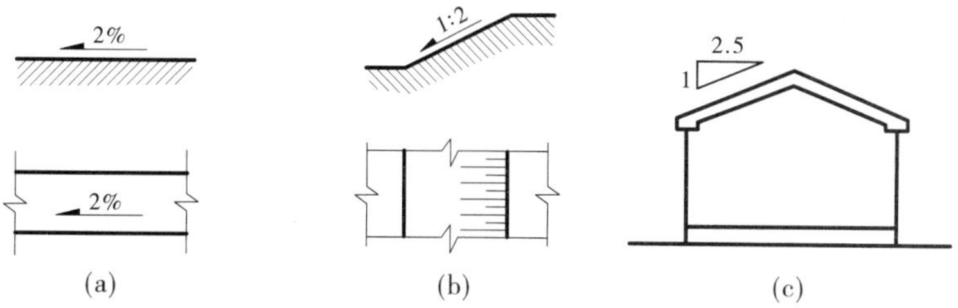

图 2-9　坡度标注方法

2.1.6　基本绘图步骤

(1)选比例定图幅。

(2)固定图纸。用胶带纸将图纸的四角固定在图板上。

(3)画图框和标题栏。注意此时不要填写标题栏,以免弄脏图纸。

(4)布置图面。根据比例估计图形所占面积,按制图要求布置图面。

(5)画底图。先选基准,再画轮廓,最后画细部(用 H 或 2H 铅笔)。

(6)检查修改。

(7)加深图线。按先细线后粗线,先虚线后实线,先圆弧后直线的顺序加深图线,再加深尺寸线和尺寸数字,最后注写文字与填写标题栏。

(8)描图。描图基本同加深图形。

2.2　投影基本知识

在日常生活中我们可以看到许多有关投影的现象,比如在阳光照射下,一棵树、一幢楼等都会在地面上或墙面上形成影子。在室内,灯光照射桌子时,会在地板上产生影子(见图 2-10)。当光线照射角度或光源位置改变时,影子的位置、形状也会随之变化。工程上的投影图要精确表达工程物体及其内部的形状和结构,因此假设光线必须能够穿透物体内部。也就是说,把生活中的投影现象抽象出来,表述为光线照射在物体上在投影面上就形成了投影。

2.2.1　投影的形成

如图 2-11 所示,投影中心投射出投影线在投影面上形成投影图。对投影概念要注意以下两点。

(1)投影形成的三个要素为投影线、投影对象(点、线、面或形体)、投影面。其中,投影线是投影中心发出的。如果把投影中心移到无穷远处,投影中心发出的投影线就可以看成是平行的。投影对象介于投影面和投影中心。投影面是一平面,一般情况下此平面和形体是平行的。

(2)在制图中所得到的投影和现实中的投影是不同的。制图中的投影是把形体内部或后面看不到的结构用虚线来表示。而生活中的投影只是表现为阴影。投影线所确定的投影方向不同,反映出的投影对象的大小和形状不同,就得到不同的投影图。根据不同的投影方向得到不同的投影图,也就对应着不同的投影方法。

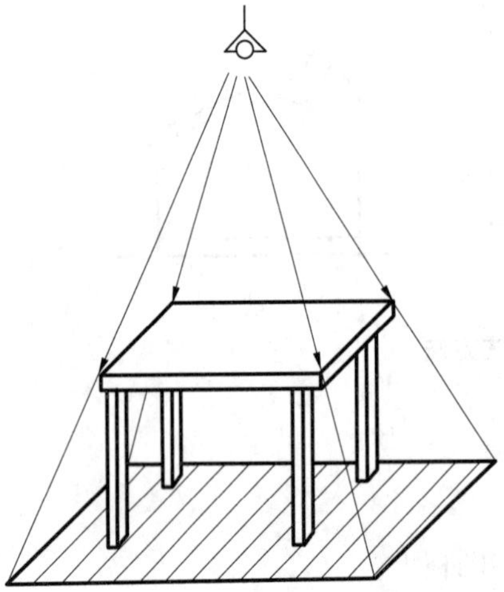

图 2-10　生活中的投影

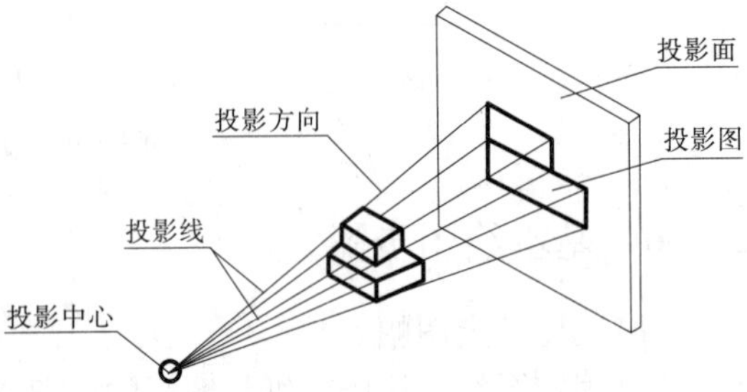

图 2-11　投影的形成

2.2.2　投影的分类

如图 2-12(a)所示,投影线的方向是发散的。这种得到投影的方法叫中心投影法。在图 2-12(b)和图 2-12(c)中投影线的方向是平行的,这种得到投影的方法叫平行投影法。平行投影法分为两种:一种是图 2-12(b)所示的情况;另一种是图 2-12(c)所示的情况。在图 2-12(b)中投影线的方向是平行的,并且其方向和投影面有一定的角度(不等于 90°),也就是说不是直角的情况,这种得到投影的方法叫斜投影法。在图 2-12(c)中投影线的方向不仅是平行的,而且和投影面的夹角是 90°,这种得到投影的方法叫正投影法。

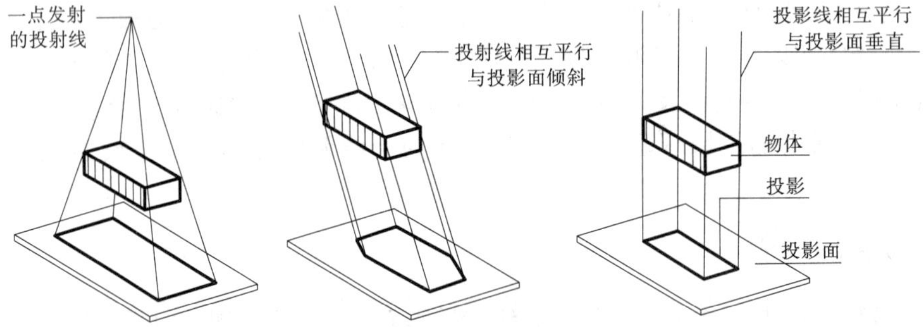

(a)中心投影法　(b)斜投影法　(c)正投影法

图 2-12　投影的分类

在各种投影方法中需要注意的是:不同的投影方法得到的物体的投影图和原物体的关系是不同的。也就是说,用不同的投影方法投影对物体的反映是不同的。在中心投影法下得到的投影图是物体的放大的影像,并且物体越靠近投影点,得到的影像越大。在平行投影法下得到的投影图虽然不随着物体和投影面的远近发生大小的改变,但是对于三维的物体,得到的投影图不能反映其真实的形状大小。而在正投影法下得到的投影图在放置到适合位置时,能够反映物体真实的大小和角度,所以这种投影方法符合工程制图的需要,本书后文中所讲的投影的概念都是正投影的概念。

2.2.3　正投影的基本规律

图 2-13 中正投影的规律说明:物体对于投影面的位置不同,得到物体的正投影与原物体的关系是不同的。在图 2-13(a)中直线和三角形平面与投影面是垂直的,则直线在投影面上得到了一个重影点,三角形平面成为一条直线。也就是说在这种情况下,线积聚为点,面积聚为线,称为正投影的积聚性。在图 2-13(b)中,直线和三角形平面与投影面是平行的,则直线在投影面上得到了一条和原直线相同的直线,而三角形平面在投影面上的投影也与原图形相同。也就是说在这种情况下,投影显现的是物体的实际形状,因而称为正投影的显实性。在图 2-13(c)中,直线和三角形平面相对于投影面是倾斜的。在投影面上,直线的投影是一段比原直线短的线段,而三角形平面的投影是和原三角形的三个边都不同的一个三角形。在这种情况下需要注意的是,物体得到的投影和原物体的性质是一样的,直线的投影是直线,而三角形平面的投影仍然为三角形,不可能是四边形或别的图形。直线或平面与其投影相类似的关系,称为正投影的类似性规律。

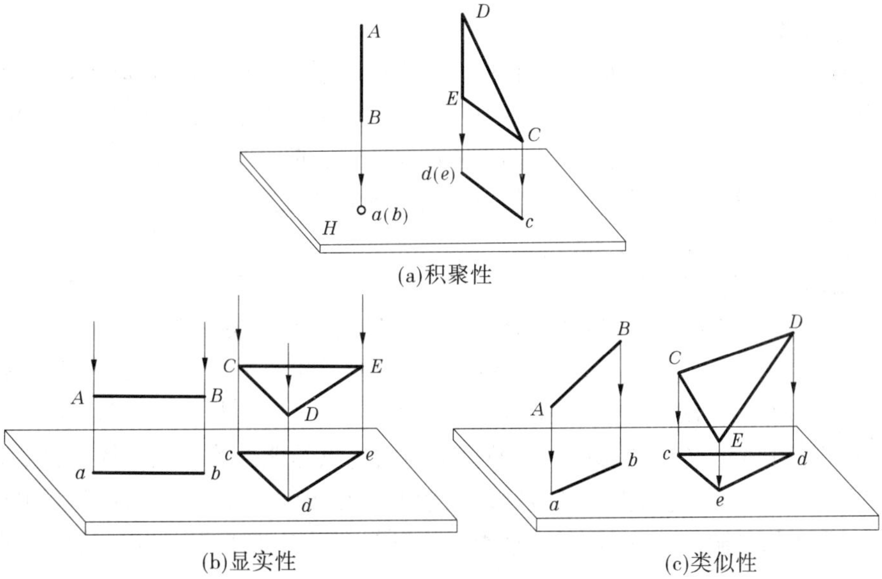

图 2-13　正投影的基本规律

2.2.4　三面投影图

2.2.4.1　**尺寸关系**

一个物体可以用三面正投影来表达它的整体形状。图 2-14(a)中,物体分别向图中的 V 面、H 面和 W 面进行投影,然后展开得到了正面投影图、水平投影图和侧面投影图。而每个投影图分别反映三维空间中的两个方向的尺寸。正面投影图反映物体的长度和高度,水平投影图反映物体的长度和宽度,侧面投影图反映物体的宽度和高度。这样就有了三个投影图中的“三等”关系:

正面投影图和水平投影图——长对正;

正面投影图和侧面投影图——高平齐；

水平投影图和侧面投影图——宽相等。

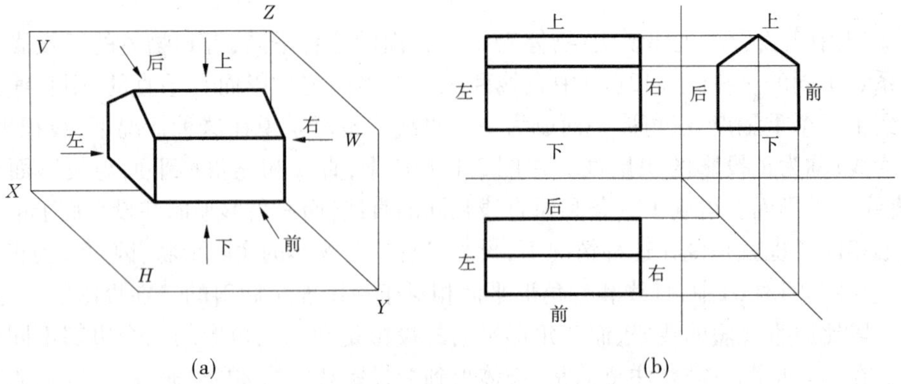

图 2-14　物体的三面投影图的尺寸和方位

这是物体在三面投影图中的尺寸关系，也是绘制和识读正投影图必须遵循的投影规律。

2.2.4.2　方位关系

任何一个物体都有上、下、左、右、前、后六个方向的形状和大小。在每个投影图中，可以反映其中四个方向的情况，如图 2-14(b)中，正面投影图反映的是上、下和左、右，水平投影图反映的是前、后和左、右，而侧面投影图反映的是前、后和上、下。在识读三面投影图时，一定要注意分清以上的方位关系，才能对物体的整体形状和位置有个清醒的认识。

2.2.5　工程中常用投影图

在工程图中，由于要求反映物体的真实大小和形状，所以在建筑物工程施工中所用的都是由正投影方法得到的正投影图。由于正投影图只能反映两个方向的尺寸，所以往往采用不同方向的正投影图。图 2-15(a)中就是分别把物体从前往后、从上往下、从左往右用正投影的方法投影得到的三面正投影图。三面投影图的优点是能准确反映物体的真实情况，但是对于复杂的物体来讲，这种图形的直观性比较差。对于没有经过一定技术培训的人员来讲，看图识别物体的难度较大。而另一种类的投影图则可以弥补这个缺陷，这种图形就是轴测投影图。

轴测投影图能在一个投影面上反映三个方向的尺寸，所以直观性强。它可以通过把物体正放；用平行投影法得到，也可以把物体斜放，用正投影法得到。轴测投影图的尺寸不反映真实大小，因而在工程上只是作为帮助理解物体空间形状的辅助图形。

另外，还有一种图形的直观效果更好，那就是如图 2-15(c)所示的透视投影图，透视投影图是用中心投影的方法得到的。这种投影图符合人们日常生活中的视觉感受，因而是最直观的投影图。它的优点是在二维平面上把三维空间立体事物的立体感和深度距离感表现地很真实。在建筑工程中，透视投影图一般用于建筑设计的初期，确立整体建筑外观方案的时候，通过透视的方法得到的效果图来表现建筑物的外观。

图 2-15(d)是标高投影图，图中所用的方法也是正投影法。它是把地面的不同高度向水平面进行正投影而得到的。其中的数字表示地面距离标准水平面的高度。这种投影图一

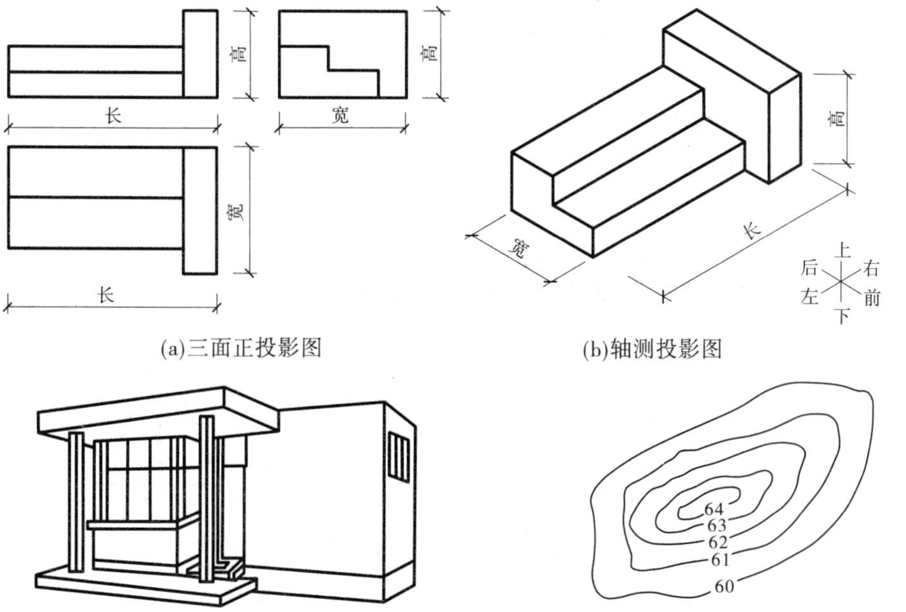

(a)三面正投影图 (b)轴测投影图
(c)透视投影图 (d)标高投影图

图2-15 工程中常用投影图

般用在建筑设计中的总平面图中，来表现建筑物所在的地面的状况。特别是建筑物建造在山坡、凹地等不平的地面上时，往往要用到标高投影图。

总之，这四种投影图有不同的适用情况，正确理解正投影图的概念，逐步学习其投影的画法，对工程施工图的正确识读是最重要的。

2.3 基本体的投影

建筑物和构筑物都是固体实物。固体实物所占的空间部分有一定的形状和大小。如果不考虑固体实物的材料、质量等物体性质，则把物体所占的空间部分的立体图形叫作形体。常见的形体分为两大类：一类是平面体，包括棱柱、棱锥、棱台等；另一类是曲面体，包括圆柱、圆锥、圆球等。一般的建筑物和构筑物都可看成是由上述基本形体复合而成的。下面我们就分析一下平面体和曲面体的三面正投影的特点。

2.3.1 平面体的投影特征

2.3.1.1 棱柱的投影特点

如图2-16(a)所示，棱柱的三面投影中有两面投影是矩形线框，另一投影是多边形线框。这个多边形线框是最能代表棱柱特征的投影，也就是说通过这个投影我们可以判断出棱柱的具体边数和形状。如图2-16(a)所示，水平投影为五边形，可以判断出此形体为五棱柱。

2.3.1.2 棱锥的投影特点

如图2-16(b)所示，三面投影中有两面投影是三角形线框，此三角形线框由若干小三角形线框组合而成。另一面投影是一多边形线框,此线框也是由若干小三角形线框组合而成,我们可以从这个多边形线框判断出棱锥的具体边数和形状。在图 2-16(b)中,水平投影是由小三角形组合而成的六边形,所以我们可以判断出此形体为六棱锥。

2.3.1.3　**棱台的投影特点**

如图 2-16(c)所示,三面投影中有两面投影是由小的梯形组合而成的大梯形线框,另一投影有线框套线框的特点。由两投影为梯形,另一投影具有四边形线框套四边形线框的特点,可以推断出此形体为四棱台。在具体分析棱台投影的时候,还可以采用另一种方法。也就是先把棱台恢复为棱锥的三面投影,再经过截切得到棱台的三面投影。

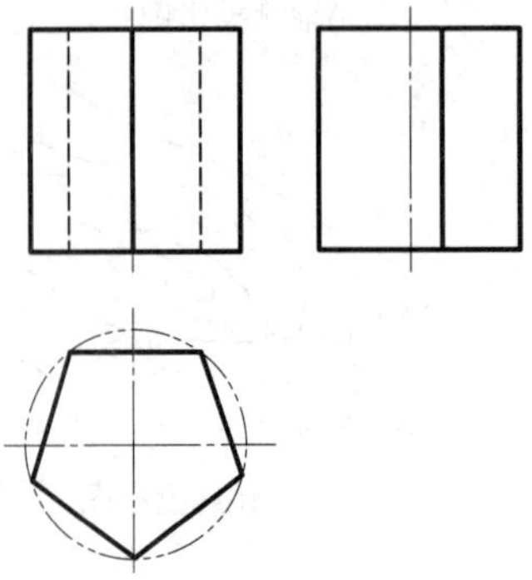

(a)五棱柱的三面投影

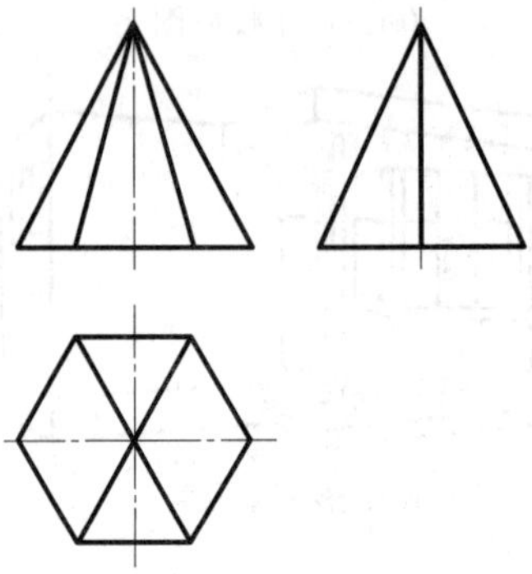

(b)六棱锥的三面投影

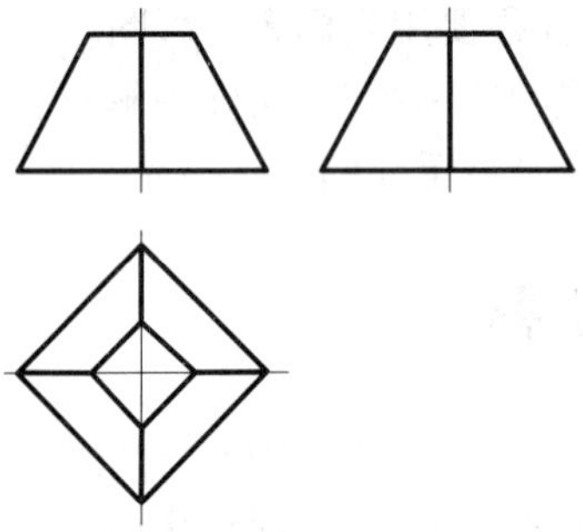

(c)四棱台的三面投影

图 2-16　平面体的三面投影分析

2.3.2　曲面体的投影特征

2.3.2.1　**圆柱体的投影特点**

如图 2-17(a)所示,圆柱体的一面投影为曲面的积聚性投影,是一圆形;另两面投影为矩形线框,竖直的四条边线分别是圆柱体的前、后、左、右的四条转向轮廓素线的投影。简单地说,其特点为一圆两矩形。

2.3.2.2　**圆锥体的投影特点**

如图 2-17(b)所示,圆锥体的一面投影为圆形,但此圆形同圆柱体的不同,它没有积聚性;另两面投影为三角形线框。简单地说,其特点为一圆两三角形。

2.3.2.3　**圆球的投影特点**

如图2-17(c)所示,圆球的三面投影都是圆形。但需要注意的是这三个圆形的具体含义。正投影中的圆是最大正平圆,也就是说,如果把圆球看成是由无数个半径不同的正平圆组合而成的,则正投影的那个圆应该是最大的一个。同样,水平投影的圆是最大水平圆。侧面投影的圆是最大侧平圆。这三个圆都是轮廓素线圆。

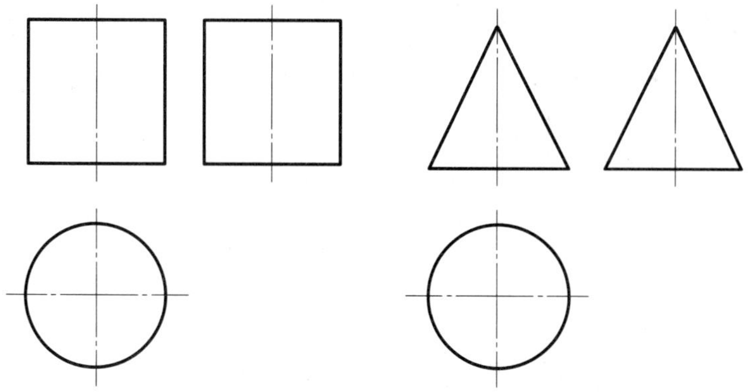

(a)圆柱体的三面投影　(b)圆锥体的三面投影

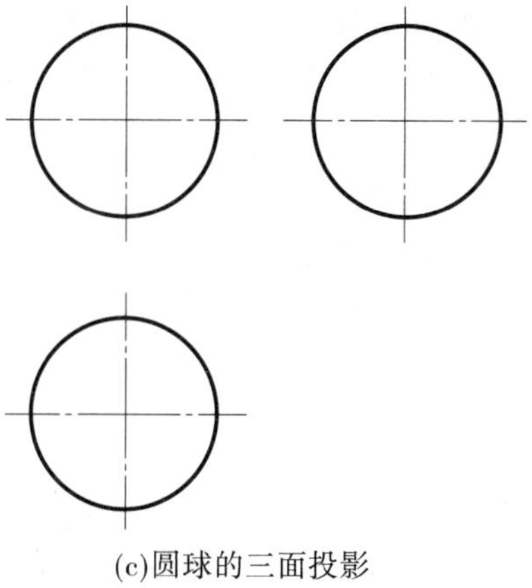

(c)圆球的三面投影

图2-17　曲面体的三面投影分析

2.4　组合体的组成

工程中的建筑物或构筑物大多可看成是由棱柱、棱锥、圆柱、圆锥等基本几何体组合而成的。从形体角度分析,若干个基本几何体经过叠加、切割、相交或相切等形式组合而成的立体称为组合体。

2.4.1　组合体的组合形式

组合体按其组合方式,一般分为切割式、叠加式、混合式三种。

2.4.1.1　**切割式组合体的形体分析**

如图2-18所示,在一个原基本形体是长方体的基础上,进行了两步切割。第一步是在长方体的前上方切掉一个小长方体，形成了如图 2-18(b)所示的形体。第二步是在其上部用一个三棱柱来截切，形成最后较为复杂的形体，见图 2-18(c)。

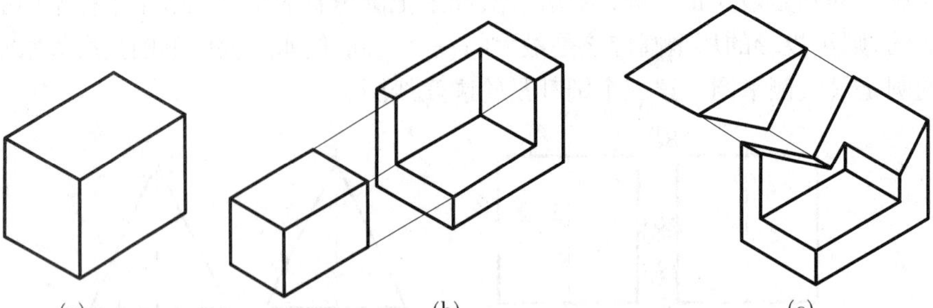

图 2-18　切割式组合体的形体分析

2.4.1.2　**叠加式组合体的形体分析**

如图 2-19 所示，这个形体是对称组合体，它由六个基本的形体叠加而成。可以从它们的位置入手来分析组合的情况。一个长方体作为底板在最下部，中间是一个长方体的立板。立板的左、右位置各为一个不规则的五棱柱，这两个五棱柱或者也可以看成是由长方体经过切割而得到的形体。在立板的前、后位置各为一个长方体。在清楚它们各自的位置以后要特别注意一下各个基本形体组合后表面的连接方式。就是说由于各个表面的搭接，在组合体的表面会有或多或少面的变化，在此组合体中需要注意的是：在前、后、左、右的这四个基本形体的不同侧面，分别都和长方体底板的四个侧面平齐。所以，在它们之间没有分界线，而是形成了一个面。

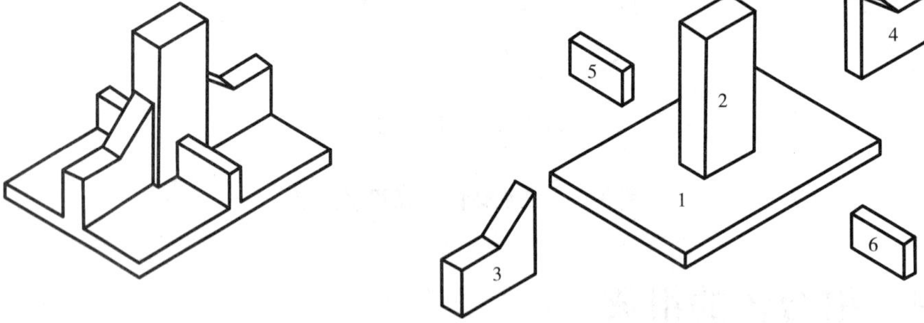

图 2-19　叠加式组合体的形体分析

2.4.1.3　**混合式组合体的形体分析**

如图 2-20 中的形体是一个简化了的建筑模型，它形成的过程包括叠加和切割这两种形式，因而是混合式组合体。在这个模型中可以先用形体分析的方法把它分成几个基本部分，再具体分析每一部分是怎样切割的。由分解图可以看出，此模型主体由长方体地板、四棱柱和横放的三棱柱上下叠加而成。然后又在这些形体上切割——在底板上切去一个长方体，在中间四棱柱上切去一个小的四棱柱，在三棱柱上挖去一个半圆槽。总之，在这个形体中有三次叠加和三次切割，所以在分析形体时，要依据先整体后部分的原则对物体进行细致的分析，这对于下一步组合形体的识读有很重要的意义。

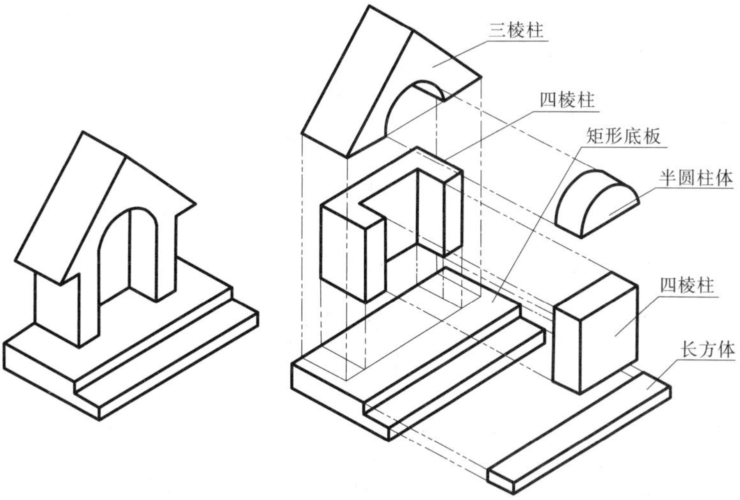

图 2-20　混合式组合体的形体分析

2.4.2　组合体表面的平齐和相切

虽然组合体就像搭积木一样把各个独立的形体通过一定的方式叠放，但这并不是各形体之间的一个简单的加法，而是在这个过程中通过各形体表面的相互作用和组合，形成一个崭新的形体。而在分析这个新形体的时候，要特别注意其表面的连接关系。如图 2-21(a)所示，由于上下两个平面搭接在一起，并且是在同一个平面上，所以就形成一个新的平面，而两个平面之间是不应该有线的。在图 2-21(b)中由于半圆柱表面和长方体侧面是一种相切的关系，所以它们就组合成一个光滑过渡的面，在这个面的中间也不应出现分界线。

2.4.3　组合体表面的截切交线

在组合体形成过程中，无论是何种组合方式，一定要对其组成以后的形体的表面进行分析，要明确在组合和切割以后其形体表面的变化，并分析在变化中重新生成线的情况。这些由于组合而形成的线本质上是由于叠加而在表面上形成相贯线，或是由于切割形成截交线。下面来看组合体表面的交线。

在图 2-22(a)中，平面体被截切后，在所截切的各个表面上会形成交线，而这些交线会在截平面上形成一个封闭的图形，图中四棱锥被一倾斜的平面所切，各个平面上得到的直线段围合而成一个四边形。在图 2-22(b)中，圆柱体被两个相交的平面所截切。其中，竖直的平面位置和圆柱体的轴线平行，因而在圆柱体的外表面上得到的是两段直线。另一个倾斜的平面位置与圆柱体的轴线成一定的角度，在圆柱体的外表面上得到的交线是部分椭圆弧。因是两个平面所截切，所以在两个平面的中间还有其交线。

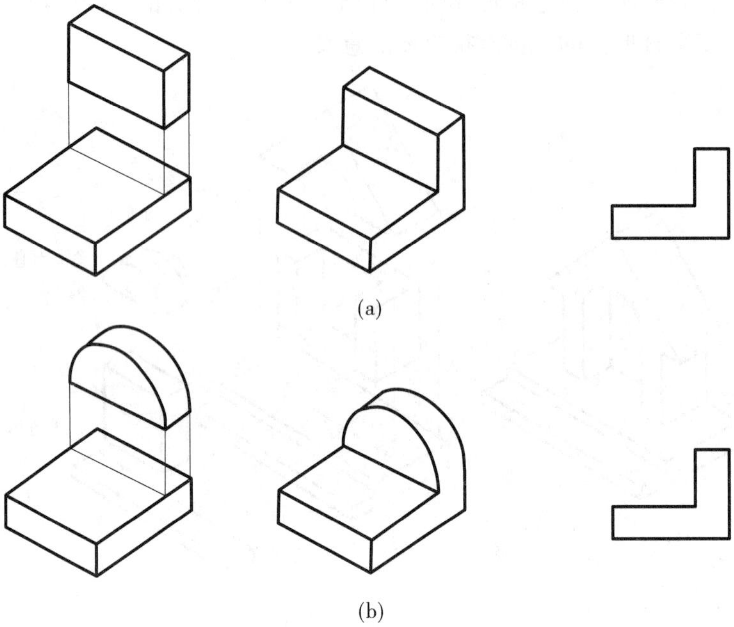

图 2-21　组合体表面的平齐和相切

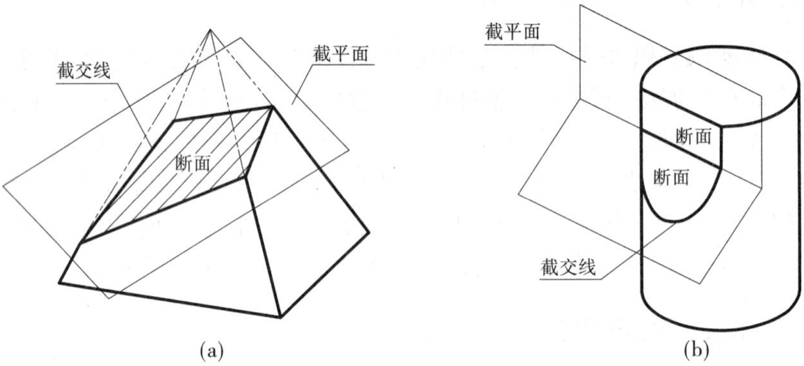

图 2-22　组合体表面的截切交线

2.4.4　组合体表面的相贯交线

在叠加式组合体中最关键的问题是分析各个单独的形体组合在一起后,表面所起的变化。在图 2-23(a)中一个五棱柱和另一个五棱柱叠放在一起,在接触的面上就形成了相贯线。由于两立体都是平面体,所以其形成的表面交线也是由直线组成的。在图 2-23(b)中,是一个五棱柱和一个 U 形柱叠加在一起。在 U 形柱曲面的部分就形成了部分椭圆的曲线,在下面的平面部分相交形成了竖直的交线。在图 2-23(c)中,两个 U 形柱体叠加在一起,虽然表面上看形成了与图 2-23(b)中相同的交线,但是在其上部形成的曲线是空间曲线,而不是椭圆。

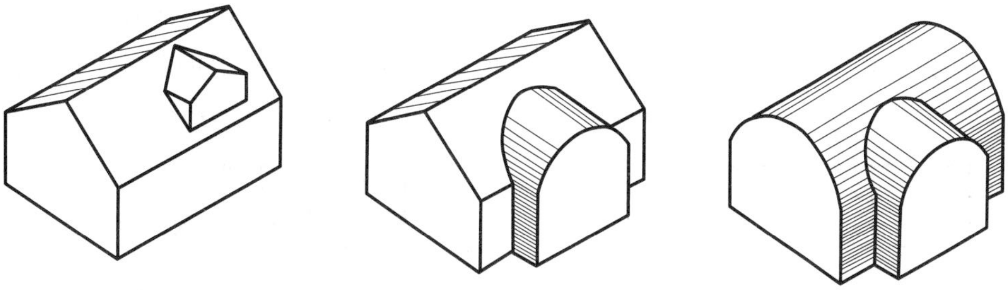

(a)两平面体相贯　(b)平面体与曲面体相贯　(c)两曲面体相贯

图2-23　组合体表面的相贯交线

2.5　组合体投影图的识读

组合体的形状千变万化,从形体到投影的分析比较容易掌握,而由投影图想象空间形体的形状比较困难。读图是指根据视图上点、线、面、体的正投影特性以及多面正投影的投影规律想象空间形体的形状和结构。所以,要能正确、迅速地读懂视图,必须掌握读图的基本要领和基本方法,培养空间想象力和构思能力,通过不断实践,逐步提高读图能力。

2.5.1　识读的基本要领

2.5.1.1　三个投影图要联系起来识读,对特征投影图重点分析

形体的形状是通过几个投影图来表达的,每个投影图只能反映形体的一个方向的形状,因此仅仅由一个或者两个投影图往往不一定能唯一地表达某一形体的形状。

如图2-24所示,形体的正面投影图都相同,但是它们表达的是不同的形体。这些形体由上下两部分组成,主视图的矩形线框对应的空间形体分别是圆柱、四棱柱、后半圆柱、前半圆柱、四棱柱。而下部的线框分别为正六棱柱、八棱柱、前面开槽的圆柱、前面凸起的四棱柱、前面开半圆槽的四棱柱。在比较这些两面视图,分析它们空间不同形状时,重点要区别它们的水平投影图,因为水平投影图表达了它们主要的投影图特征。

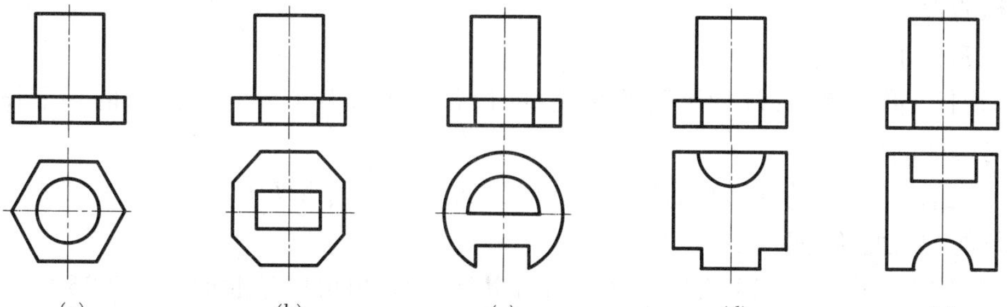

(a)　(b)　(c)　(d)　(e)

图2-24　一个投影图对应不同形状的物体

如图2-25所示,正面投影图和水平投影图的投影都是一样的,只是侧面投影图的投影不同,它们分别对应了空间不同的形状。在读这些视图时,重点分析的应该是侧面投影图,因为侧面投影图是它们的特征图。要反复分析比较其凹下去和凸出来的位置情况。如

图 2-25(a)和图 2-25(b)所示,侧面投影图只是斜线的虚实不同。虚线表示凹进去的部分是中间位置,因为被左侧的部分遮住了。实线则表示凹进去的在左侧,因为从左往右可以直接看到。还要反复比较图线的细微差别,因为这些差别对应着不同的空间结构。如图 2-25(c)和图 2-25(d)中仅有虚实线的前后位置不同,也就使空间的形状截然不同。

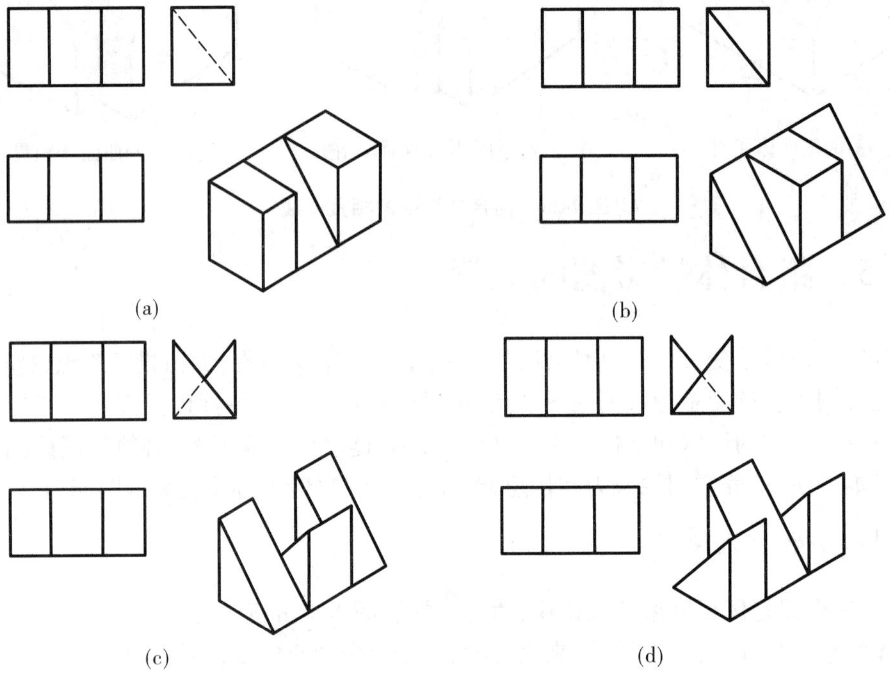

图 2-25　两个相同投影图对应的不同物体

2.5.1.2　明确投影图中的直线和线框的含义

投影图中每个封闭线框,通常都是物体上一个表面(平面或曲面)或孔的投影。视图中的每条图线则可能是平面或曲面的积聚投影,也可能是线的投影。因此,必须几个视图联系起来对照分析,才能明确视图中的线框和图线的含义。下面以图 2-26 为例,分析投影图中线和线框的含义。

1)投影图中线的含义

(1)形体上的一条棱线(两个面的交线)的投影。如图 2-26 所示 1 所指的各个竖线代表的就是棱柱的棱线。

(2)曲面体上一条轮廓素线的投影。如图 2-26 中正面投影图中 2 所指的竖线表达的就是圆柱体的左右两条轮廓素线。

(3)形体上一个面的积聚投影。这个面可以是平面,也可以是曲面。图 2-26 中 3 所指示的线段及其周围相邻的六条直线段都是空间六棱柱各个侧面的积聚性投影。而 4 所指的圆形则是空间圆柱体曲面的积聚性投影。

2)投影图中线框的含义

(1)形体上一个平面或曲面的投影。图 2-26 中 5 所指的线框就是六棱柱上前部平面的投影,而 6 所指线框则是圆柱体曲面的投影。

(2)形体上相切组合面的投影。

(3)形体上一个孔、洞、槽的投影。图 2-26 中 7 所指线框就是一个圆孔的投影。

相邻的两个线框,一定是组合体相交的两个面的投影,或两个不相交的面的投影。图 2-26 中正面投影图上六棱柱的两个相邻的矩形线框就代表了空间两个相交的平面。另外,线框套线框,一定是一个形体相对于另一个形体凸出来或是凹进去的投影。图中水平投影图中正六边形线框套一个圆形线框就代表了在六棱柱的基础上拉出来一个圆柱体。

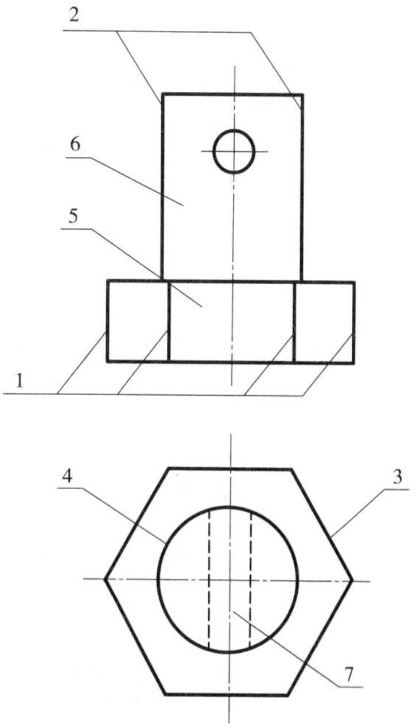

图 2-26　投影图中线和线框的含义

2.5.2　读图的基本方法和步骤

2.5.2.1　形体分析法

形体分析法是读图中最基本和最常用的方法。一般是从反映物体形状特征的投影图着手,对照其他视图,逐步分析物体由哪些基本体和通过什么形式所形成的。然后按投影特征逐个找出各基本体在其他视图中的投影,确定各基本体的形状以及各基本体之间的相对位置,最后综合想象物体的总体形状。现以图 2-27 中的形体为例来说明用形体分析法读图的步骤和方法。

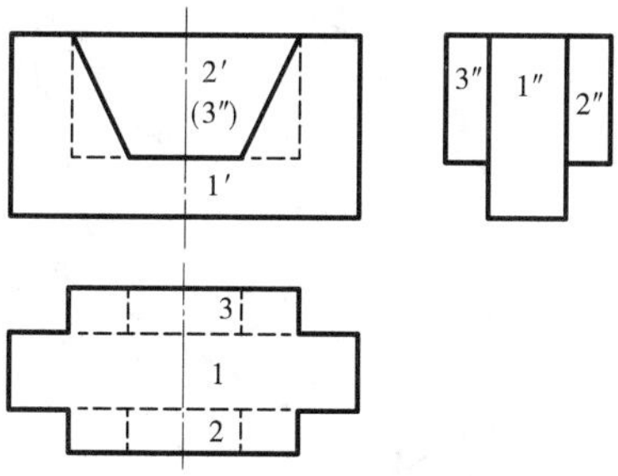

(a)对已知的三面投影图分线框

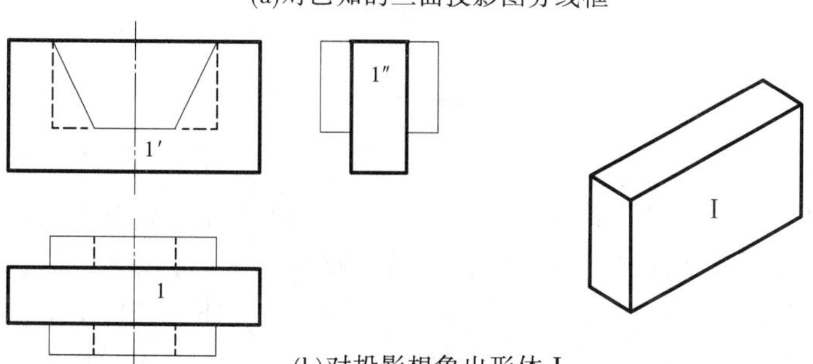

(b)对投影想象出形体 I

图 2-27　形体分析法读图

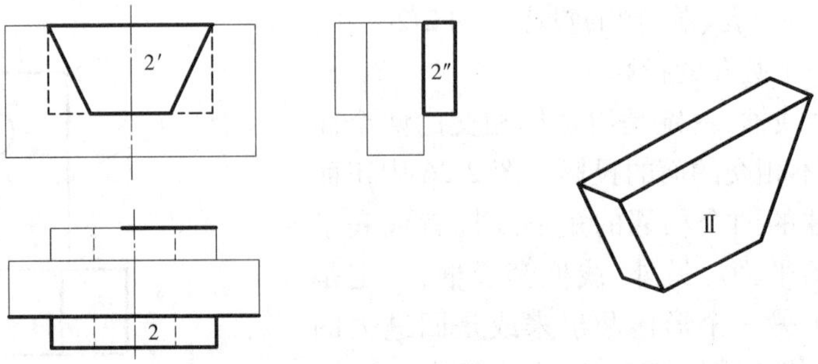

(c)对投影想象出形体Ⅱ

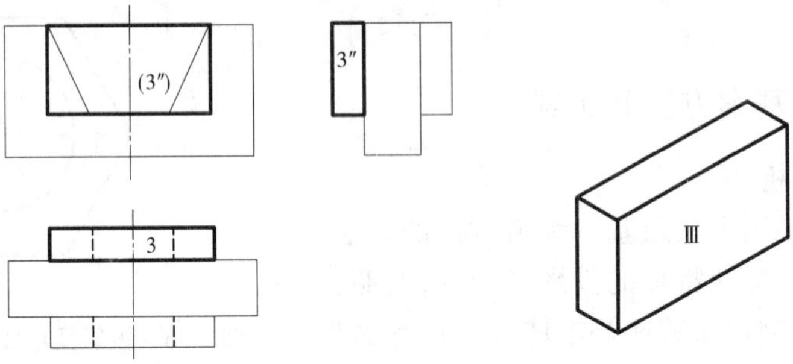

(d)对投影想象出形体Ⅲ

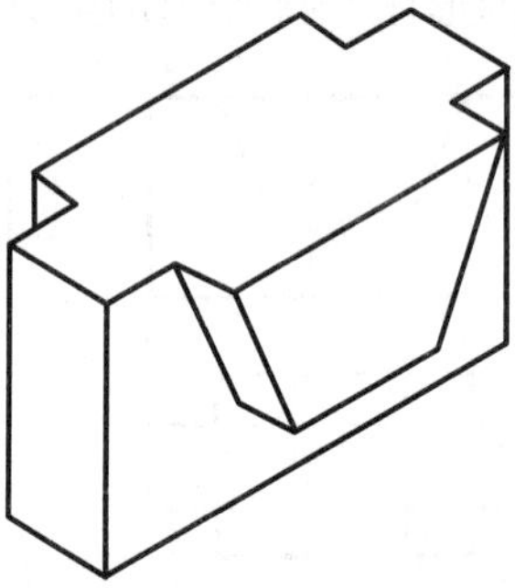
(e)整体形状

续图 2-27

(1)识投影,抓特征。综观三个投影图,正面投影图特征最为明显,可以清楚地抓住形体的特征,并且在整个投影图的浏览过程中,可以看出此形体具有左右对称的特点。

(2)分线框对投影。从正面投影图入手,结合侧面投影图分线框,也就是把形体的几个基本部分确定下来。一般一个线框对应空间的一个基本形体。在图 2-27(a)中正面投影图可以分为三个线框:一个大矩形线框、一个梯形线框和一个小的虚线矩形框。下面具体分析其各部分形体。

矩形线框(形体Ⅰ),如图 2-27(b)中,根据"三等"关系,将水平投影图和侧面投影图对应可知:三个投影都为矩形,形体Ⅰ为四棱柱(长方体),并且由侧面投影图可确定其在形体的中间位置。梯形线框(形体Ⅱ),如图 2-27(c)所示,根据"三等"关系,将水平投影图和侧面投影图对应可知：正面投影图为其特征投影图，另两投影为矩形。形体Ⅱ应该是一个四棱台，其位置在形体的前部。矩形线框（形体Ⅲ），如图2-27（d）所示，虚线线框的含义在从前往后的投影中，其不可见，所以此部分形体应该在后面的位置。根据“三等”关系在三个投影图中的对应，可知在侧面投影图上对应的是后部的矩形线框。三个投影图均为矩形线框，所以此形体是一个四棱柱（长方体）。

（3）定位置，想整体。此形体的位置在侧面投影图中表现得很明显。前面是形体Ⅱ，中间是形体Ⅰ，后面是形体Ⅲ。从上下位置来看，这三部分形体的上表面平齐，成为一个表面，在俯视图中没有分界线。另外，形体是左右对称的。综合这三部分的形状和位置，在头脑中把它们合成为一个整体，如图2-27（e）所示。

总之，在整个读图过程中是按照从整体到部分，再从部分到整体的思路进行的。在这个过程中关键是要分得合理，中间步骤要想得正确，最后的整合要注意其表面的连接关系。

2.5.2.2 线面分析方法

线面分析方法是一种通过分析线框对应空间形体的面的形状和位置，最后综合想象形体的一种方法。对于一些比较复杂的组合体，特别是通过切割得到的组合体，通过此方法可以对组合体的各个面的情况有一个细致的分析和了解。

（1）如图2-28（a）所示为形体的三视图，首先要仔细观察一下各个视图的特点，对整个形体有一个大概的判断，并且分析出其特征视图。仔细观察图2-28（a），可以判断出此为长方体切割得到的形体，并且左视图最能反映其特征。

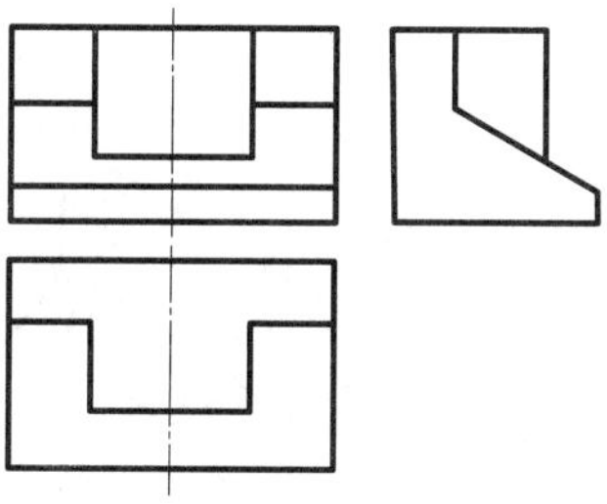

(a)形体三视面投影图

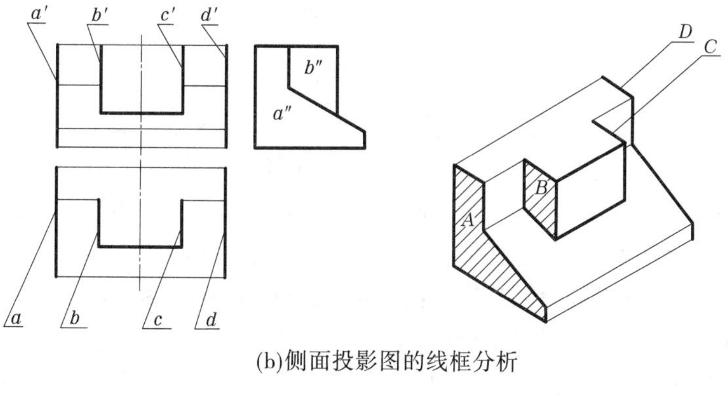

(b)侧面投影图的线框分析

图2-28 线面分析法读图

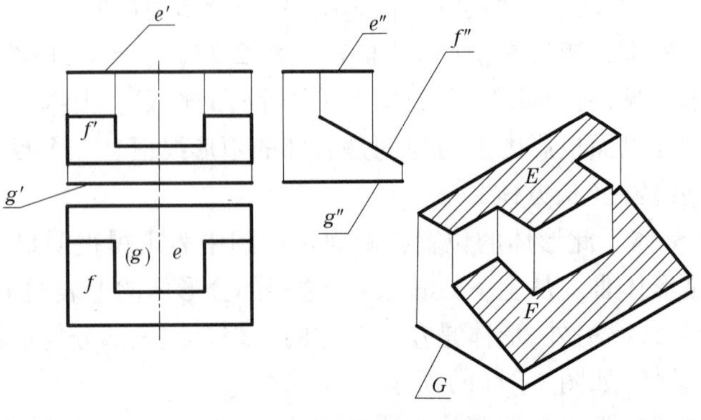

(c)水平投影图的线框分析

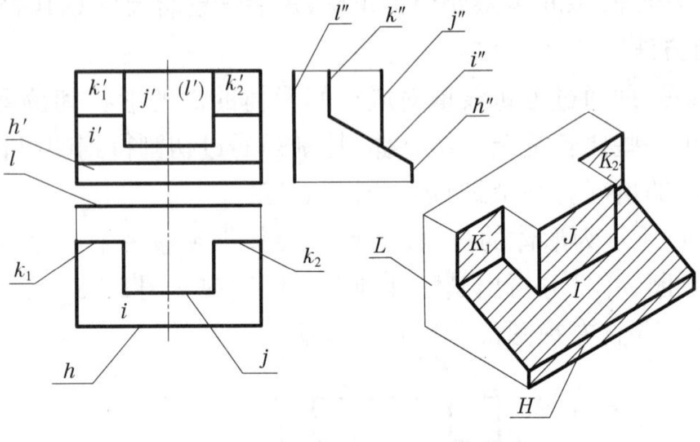

(d)正面投影图的线框分析

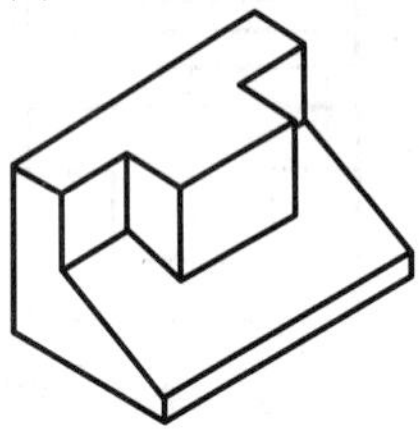
(e)空间形体

续图 2-28

(2)从侧面投影图入手,可以分析各个线框的空间含义。在侧面投影图中可以看到有两个线框。通过"三等"关系的对应,我们可以得到各线框在 H 面、V 面投影图中的投影都为竖直的线,即实际上有 4 个侧平面。通过 H 面、V 面投影图还可以分析出它们的位置关系。也就是说,可以看着 W 面投影图中的线框,想象从左往右依次拉出其长度尺寸,在脑海里呈现出立体的各个位置侧面的具体情况,如图 2-28(b)立体图所示。

(3)接下来分析水平投影图的各个线框的空间含义,见图 2-28(c)。水平投影图中有三个线框,包含最外围的一个矩形线框。根据其"三等"关系对应的左视图各个位置的线段,可以很容易判断出这三个面的情况。其中 E 面和 G 面是水平面,而 F 面则是一个侧垂面。可以看着水平投影图线框的形状,在头脑里想象出分别在不同高度位置拉出各个面的情况:先把 E 面拉到最高,再把 F 面斜拉到中间的位置,最后是 G 面在最底面。

(4)再来分析一下正面投影图线框的情况,方法和以上两个视图的步骤一样,见图 2-28

(d)。通过分析可知,在正面的方向上共有6个面,分别为H、I、J、K_1、K_2、L面。在侧面投影图中,可以看到它们前后不同的位置,从而可以想象着在前后的宽度方向来把各个面依次拉出。

(5)在分析各个方向上的各个不同位置面的形状之后,可以把这些面在头脑中组合起来,进行三个方向的综合,最后想象出最终形体的结构,如图2-28(e)所示。

对于线面分析法,需要注意的是,上述方法是详细步骤的分解,但在具体的读图过程中,由于头脑是在不断判断和综合的,因而只要将自己看不明白的线框专门拿出来分析即可,不必每个方向、每个线框都做具体的分析。

2.5.3 常见组合体的分类识读

2.5.3.1 典型柱体的识读

如图2-29所示房子的三视图。对于此类形体,可以通过分析其三面投影知道它应该是柱体类形体。因为柱体类最明显的三面投影的特点是,一个投影图是多边形线框,而另两投影都是矩形线框。对于柱体类形体的识读比较简单,只要抓住其特征视图,沿着另外的方向拉伸就可以得到其空间形状。需要注意的是,图2-29中形体是两个柱体的组合,是在A柱体的基础上,在其前面部分挖去了一个四棱柱。

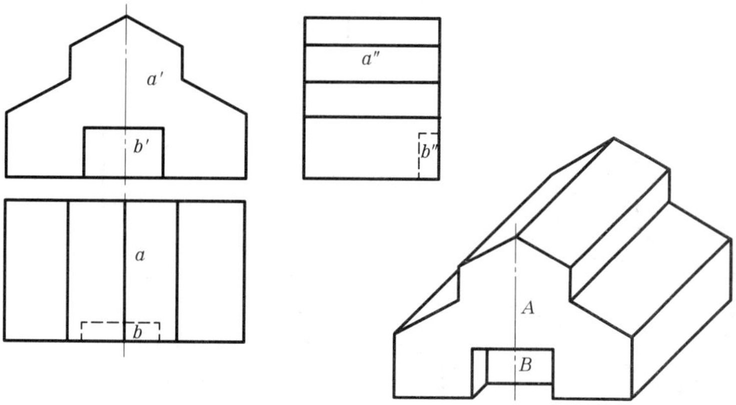

图2-29　柱体的识读

2.5.3.2 切槽组合体的识读

如图2-30(a)所示三视图,通过对三视图的初步分析可以得知,其形体是长方体经过切割得到的。只要确定切去槽的具体形状和位置,整个形体的形状就可以想象出来。第一步,从侧面投影图看出横槽的位置和形状,见图2-30(b)。再分析正面投影图的形状和位置,进一步想象出其被切割后的整体形状,见图2-30(c)。

2.5.3.3 切斜面组合体的识读

对如图2-31所示的切斜面的组合体,要重点分析斜面所对应的投影,确定了斜面的位置和形状以后,想象出整个形体就容易了。在分析斜面的投影时,要先分析斜面积聚性的投影——斜线,再根据“三等”关系对应其他两个视图,找出它在另两视图中的空间形体在此面上的类似形。根据类似形可想象面的形状,而斜线则可以看出斜面的位置。再根据线面的关系和各个水平面的位置,可以最后想象出形体。

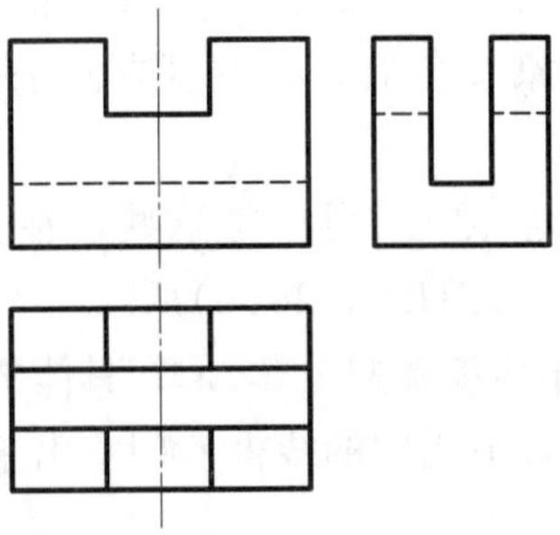

(a)形体三视图

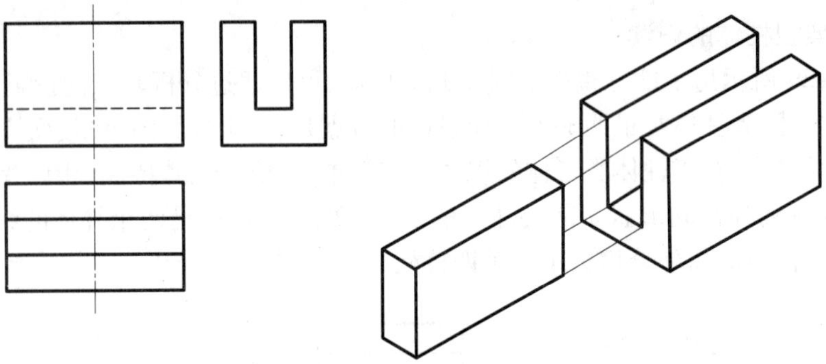

(b)横向切槽

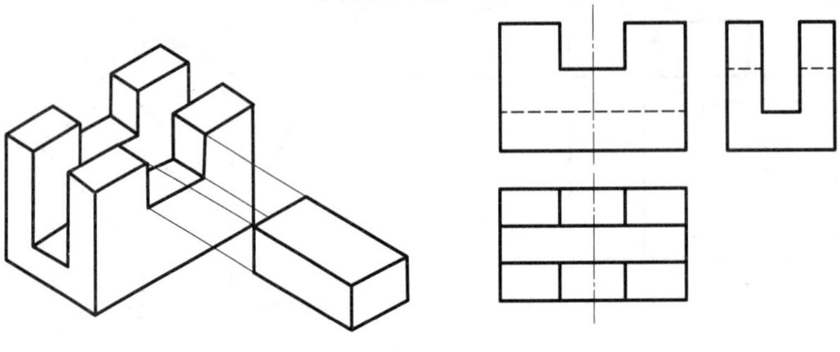

(c)纵向切槽

图 2-30　切槽组合体的识读

2.5.3.4　混合式组合体的识读

对图 2-32 所示的混合式组合体,读图时要先把大的线框分清楚,也就是用形体分析的方法来识读大的部分,然后根据具体线框一一识读,对于想不清楚的线或线框,要用线面分析的方法来分析。要特别注意的是形体相交部分的面的投影。图 2-32 中,先分清两个大线框,确定有两个基本形体组成以后,要分析清楚 *A* 面的形状和位置,并且清楚两部分的交线。

2.5.3.5　歇山屋顶的识读

图 2-33 是常见的古建筑屋顶的形式。读此三视图的关键是对屋顶基本形体概念清晰。从图 2-33 中可以知道,上部屋顶在切割前是一个三棱柱。在正面投影中可看出用一个侧平面和一个正垂面进行截切,从而形成两个截平面 *A* 和 *B*。*A* 面在侧面投影中可看出其实形

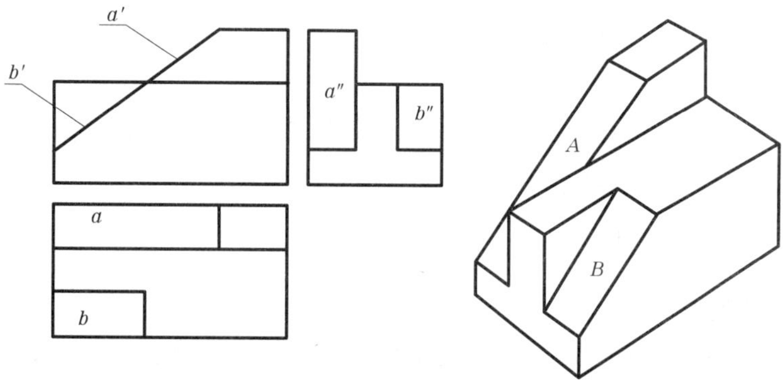

图 2-31　切斜面组合体的识读

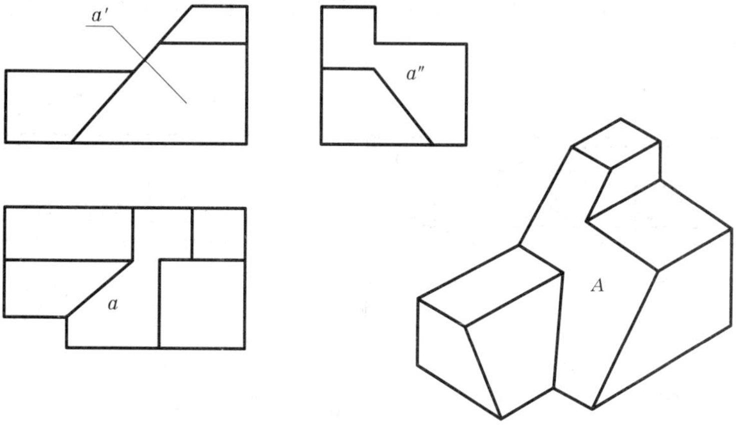

图 2-32　混合式组合体的识读

为三角形。*B* 面对应水平投影和侧面投影的类似形，可以看出是一梯形，并且还要注意这两个平面中间有一交线。

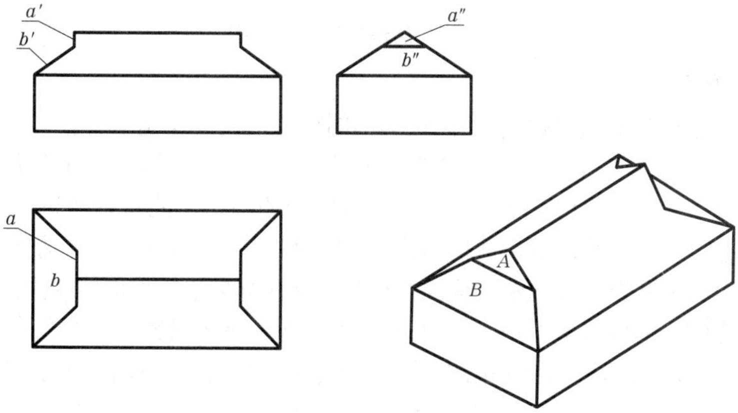

图 2-33　歇山屋顶的识读

2.6 建筑形体的表达

建筑形体的表达即通过绘制出的一系列图样来说明建筑形体的内部和外部结构，其表达的理论基础是投影方法及其规律。

2.6.1 建筑形体的表达

2.6.1.1 外部的表达

一幢房子可以通过三面投影来表达它的结构和形状。如图 2-34 所示，南立面图表达了正门出口处的门、窗、台阶等部分的情况。西立面图主要表达了窗。顶立面图表达了房屋屋顶的情况。当然，在实际的建筑施工图中，不仅只有这三个方向的投影图，为了表达清楚房屋的后面和右面，还往往有东立面图和北立面图，从而对整个房屋各个方向的外部情况有一个完整的表达。

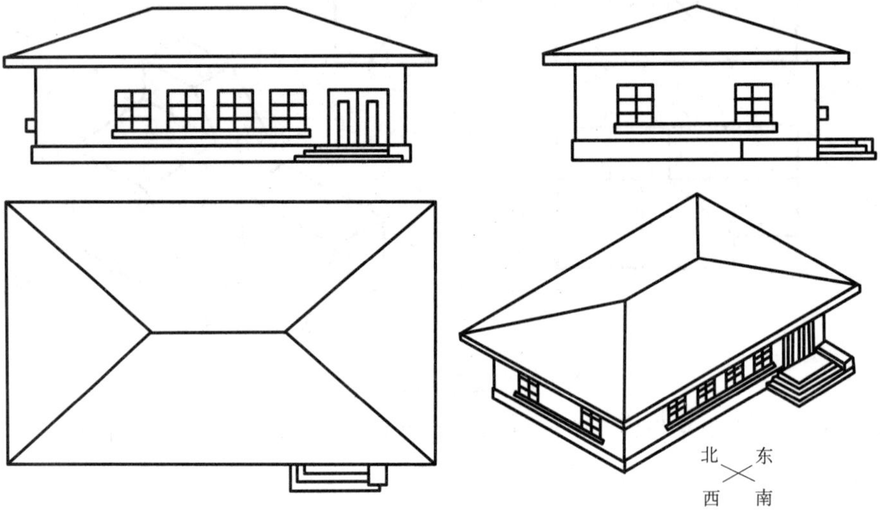

图 2-34 房屋的三面投影图

2.6.1.2 内部的表达

建筑物不仅结构和形式多种多样，而且其不同构件的内部构造和做法也不尽相同。这些内容的表达，仅用三面投影图来表示显然是不够的。这是因为内部复杂的形体在投影图上用虚线表示不容易让人们想象出其结构。必须通过假想的剖切才能看到建筑物的内部，这就形成了剖面图和断面图。当我们假想地把物体剖开时，可以看到形体的内部结构，并且可以在剖开的实体上通过材料图例来表达建筑构件的材料。这样整个建筑物形体的内部表达就会清晰明了。需要注意的是剖切的平面是假想的，其位置必须选择在能表达内部结构的地方。例如，图 2-35 主要是想表达台阶的形状和结构，就使剖切面通过台阶。而在一般的建筑施工图中，为了表达房屋的内部空间和门窗的位置及结构，一般要使剖切面通过门窗洞。

根据形体剖开后的投影对象不同，可分为剖面图和断面图两种。为了更好地识读此图样，首先要把剖面图和断面图的概念理解清楚。

图 2-35 中，把一个台阶模型从中间位置处用一平面 P 剖开，然后向投影面进行投影，

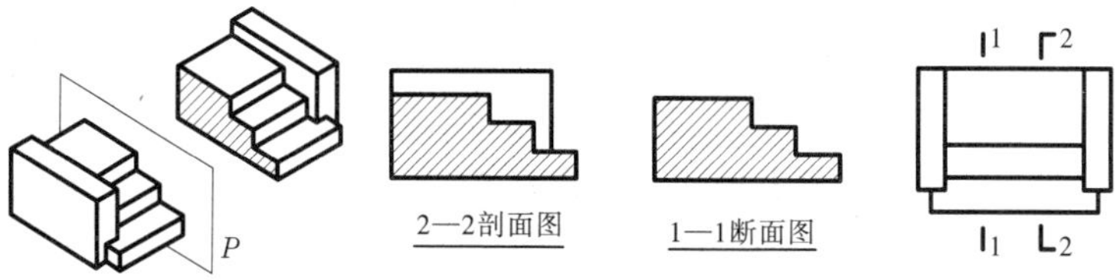

(a)　　(b)　　(c)

图 2-35　剖面图和断面图的概念

1—1 位置处的是断面图,2—2 位置处的是剖面图。可以看到断面图在剖切以后仅把投影剖切面与形体接触的部分进行投影,而剖面图是在剖切以后把留下的部分形体向投影面投影。换句话说,就是剖视图除应画出剖切面切到部分的图形外,还应画出沿投射方向所看到的部分。断面图则只需画出剖切面切到部分的图形。显然,断面图比剖面图要简单。

在剖面图和断面图形成的过程中,剖切面是一个很重要的要素,因此对于剖切面要有一个清晰的认识。在图中首先要看清剖切的位置、剖切后的投影方向和剖切平面的数量。剖到的实体部分要画出材料图例。由画出的材料图例可以知道形体是用什么材料做成的。

2.6.2　剖面图的识读

2.6.2.1　全剖面图的识读

全剖面图指的是用剖切面把形体全剖开后所得到的剖面图。在图 2-36(b)形体的三面

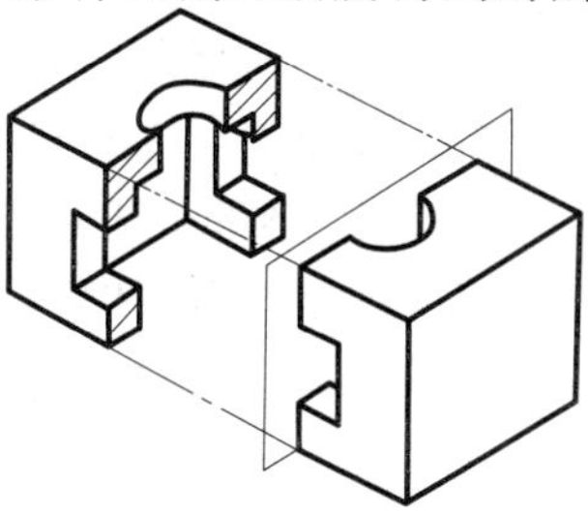

(a)形体的剖切

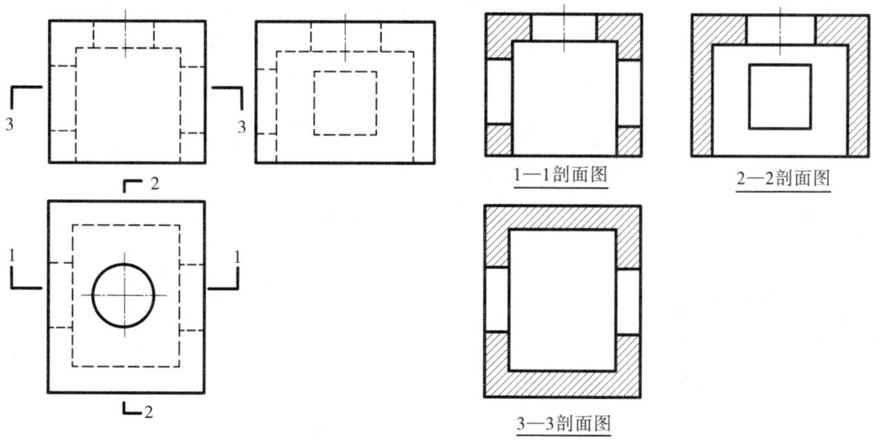

(b)形体的三面投影图　　(c)形体的全剖面图

图 2-36　形体的剖切

投影图中，虚线较多。表明此形体外部结构简单，内部结构较为复杂。剖切面分别在1—1、2—2、3—3处。图中相交的粗短画线表示的是剖切面的位置和投影的方向。在水平投影图中，看到的两段横向粗短画线表示的是1—1剖切面，此剖切面通过竖直孔的轴线。与这两段横短画线垂直的两段竖短画线表示的是从前往后投影。也就是在1—1处剖切后从前往后向正面上进行投影，得到正面投影上的全剖面图。

同样，2—2剖切面是通过竖直孔的轴线与侧面投影面平行的一个面，剖开后把形体从左往右向侧面投影面上进行投影，得到了侧面投影图的全剖面图。3—3处的剖切面的标注是在正面投影上通过左右两方孔的内部，然后物体从上往下投影得到水平投影上的全剖面图。

在三个全剖面图中，可以看到每个全剖面图都表达了不同的内部结构，1—1全剖面图表达了竖直孔和左右两个孔的内部结构。2—2剖面图表达了形体左右、前后开孔和壁厚的情况。3—3全剖面图表达了前后和竖直孔的内部的结构，还有后面孔的形状。

总之，在全剖面图的识读中，要注意分析其剖切面的具体位置和剖切后表达的内部结构。全剖视图适用于外部结构较为简单而内部结构较为复杂的形体表达。

2.6.2.2 半剖面图的识读

半剖面图是当物体内外形状均为左右对称或前后对称，而外形又比较复杂时，在垂直于对称平面的投影面上投影，以对称线为分界，一半画成表示物体外部形状的正投影，另一半画成表示内部结构的剖面图。

如图2-37所示，此形体为一壳体基础。外部形态中有圆锥面和四棱柱表面的相贯线。内部为孔等结构。为了把形体的外部结构和内部结构都表达清楚，正面投影和侧面投影都采用了半剖面图。在正面投影上的半剖面图是沿与左右对称面垂直的前后对称面进行剖切得到的。左半部分表达了壳体的外部形态，右半部分表达了壳体的内部结构。侧面投影上的半剖面图是沿与前后对称面垂直的左右对称面剖切后得到的。前半部分表达了内部结构，后半部分表达了外部形态。在进行半剖面图的识读中，需要注意外部形态和内部结构的交界线用点画线来表示。

2.6.2.3 局部剖面图的识读

局部剖面图是用剖切面局部地剖切物体后所得到的剖面图。常用于建筑物中的局部构造比较复杂的构件。如图2-38所示形体为一杯形基础。用一剖切面在需要表达钢筋的位置进行剖切，这样就表达清楚了基础内部放置钢筋的数目和配筋形式。波浪线是作为内部结构和外部形态的分界线来使用的。另外，正面投影为一全剖面图，表达了内部钢筋和内部杯口的结构。这样通过水平投影上的局部剖面图和正面投影上的全剖面图就把整个杯形基础内部构造和外部形态都表达清楚了。局部剖面图较为灵活，可在任何需要表达的位置进行剖切，并且也可以进行多次剖切。

2.6.2.4 局部分层剖面图

对于一些具有多层构造层次的建筑构配件，可按实际需要用分层剖切的方法表示其内部构造，这样得到的剖面图称为分层剖面图。

图2-39为其建筑物砖墙局部分层剖面图。以波浪线为分界的各个区域表示了不同深度位置的砖墙的不同构造，也就是说，图中用两条波浪线为界，分别把三层构造都表达清楚了。在房屋工程图中，常用分层剖面图来表达墙面、楼(地)面和屋面的构造。

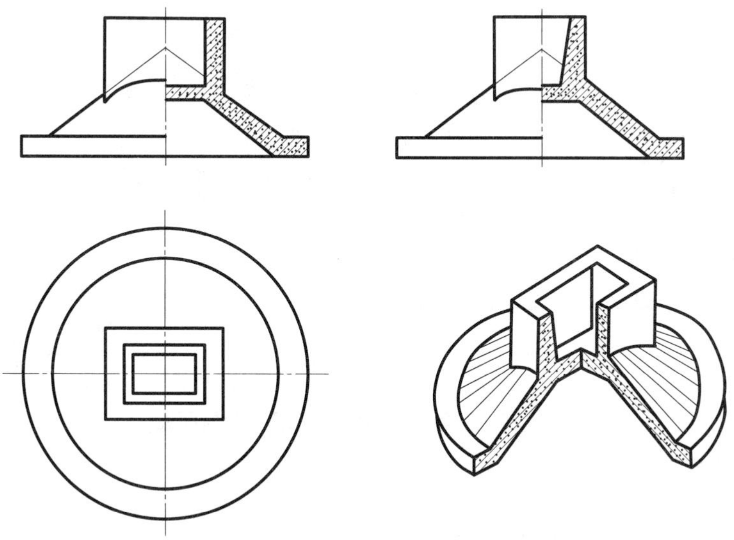

图 2-37 半剖面图

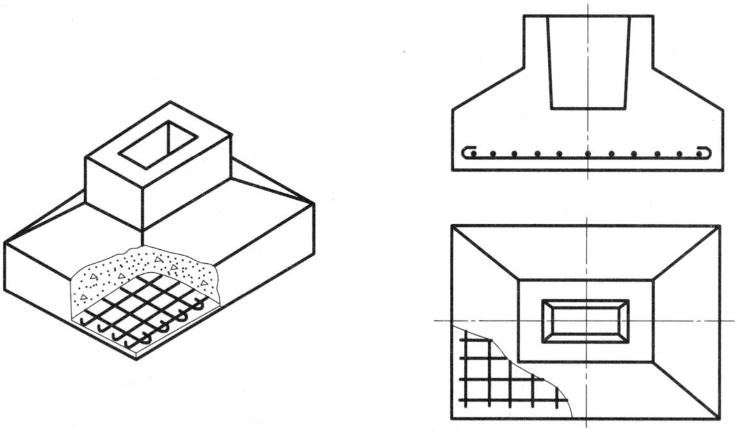

图 2-38 局部剖面图

2.6.2.5 展开剖面图的识读

展开剖面图是用两个或两个以上的相交平面剖切物体所得到的剖面图。如图 2-40 所示为其楼梯的展开剖面图;在水平投影中可以看到此楼梯为一相交一定角度的两段楼梯,如果用一个或两个相互平行的剖切平面剖切物体,都无法将楼梯各部分的形状、尺寸真实地表达清楚,因此可用两个相交的剖切平面进行剖切,一个剖切面平行于正投影面,另一个剖切面为垂直于水平投影面的铅垂面。需要注意的是,正面投影上的 1—1 剖面图是把铅垂剖切面剖切后得到的图形旋转到与正投影面平行后再进行投影得到的。此展开剖面图清楚地表达了楼梯踏步的断面情况。

总之,在剖面图的识读中要注意以下问题:

(1)注意剖面图的编号。剖面图的编号一律采用阿拉伯数字,按顺序连续编排,标写在各剖面图的下方。

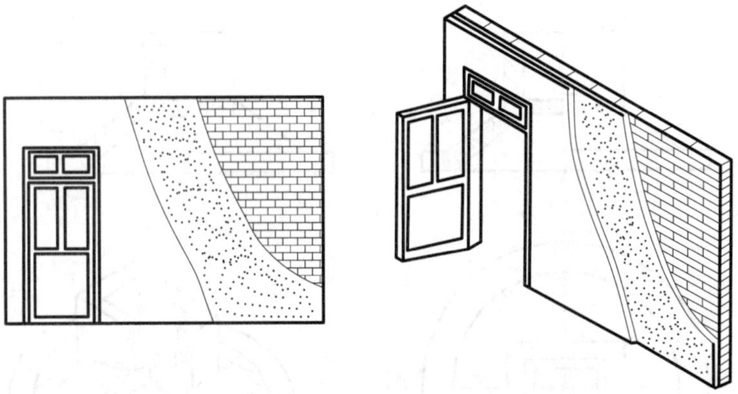

图 2-39　某建筑物砖墙的局部分层剖面图

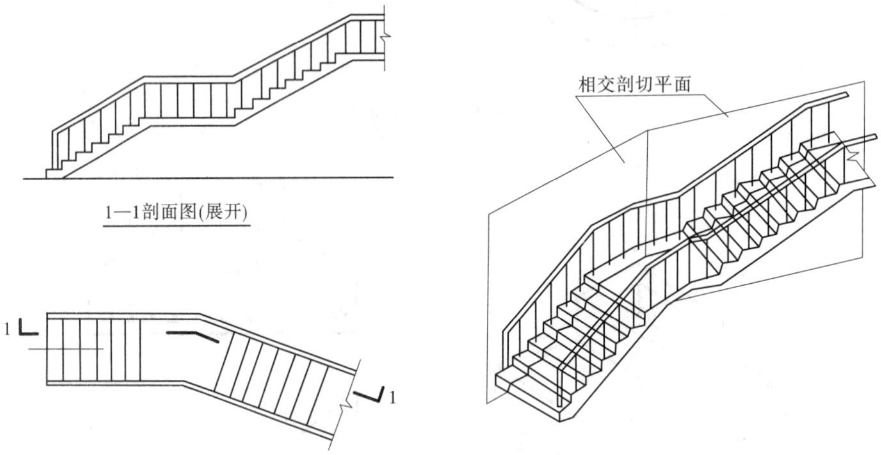

图 2-40　某楼梯的展开剖面图

(2)弄清剖切面的位置和投影方向。剖切平面的剖切位置用两小段粗实线表示。画平面图时,通过门窗洞的剖切位置,以及通过构件对称平面的剖切位置一般不在图中表示。从投影图上看,投影方向一般是向上方或左方。

(3)弄清剖面类型。弄清图中所用的是全剖、半剖、局部剖还是展开剖,这是读图中一个很重要的问题。

(4)与投影图对照识读。将剖面图与所在的投影图联系起来一起阅读,从而进一步弄清形体。

2.6.3　断面图的识读

断面图是假想用一剖切平面剖开物体后,仅画出剖切平面与物体接触部分即截断面的形状。断面图常用来表示建筑及装饰工程中梁、板、柱、造型等某一部分的断面形状。

2.6.3.1　移出断面图和中断断面图识读

移出断面图是画在视图轮廓线以外的断面图。而中断断面图是将断面图画在构件投影图的中断处。常用于较长且断面图对称的构件的表达。如图 2-41 所示原梁的侧面投影图,图中虚线和其他线条比较杂乱。为了表达清楚此梁断面的情况,可以采用一个移出断面和一个中断断面来表达。1—1 处的移出断面位置在 1—1 剖切面的延长线上。而中断断面图则直接放置在两折线的中间。

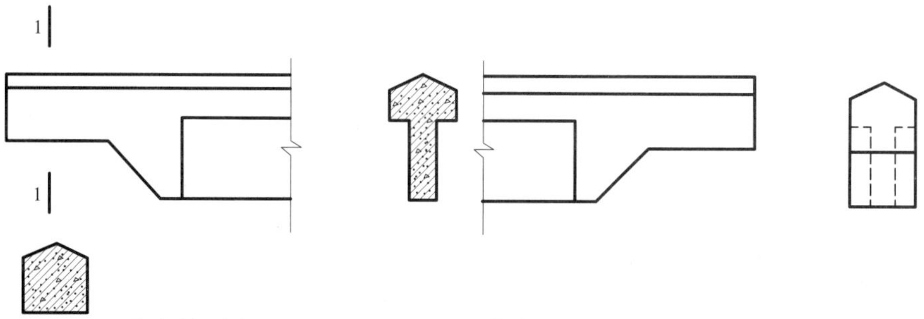

(a)移出断面图　　(b)中断断面图　　(c)侧面投影图

图 2-41　移出和中断断面图

2.6.3.2　重合断面图的识读

重合断面图是把断面图画在视图轮廓内。如图 2-42 中,为了表达梁板结构的断面情况,在剖切面的位置处,直接画出其断面图。其外轮廓线为细实线。断面处的涂黑的材料图例表示的是此梁板的材料为钢筋混凝土。

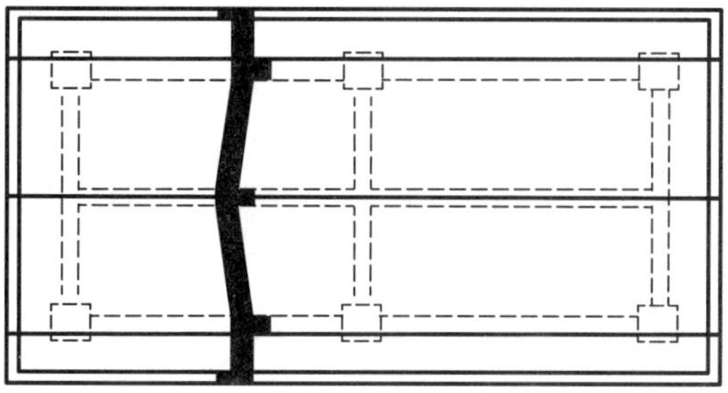

图 2-42　梁板结构的重合断面图

2.6.4　房屋建筑图的基本表示方法

2.6.4.1　房屋建筑的平面图

房屋建筑的平面图就是一幢房屋的水平全剖面图。如图 2-43 所示,假想用水平面把一幢房屋的窗台以上部分切开去掉,剖切平面以下的部分向水平投影面投影,最后得到了图 2-43(b)所示的水平投影图。水平投影图清晰地表达了房屋的内部布局及门窗的位置等情况。

2.6.4.2　房屋建筑的立面图

房屋建筑的立面图就是一幢房子的正立面投影图与侧面投影图。如图 2-44 所示,一幢房屋的四个方向的立面都可以向其对应的投影面进行投影,得到相应的立面投影图,即立面图。它表达的是房屋各个立面的形态。一般南向是房屋的入口方向,所以南立面图是立面图表达的重点。各立面图的名称可以按照东南西北的方向来命名,也可以用轴线的方式来命名。

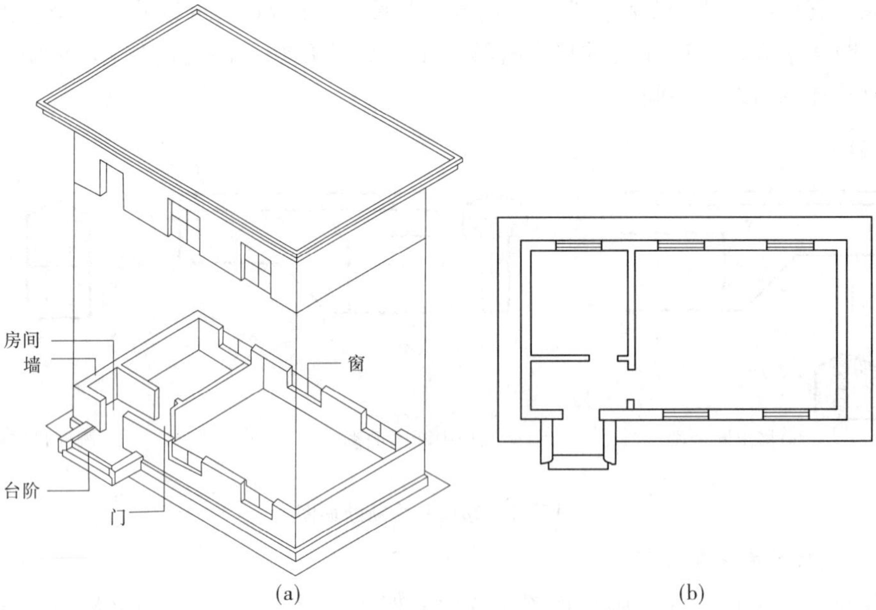

图 2-43　房屋建筑平面图的形成

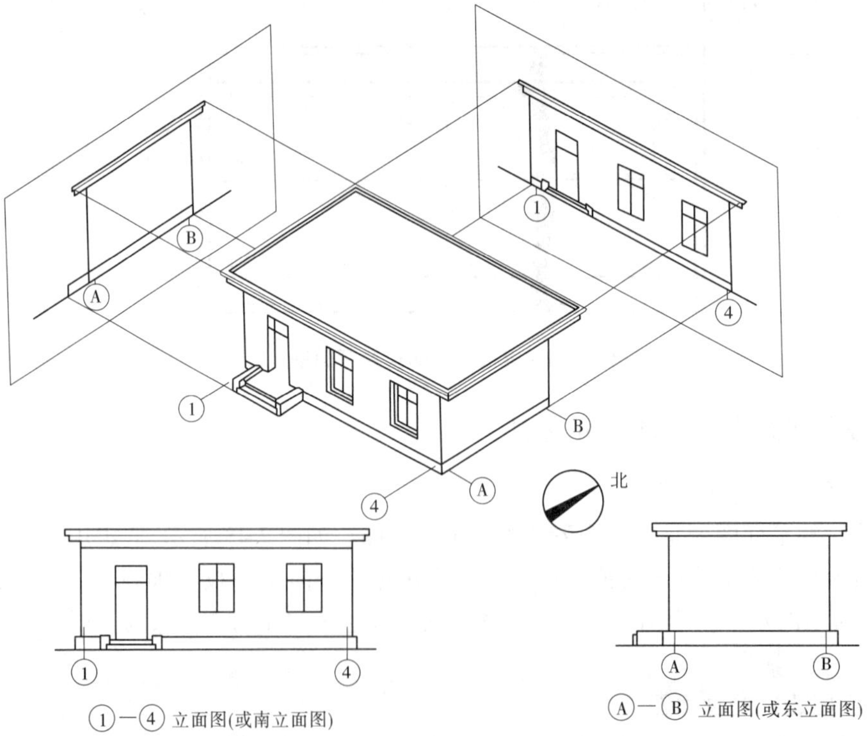

图 2-44　房屋建筑立面图的形成

2.6.4.3　房屋建筑的剖面图

房屋建筑的剖面图是假想用一平面把建筑物沿垂直方向切开，切面后的部分的正立面投影图。如图 2-45 所示，沿 1—1 剖面切开后向左侧投影面进行投影，得到 1—1 剖面图，此剖面图可以表达横向房屋内部的结构构造。在垂直纵向上也可以进行剖切,但一般多采用房屋的横向剖面图。

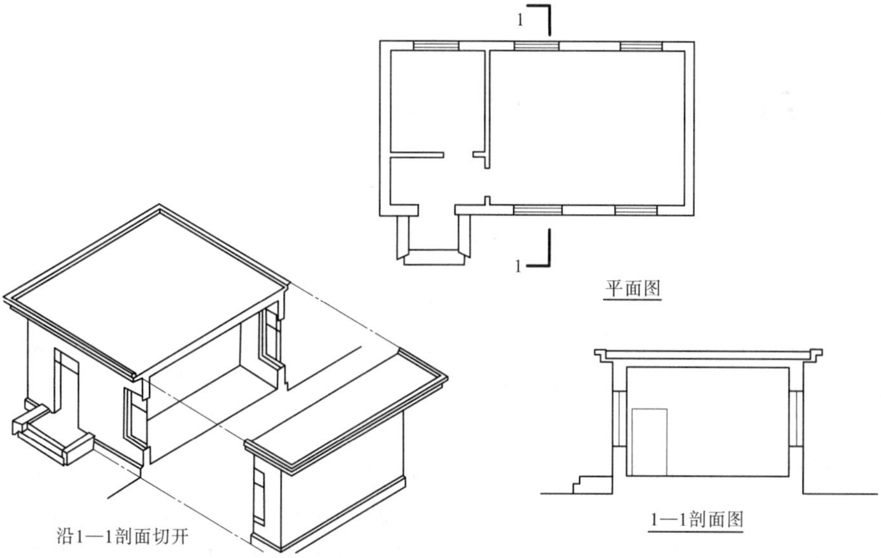

图 2-45 房屋建筑剖面图的形成

在此节中只是从表达的角度对房屋的基本表达方法做了说明,有关房屋平面图、立面图和剖面图的详细识读知识在第3章中有具体介绍。

第 3 章　建筑工程

3.1　建筑工程概述

建筑工程作为土木工程的主要组成部分，是人类生产和生活的空间，从人类诞生就是人类生活的重要场所，从最初简单的遮风避雨发展到现在的具有各种功能，是伴随着人类进步而不断发展的。

建筑工程是新建、改建或扩建建筑物（构筑物）所进行的规划、勘察、设计、施工及竣工等各个环节和技术工作完成后的工程实体，其中建筑物是指有顶盖、梁柱、墙壁、基础以及能够形成内部空间，满足人们生活、学习、工作、居住以及从事生产和各种文化活动的工程实体，如住宅、学校、办公楼、剧院、酒店、商店、医院和工厂厂房、生产车间等；构筑物是指人们一般不直接在其内部进行生产和生活的建筑，如水坝、水塔、蓄水池、烟囱等。

3.1.1　建筑工程的类型

房屋统称为建筑物，房屋建筑的分类方法较多。不同的分类方法本质上都是从不同的角度或侧面对房屋特征的阐述。现介绍三种主要的分类方法。

3.1.1.1　按建筑物的使用性质分

1. 工业建筑

工业建筑是指为工业生产服务的房屋，包括各种生产用厂房、动力用厂房以及仓储用房等，如重型机械厂房、冶炼厂房、纺织厂房、制药厂房、食品厂房等。它们往往承受巨大荷载、沉重的撞击和振动，需要大空间，有温湿度、防爆、防尘、防菌等特殊要求，同时要考虑生产产品的起吊、运输设备和生产路线。工业厂房有的是单层的，有的是多层的。单层工业厂房经常采用的是铰接框架（也称排架）结构，多层工业厂房往往采用刚接框架结构。

2. 农业建筑

农业建筑是指供农牧业生产用的房屋，包括温室、畜舍、种子库房等。温室大棚、畜牧场等往往采用轻型钢结构。

3. 民用建筑

民用建筑是指能够满足人们生活需要的房屋。包括居住建筑、公共建筑、商业建筑、文教卫生建筑等四类。

居住建筑是供人们生活居住用的房屋，如别墅、宿舍、公寓等。它们内部房间的尺度虽小，但使用布局却十分重要，对朝向、采光、隔热、隔音等建筑技术问题有较高要求。

公共建筑是大量人群聚集的场所，如展览馆、剧院、体育场馆、候机楼等。它们室内空间很大，人流走向问题突出，对使用功能及其设施的要求很高。公共建筑经常采用网架、拱、壳结构等作为主体结构,层数以单层或低层居多。

商业建筑,如商店、银行、商业写字楼、宾馆、娱乐场、停车场等。由于它们也是人群聚集的场所,有着与公共建筑类似的要求,往往做成多层或高层建筑,对结构体系和结构形式有较高的要求。

文教卫生建筑,如图书馆、教学楼、实验楼、医院等。它们有较强的针对性,如图书馆有书库、实验楼要安置特殊试验设备、医院有手术室和各种医疗设施,其主体结构经常采用框架结构、框架－剪力墙结构。

3.1.1.2 按主要承重结构的材料分类

房屋中起着骨架作用的整个受力系统,叫作结构。组成房屋结构的每一个单元,叫作构件,如房屋的梁、板、柱、屋架等。因为主要结构的材料和形式不同,房屋建筑大致可分为木结构、混合结构、钢筋混凝土结构、钢结构和其他结构。

(1)木结构。建筑物的主要承重构件均采用木材制作,如一些古建筑和旅游性建筑。

(2)混合结构。建筑物的主要承重构件由两种或两种以上不同材料组成,如砖墙和木楼板的砖木结构、砖墙和钢筋混凝土楼板的砖混结构等。该结构主要适用于6层以下建筑物。

(3)钢筋混凝土结构。建筑物的主要承重构件均采用钢筋混凝土材料,而砖墙不承受其他构件传来的荷载,只起填充作用。建筑物超过6层时一般采用该结构。

(4)钢结构。建筑物的主要承重构件均是钢材制作的,一般用于大跨度、大空间的公共建筑和高层建筑。

(5)其他结构。如生土结构、充气结构等。生土结构也称“生土建筑”,它是以地壳表层的天然物质(岩土)作为建筑材料,经过采掘、成型、砌筑或夯筑而建造的建筑物。我国各地的土坯房和窑洞民房就是这种建筑。

3.1.1.3 按建筑高度与层数分类

房屋建筑按层数划分:1～3层为低层建筑,多为住宅、别墅、幼儿园、中小学校、小型的办公楼以及轻工业厂房等;4～6层为多层建筑,多为一般住宅、写字楼等;7～9层为中高层建筑,多为居民住宅楼、普通办公楼等;10层以上或超过24 m高的其他民用建筑为高层建筑。建筑高度超过100 m时均为超高层建筑。

3.1.1.4 按施工方法分类

房屋建筑按施工方法划分可分为全现浇现砌式建筑、全预制装配式建筑和部分现浇、部乡装配式建筑。

(1)全现浇现砌式建筑。是指主要建筑构件,如钢筋混凝土梁、板、柱和砖墙砌体等均在施工现场浇筑或砌筑。

(2)全预制装配式建筑。是指主要构件,如钢筋混凝土梁、板、柱和墙板等均在工厂或施工现场预制,然后全部在施工现场进行装配。

(3)部分现浇、部分装配式建筑。是指一部分构件,如钢筋混凝土梁、板、柱和砖墙砌体在施工现场浇筑或砌筑,而另一部分构件如楼梯、楼板等预制装配的建筑。

3.1.2 建筑工程的构造

3.1.2.1 民用建筑构造

民用建筑通常由基础、墙体和柱、楼板层、楼梯、屋顶、地坪、门窗等几大主要部分组成,如图 3-1 所示。每个部分各处在不同的位置,发挥着各自的作用。房屋除上述几个主要组成部分外,对不同使用功能的建筑还有一些附属的构件和配件,如阳台、雨篷、台阶、散水、通风道等。这些构配件也可以称为建筑的次要组成部分。

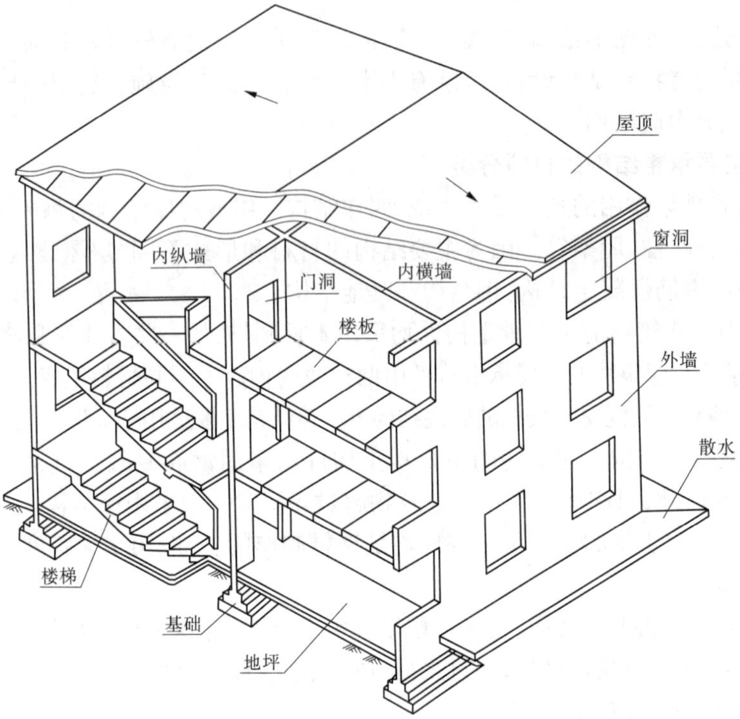

图 3-1 民用房屋的构造组成

1. 基础

基础是位于建筑物最下部的承重构件,它承受着上部结构传来的全部荷载,并将这些荷载传给地基。基础作为建筑的重要组成部分,是建筑物得以立足的根基,因此基础必须具有足够的强度、刚度及耐久性,并能抵抗地下各种不良因素的侵袭。

2. 墙体和柱

墙或柱是房屋的垂直承重构件,它们承担屋顶和楼板层传来的荷载,并把它们传递给基础。墙同时也是围护构件,外墙应具备抵御自然界各种因素对室内侵袭的能力,起着挡风遮雨、隔热御寒的作用,内墙起着划分室内空间、创造适用的室内环境的作用。当柱作为房屋的承重构件时,柱间墙仅起围护作用。墙体通常是建筑中自重最大、材料和资金消耗最多、施工量最大的组成部分,作用非常重要。因此,墙体应具有足够的强度、稳定性,良好的热工性能及防火、隔音、防水、耐久性能。此外,方便施工和良好的经济性也是衡量墙体性能的重要指标。

3. 楼板层和地坪

楼板是水平方向的承重构件,房间层高将整幢建筑物沿水平方向分为若干层,每一层楼板直接承受各种家具、设备、人员的荷载,并把这些荷载传给支承它的墙(柱)上,同时对墙体起着水平支撑的作用。因此,要求楼板层应具有足够的抗弯强度、刚度,并应具备相当的防火、防水、隔音的能力。

地坪是底层房间与地基土层相接的构件,起承受底层房间荷载的作用,并将其传递给地基。地坪应具有耐磨、防潮、防水、防尘和保温的性能。

楼板层和地层的面层部分称为楼地面。板的荷载是由楼地面传给它的,地面是直接承受人和设备的荷载的构造层。底层地面把它承受的荷载传给它下面的地基。

4. 屋顶

屋顶是建筑物顶部的围护构件和承重构件。抵抗风、雨、雪、霜、冰雹等的侵袭和太阳辐射热的影响;又承受风、雪荷载及施工、检修等屋顶荷载,并将这些荷载传给墙或柱,故屋顶应具有足够的强度、刚度及防水、保温、隔热等性能。屋顶又是建筑体型和立面的重要组成部分,其外观形象也应得到足够的重视。屋顶由屋面层和结构层所组成。屋面层主要起围护作用,结构层则起承重作用。因此,屋顶必须具有足够的强度、刚度及防水、保温、隔热等能力。

5. 楼梯与电梯

楼梯是各个楼层之间进行垂直联系的交通设施,供人们上下楼层和紧急疏散用。因此,要求楼梯具有足够的通行能力以及防火和防滑的性能。

在高层建筑中联系上下各层主要靠电梯,在人流大的公共建筑中还采用自动扶梯。

6. 门窗

门与窗均属非承重构件,也称为配件。门主要起供人们出入内外交通和分隔房间作用,窗主要起通风、采光、分隔、眺望等围护作用。处于外墙上的门窗又是围护构件的一部分,要满足热工及防水的要求;某些有特殊要求的房间,门、窗应具有保温、隔音、防火的能力。门是供人们及家具设备进出房屋和房间的建筑配件,应具有足够的宽度和高度。窗的作用是采光、通风、供人眺望。窗应具有足够的面积。门和窗安装在墙上,因而是房屋围护结构的组成部分。依其所在位置不同,分别要求它们防水、防风沙、保温和隔音。

3.1.2.2 工业建筑构造

工业建筑是各类工厂为工业生产需要而建造的各种不同用途的建筑物和构筑物的总称。通常把这些生产用的建筑物称为工业厂房。工业厂房是为工业生产服务的建筑物,与民用房屋相比,基建投资多,占地面积大,而且受生产工艺条件制约。首先,要满足生产工艺的要求,以利于提高劳动生产率;其次,要有较大的空间以满足生产设备布置和检修的要求;再次,要有良好的通风和采光以创造一个适合的卫生环境和劳动保护条件。按用途的不同工业厂房可以分为主要生产厂房(如加工车间和装配车间)、辅助车间厂房(如机修车间和工具车间)、动力用厂房(如发电站和锅炉房)、储存用房屋(如原材料库和成品库)、运输用房屋(如机车库和消防车库)以及其他(如水泵房和污水处理站)。按层数的不同,工业厂房可以分单层厂房(多用于冶金、重型及中型机械工业等)、多层厂房(多用于食品、电子、精密仪器工业等)以及混层厂房(如某些化学工业、热电站的主厂房等)。按生产状况的不同,工业厂房可以分为冷加工车间(如机械加工车间和机械装配车间)、热加工车间(如铸工车间和锻工车间)、恒温恒湿车间(如精密机械车间和纺织车间)以及洁净车间(如精密仪表加工及装配车间、集成电路车间)等。

下面以单层厂房为例介绍其结构组成。在厂房建筑中,支撑各种荷载作用的构件所组成的骨架,通常称为结构。我国广泛采用横向排架结构,如图3-2所示是典型的装配式钢筋混凝土横向排架结构的单层厂房,它包括下列几部分承重构件:一是横向排架,包括屋架

(或屋面梁)、柱子和柱基础,承受屋盖、天窗、外墙及吊车等荷载;二是纵向连系构件,包括吊车梁、基础梁、连系梁(或圈梁)、屋面板等,这些构件联系横向排架,形成了厂房的整体骨架结构系统,并将作用在山墙上的风力和吊车纵向制动力传给柱子;此外,为了保证厂房的刚度,还须设置屋盖支撑、柱间支撑等支撑系统。从图 3-2 中还可以看出,除厂房骨架外,还有仅起围护或分隔作用的围护结构,包括厂房四周的外墙、抗风柱、屋顶、天窗、门窗及地面等。外墙多采用自承重墙,其自重由基础梁承受。连系梁一般搁置在柱的牛腿上,在墙体较高时设置,以承受其上部的墙体质量。抗风柱主要承受山墙传来的水平风荷载,并传给屋架和基础。

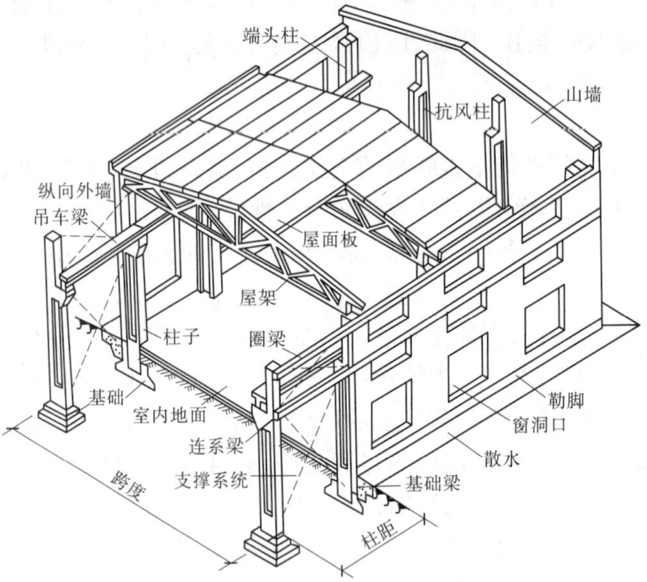

图 3-2　单层厂房的结构组成

1. 屋盖结构

屋盖结构由屋面板(包括天沟板)、屋架或屋面梁(包括屋盖支撑)组成,有时还设有檩条、天窗架和托架等。根据是否设置檩条可分为有檩体系和无檩体系两种。大型屋面板直接支撑(焊牢)在屋架或屋面梁上的称为无檩体系;小型屋面板或瓦材)直接支撑在檩条上,檩条支撑在屋架上(板与檩条、檩条与屋架均需有牢固的连接),通常称有檩体系。屋面板起覆盖、维护作用;屋架或屋面梁承受屋架结构自重和屋面活荷载(包括雪荷载和其他荷载如积灰荷载、悬吊荷载等),并将这些荷载传至排架柱,故称为屋面承重结构。天窗架是为了设置供通风、采光用的天窗,也是一种屋面承重结构。

2. 横向平面排架

横向平面排架由横梁(屋面梁或屋架)和横向柱列(包括基础)组成,是厂房的主要承重结构。厂房结构承受的竖向荷载(结构自重、屋面活荷载和吊车竖向荷载等)及横向水平荷载(风荷载、吊车横向水平荷载和横向水平地震作用等)主要是通过横向平面排架传至基础和地基。

3. 纵向平面排架

纵向平面排架由纵向柱列(包括基础)、连系梁、吊车梁和柱间支撑等组成,它与横向平面排架构成骨架，保证厂房的整体性和稳定性，承受作用在山墙和天窗端壁并通过屋盖结构传来的纵向风荷载、吊车纵向水平荷载和纵向水平地震作用及温度应力等，如图3-3所示。

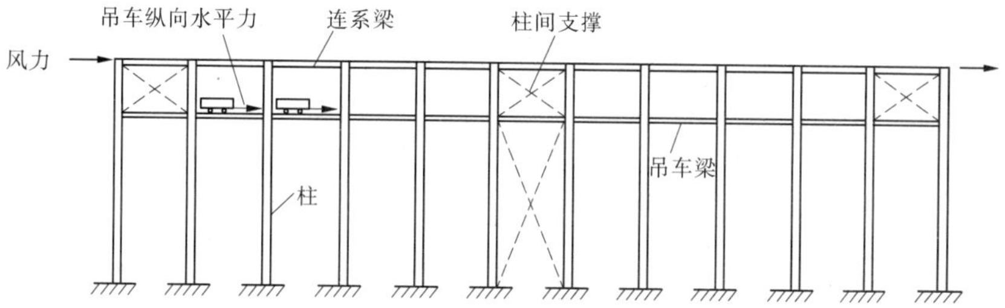

图3-3　纵向平面排架

4. 吊车梁

吊车梁一般简支在柱牛腿上，主要承受吊车竖向荷载、横向或纵向水平荷载，并将它们分别传至横向或纵向平面排架。

5. 支撑

支撑体系的设置是厂房受力和改善构件工作条件的需要，其作用是加强厂房结构的空间刚度，并保证结构构件在安装和使用阶段的稳定及安全；同时起着把风荷载、吊车水平荷载或水平地震力等传递到主要承重构件上去的作用。

厂房的支撑体系包括屋盖支撑和柱间支撑，其中屋盖支撑又包括屋架上弦横向水平支撑、屋架间的垂直支撑及水平系杆、屋架下弦横向和纵向水平支撑、天窗架支撑等。

6. 基础

基础承受柱和基础梁传来的荷载并将它们传至地基。

7. 围护结构

单层厂房的外围护结构包括外墙、屋顶、地面、门窗、天窗等。

8. 其他

其他如散水、地沟（明沟或暗沟）、坡道、吊车梯、室外消防梯、内部隔墙、作业梯、检修梯等。

单层厂房结构的荷载传递路线如图3-4所示。

由图3-4可知，单层厂房结构所承受的各种荷载，基本上都是传递给排架柱，再由排架柱传至基础及地基的，因此柱和基础是主要承重构件。在有吊车的厂房中，由于吊车梁对安全生产的重要性，以及材料用量较多，所以吊车梁也是主要承重构件。设计时更应予以重视。

3.2　建筑工程图纸识读

房屋的基本组成部分通常有基础、墙或柱、楼地面、楼梯、屋顶、门和窗等。建筑工程指为新建、改建或扩建房屋建筑物和附属构筑物所进行的勘察、规划、设计、施工、安装和维护等各项技术工作和完成的工程实体。图3-5为某校教学楼。

3.2.1　房屋建筑图的内容、成图原理及分类

将一幢拟建房屋的总体布局、外部造型、内部布置、细部构造、内外装饰、固定设施和施工要求详细准确地表达的图样，称为房屋建筑图。它是用以指导施工的一套图纸，所以又称

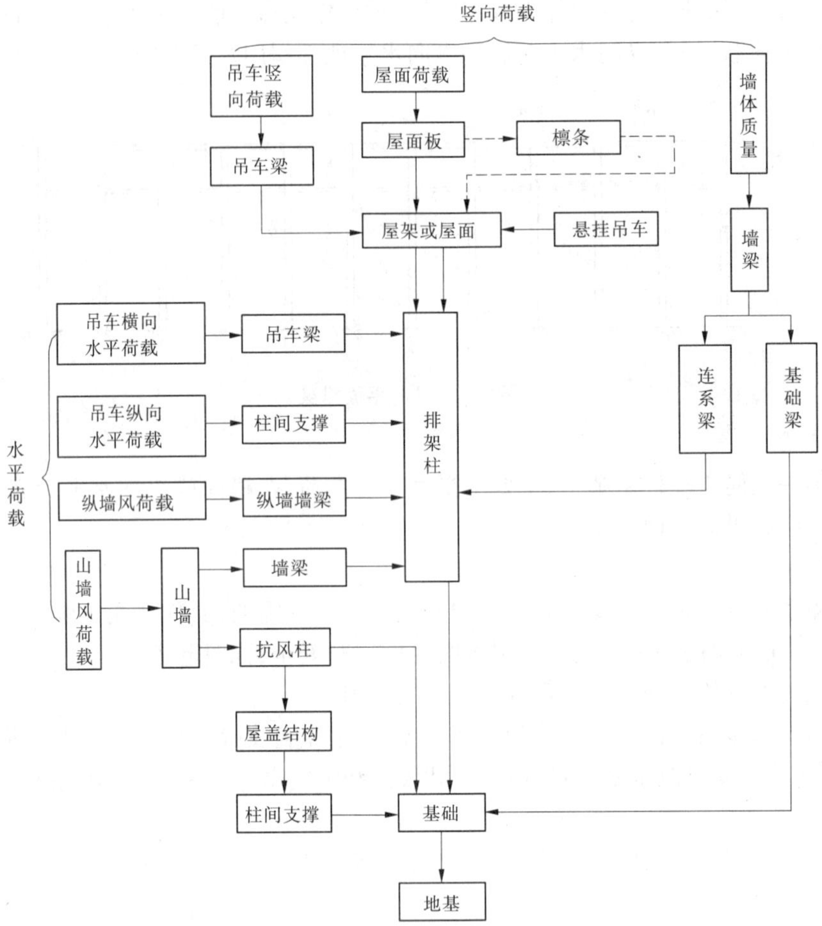

图 3-4　单层厂房结构的荷载传递路线

图 3-5　某校教学楼

为房屋建筑施工图。它是房屋施工放线、砌筑、安装门窗、室内外装修、编制施工概预算及施工组织设计的主要技术依据。

房屋建筑施工图图示方法是依据正投影原理绘制而成的，如图 3-6 所示。

一套完整的房屋建筑施工图根据专业内容或作用的不同，其分类如下：

(1)图纸目录。列出了全部图纸的名称、张数、编号。先列出新绘的图纸，后列出所选

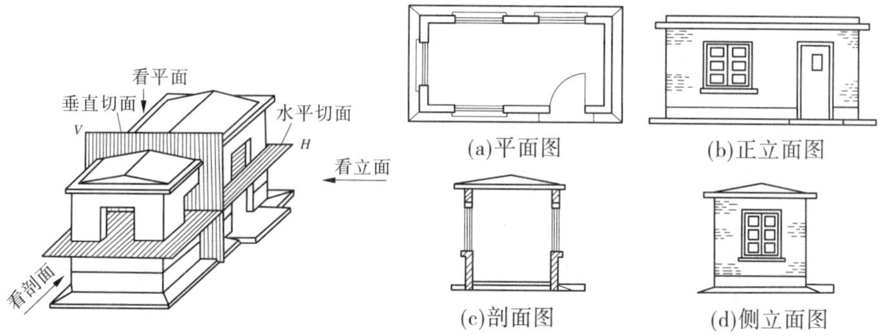

图3-6　房屋建筑施工图的投影原理

用的标准图纸或重复利用的图纸。

(2)设计总说明(首页)。说明建筑工程的概况和设计依据,包括建筑标准、荷载等级、抗震要求、建筑面积、工程造价等;主要施工技术、有关结构的材料使用及做法等;列出该建筑所用门窗的编号、规格和数量统计表;采暖通风及照明要求等。给出该建筑的相对高程与绝对高程的对应关系。

(3)建筑施工图(简称建施)。用以反映建筑的内外形状、大小、布局、构造和所用材料等情况,包括建筑总平面图、建筑平面图、建筑立面图、建筑剖视图和建筑构造详图。

(4)结构施工图(简称结施)。用以反映建筑承重构件的布置、形状、材料、大小以及结构构件等情况,包括结构设计说明、结构平面布置图、结构详图平面布置图和各构件的结构详图。

(5)设备施工图(简称设施)。用以反映各种设备、管道和线路的布置、走向以及安装要求等,包括给水排水工程图、采暖通风工程图、电气工程图。

3.2.2　编制要求、编排顺序与读图步骤

3.2.2.1　编制要求

各专业工种施工图设计的编制应满足《建筑工程设计文件编制深度的规定》要求,并能够根据其编制施工图预算、安排材料及设备订货、进行施工和安装、进行工程验收。

3.2.2.2　编排顺序

全套施工图一般的编排顺序是:首页、总说明、总平面图、建施、结施、设施。各专业的施工图是按照图纸内容的主次关系进行编排的:总图在前,局部在后;基本图在前,详图在后;布置图在前,构件图在后。

各工种施工图一般包括基本图(平面图、剖面图等)和详图两部分。基本图表示全局性内容;详图则表示某些构配件和局部节点构造等详细情况。

3.2.2.3　读图步骤

对于各专业来说,先建施,后结施,再水施、暖施、电施。

对于全套图纸,先看首页,再看专业。

对于每组图纸,先看目录。了解图纸种类、幅面、张数;有序查找;明确采用的标准图集和图册名称。

对于每一张图纸来说,一看标题栏,二看文字,三看图样,四看尺寸。

读图时，应总体了解，顺序识读，前后对照，重点细读。

3.2.3 建筑施工图识读

3.2.3.1 施工图首页

施工图首页一般由图纸目录、设计总说明、构造做法表及门窗表组成。

1. 图纸目录

图纸目录放在一套图纸的最前面，说明本工程的图纸类别、图号编排、图纸名称和备注等，以方便图纸的查阅。如表3-1所示是某住宅楼的施工图图纸目录。该住宅楼共有建筑施工图12张，结构施工图5张，电气施工图2张。

表3-1 图纸目录

图别	图号	图纸名称	备注	图别	图号	图纸名称	备注
建施	01	设计说明、门窗表		建施	10	1—1剖面图	
建施	02	车库平面图		建施	11	大样图一	
建施	03	一～五层平面图		建施	12	大样图二	
建施	04	六层平面图		结施	01	基础结构平面布置图	
建施	05	阁楼层平面图		结施	02	标准层结构平面布置图	
建施	06	屋顶平面图		结施	03	屋顶结构平面布置图	
建施	07	①～⑩轴立面图		结施	05	柱配筋图	
建施	08	⑩～①轴立面图		电施	01	一层电气平面布置图	
建施	09	侧立面图		电施	02	二层电气平面布置图	

2. 施工总说明

施工总说明主要说明工程的概况和总的要求。内容包括工程设计依据（如工程地质、水文、气象资料），设计标准（建筑标准、结构荷载等级、抗震要求、耐火等级、防水等级），建设规模（占地面积、建筑面积），工程做法（墙体、地面、楼面、屋面等的做法）及材料要求，以便施工人员对工程结构、构造和整体技术要求有一个概括的了解。

下面是某住宅楼设计说明举例：

（1）本建筑为××市××房地产公司生活住宅小区工程9栋，共6层，住宅楼底层为车库，总建筑面积5 346.88 m^2，基底面积635.66 m^2。

（2）本工程为二类建筑，耐火等级二级，抗震设防烈度Ⅵ度。

（3）本建筑定位见总图；相对标高±0.000相对于绝对标高值见总图。

（4）本工程合理使用50年；屋面防水等级Ⅱ级。

（5）本设计各图除注明外，标高以m计，平面尺寸以mm计。

（6）本图未尽事宜，请按现行有关规范规程施工。

（7）墙体材料及做法：砌体结构选用材料除满足本设计外，还必须配合当地建设行政部门政策要求。地面以下或防潮层以下的砌体，潮湿房间的墙，采用MU10黏土多孔砖和M7.5水泥砂浆砌筑，其余按要求选用。

骨架结构中的填充砌体均不做承重用，其材料选用按表3-2的要求。

表3-2　填充墙材料选用表

砌体部分	适用砌块名称	墙厚(mm)	砌块强度等级	砂浆强度等级	备注
外围护墙	黏土多孔砖	240	MU10	M5	砌块容重 < 16 kN/m^3
卫生间墙	黏土多孔砖	120	MU10	M5	砌块容重 < 16 kN/m^3
楼梯间墙	混凝土空心砌块	240	MU5	M5	砌块容重 < 10 kN/m^3

所用混合砂浆均为石灰水泥混合砂浆。

外墙做法：烧结多孔砖墙面，40 mm厚聚苯颗粒保温砂浆，5.0 mm厚耐碱玻纤网布抗裂砂浆，外墙涂料见立面图。

3. 构造做法表

构造做法表是以表格的形式对建筑物各部位构造、做法、层次、选材、尺寸、施工要求等的详细说明。某住宅楼工程做法如表3-3所示。

表3-3　构造做法表

名称	构造做法	施工范围
水泥砂浆地面	素土夯实	一层地面
	30 mm厚C10混凝土垫层随捣随抹	
	干铺一层塑料膜	
	20 mm厚1∶2水泥砂浆面层	
卫生间楼地面	钢筋混凝土结构板上15 mm厚1∶2水泥砂浆找平	卫生间
	刷基层处理剂一遍，上做2 mm厚一布四涂氯丁沥青防水涂料，四周沿墙上翻150 mm高	
	15 mm厚1∶3水泥砂浆保护层	
	1∶6水泥炉渣填充层，最薄处20 mm厚C20细石混凝土找坡1%	
	15 mm厚1∶3水泥砂浆抹平	

4. 门窗表

门窗表反映门窗的类型、编号、数量、尺寸规格、所在标准图集等相应内容，以备工程施工、结算所需。表3-4为某住宅楼门窗表。

3.2.3.2　建筑总平面图识读

建筑总平面图是假设在建设区的上空向下投影所得的水平投影图。

建筑总平面图反映新建工程的总体布局，表示房屋的位置、朝向与原有建筑的距离关系、标高、道路、地形地貌、绿化等。根据总平面图可以进行房屋定位、施工放线、土方施工、施工总平面布置，并为水、电、暖管网设计提供依据。

表 3-4 某住宅楼门窗表

类别	门窗编号	标准图号	图集编号	洞口尺寸(mm)		数量	备注
				宽	高		
门	M1	98ZJ681	GJM301	900	2 100	78	木门
	M2	98ZJ681	GJM301	800	2 100	52	铝合金推拉门
	MC1	见大样图	无	3 000	2 100	6	铝合金推拉门
	JM1	甲方自定	无	3 000	2 000	20	铝合金推拉门
窗	C1	见大样图	无	4 260	1 500	6	断桥铝合金中空玻璃窗
	C2	见大样图	无	1 800	1 500	24	断桥铝合金中空玻璃窗
	C3	98ZJ721	PLC70—44	1 800	1 500	7	断桥铝合金中空玻璃窗
	C4	98ZJ721	PLC70—44	1 500	1 500	10	断桥铝合金中空玻璃窗
	C5	98ZJ721	PLC70—44	1 500	1 500	20	断桥铝合金中空玻璃窗
	C6	98ZJ721	PLC70—44	1 200	1 500	24	断桥铝合金中空玻璃窗
	C7	98ZJ721	PLC70—44	900	1 500	48	断桥铝合金中空玻璃窗

1. 建筑总平面图的识读内容

(1)总平面图常采用的比例有 1∶500、1∶1 000、1∶2 000。图名和比例注写在总平面图的下方。

(2)总平面图标注尺寸一律以米(m)为单位。除标注新建筑的总体尺寸外,也会标注新旧建筑物之间的距离、车行道与建筑的距离及道路本身宽度等尺寸。在总平面图上将建筑物分成 5 种情况,即新建建筑物、原有建筑物、计划扩建的预留地或建筑物、拆除的建筑物和新建的地下建筑物或构筑物,当我们阅读总平面图时,要区分哪些是新建建筑物,哪些是原有建筑物。

(3)图上会用指北针或风向频率玫瑰图表示建筑物的朝向和该地区的常年风向频率。风向频率玫瑰图用于反映建筑场地范围内常年主导风向和 6 月、7 月、8 月三个月的主导风向(虚线表示),共有 16 个方向,图中实线表示全年的风向频率,虚线表示夏季(6 月、7 月、8 月三个月)的风向频率。风由外面吹过建设区域中心的方向称为风向。风向频率是在一定的时间内某一方向出现风向的次数占总观察次数的百分比。

(4)在总平面图上,一般绘有采纳总图中的图例或部分另编制的图例,对应图例看总图上新旧建筑、道路等布置情况。用粗细线表达新旧建筑,原有建筑物用细实线画出,新建建筑物用粗实线画出外轮廓。用细实线绘制道路、围墙的可见轮廓线、指北针、尺寸线、管道布置等。用细点画线表示道路的中心线。

(5)拟建建筑的定位。定位有三种方式:第一种是利用新建建筑物与原有建筑物或道路中心线的距离确定新建建筑物的位置;第二种是利用施工坐标确定新建建筑的位置;第三种是利用大地测量坐标确定新建建筑物的位置。

(6)在设计中,为了清楚地表示建筑物的总体情况,一般在总平面图中建筑物的右上角以点数或数字表示楼房层数。如某新建建筑物的层高表达常在建筑区域内标注的小圆点,但楼层过多时，用数字如“12”“12F”注写。

(7)新建建筑物地坪标高 ±0.00 处会同时标注此处的绝对标高，在建筑外地面或道路中标注绝对标高。当地形起伏明显时，有的总平面图上会画出地形等高线和坐标方格网。

(8)树木、花草、喷泉、凉亭、雕塑等的布置情况。

2. 建筑总平面图的识读步骤

查阅制图标准并识读总图图例。

(1)学习查阅《总图制图标准》(GB/T 50103—2010)，明确常用图例的含义及绘制的规定。

(2)读总平面图图例。如图 3-7 所示为总平面图常用图例。

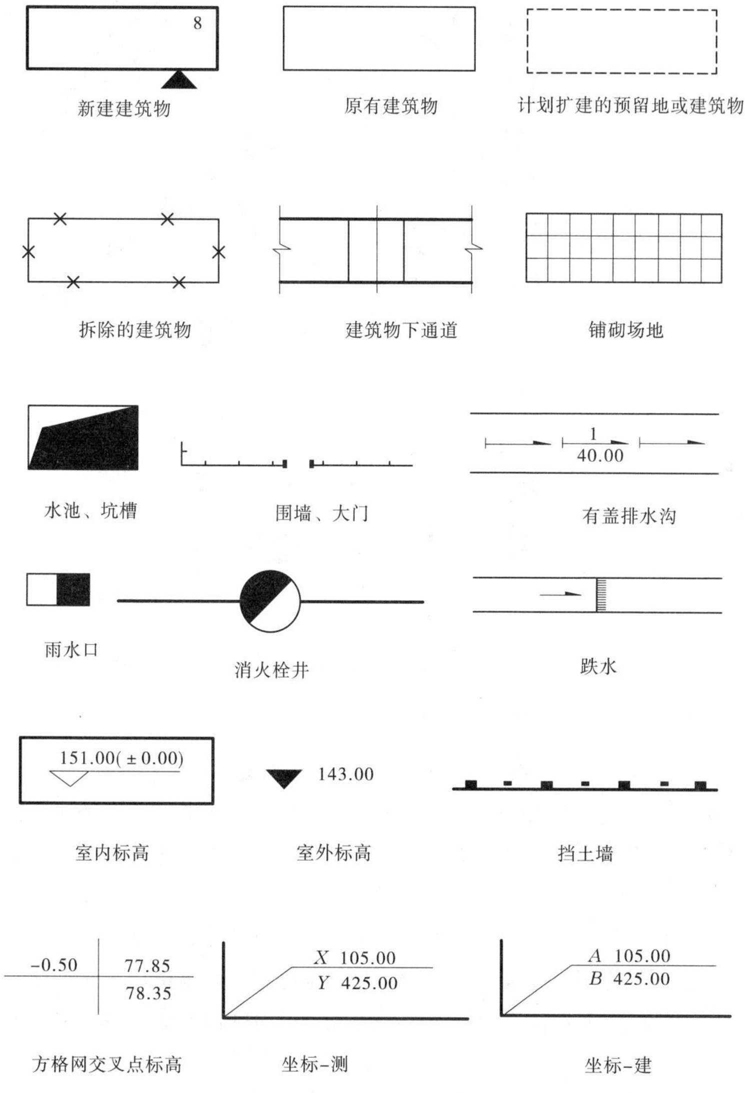

图 3-7 总平面图常用图例

(3)识读总平面图。如图名、比例、成图原理。

(4)识读附近地形(等高线)、地貌(道路、水沟、池塘、水景、土坡等)。

⑤识读新建建筑物的线型绘制表现、楼层、朝向。

⑥识读原有建筑物的线型绘制表现。

⑦识读道路、围墙、大门、绿化等设施的绘制表现。

⑧识读总图上的标注单位、主要标注尺寸、相对标高及绝对标高。

3. 识读总平面图

以图 3-8 为例,该图为某武警营房总平面图。识读内容如下:

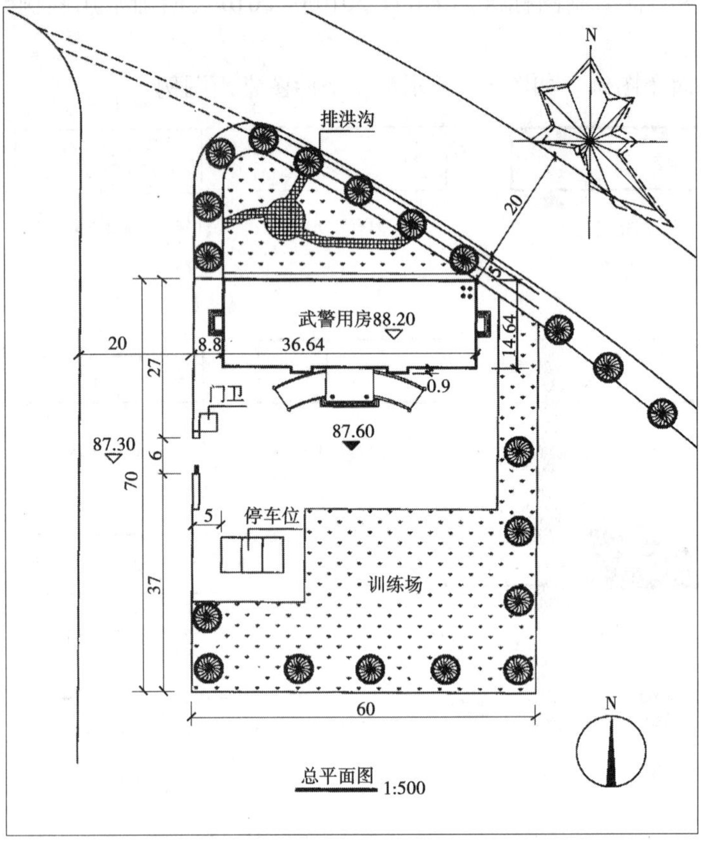

图 3-8 某武警营房总平面图

(1)首先看图样的比例、图例以及文字说明。图中绘制了指北针、风向频率玫瑰图。该营房坐北朝南,施工总平面图的比例为 1∶500。西侧大门为该区主要出入口,并设有门卫传达。

(2)了解新建建筑物的基本情况、用地范围、地形、地貌以及周围的环境等。该营房紧邻西侧马路,楼前为停车场与训练场。楼房东侧为绿化带,紧邻东墙外侧的排洪沟。总平面图中的新建建筑物用粗实线画出外形轮廓。从图 3-8 中可以看出,新建建筑物的总长为 36.64 m,总宽为 14.64 m。建筑物层数为四层,建筑面积约为 2 150 m^2。本例中,新建建筑物位置根据原有建筑物及围墙定位,从图 3-8 中可以看出,新建建筑物的西墙与西侧围墙距离 8.8 m,新建建筑物北墙体与门卫房距离 27 m。

(3)了解新建建筑物的标高。总平面图标注的尺寸一律以米(m)为单位。图中新建建筑物的室内地坪标高为绝对标高 88.20 m,室外整坪标高为 87.60 m。图中还标注出西侧马路的标高87.30 m。

(4)了解新建建筑物的周围绿化等情况。在总平面图中还可以反映出道路围墙及绿化的情况。从图3-8中可以看出，本例中围绕该小区四周设绿化带，从而与周围建筑物分隔开来。

综合上例可以知道，建筑总平面图应包括以下几个方面的内容。

(1)新建建筑物的名称、数量、层数、室外地面的标高、朝向等。

(2)新建建筑物的位置。新建建筑物有三种定位方式：第一种是根据与原有建筑物的距离来定位；第二种是利用新建建筑物与周围道路之间的距离来定位；第三种是利用施工坐标确定新建建筑物的位置。

(3)新建的道路、绿化场地、管线的布置等。总平面图所反映的范围较大，绘制时常用1∶500。

(4)将来拟建的建筑物和原有建筑物及其道路、绿化及管线等。

(5)指北针，风向频率玫瑰图，周围的地形、地貌等。

3.2.3.3 建筑平面图识读

1. 建筑平面图的形成

建筑平面图实际上是房屋的水平剖视图(屋顶平面图除外)。它是假想用一水平剖切平面，沿略高于窗台的位置将整幢房屋剖切开后(剖切示意图如图3-9所示)，对剖切平面以下部分作出的水平投影，即为建筑平面图，简称平面图。它反映房屋的平面形状、房间布置、走廊、楼梯、台阶、门窗、阳台的位置，墙(柱)的厚度，门窗的类型等。原则上，一幢房屋有多少层，就应画出多少个平面图，并在图的下方注明图名和比例。如果有若干个楼层完全相同，则这些相同的楼层可只画出一个平面图，称为标准层平面图，也应在图的下方加以注明。

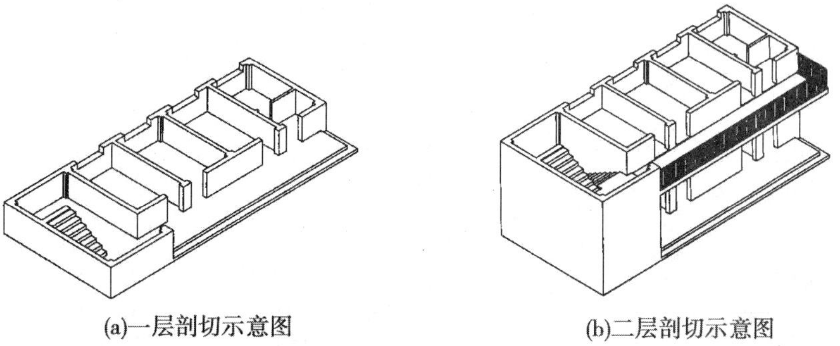

(a)一层剖切示意图　　(b)二层剖切示意图

图3-9　水平剖切房屋示意图

2. 建筑平面图的图示内容

建筑平面图按楼层分为首层平面图(或称底层平面图，见图3-10)、标准层平面图(见图3-11)、顶层平面图、屋顶平面图(见图3-12)。若设有地下室，还应有地下室各层平面图。识读建筑底层平面图，读定位轴线与墙、柱的尺寸关系；房屋的平面形状、大小、房间的布置；门窗的位置、编号及开启方向还应注意识读主次出入口、室外台阶、明沟、散水等。标准层平面图是指中间层房间数量、大小、形状、布置等都一样时，可用一个平面图表示。顶层平面图是房屋最高层的平面图，若与标准层布置相同也可省略不画。具体内容如下。

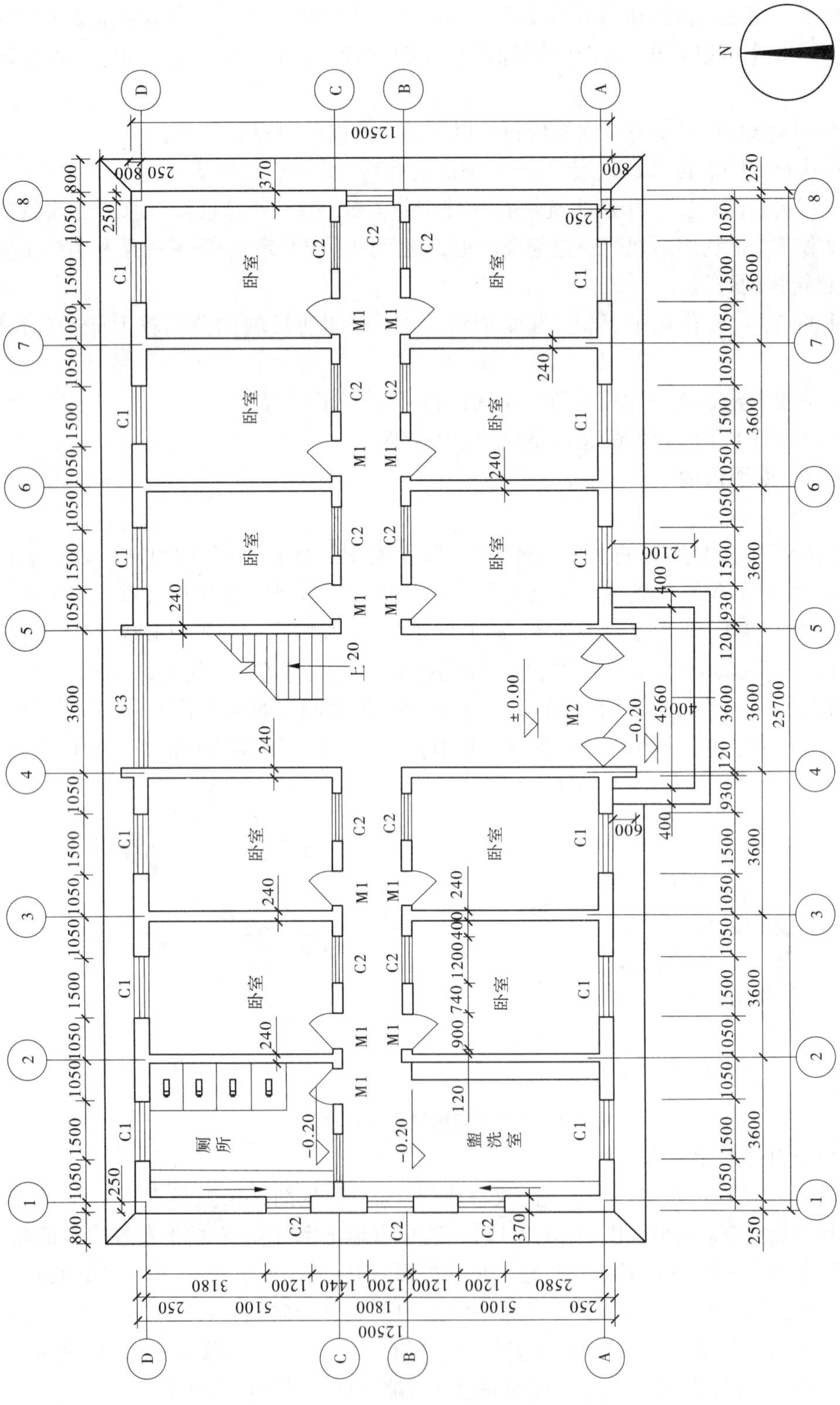

底层平面图1:100

图 3-10　底层平面图

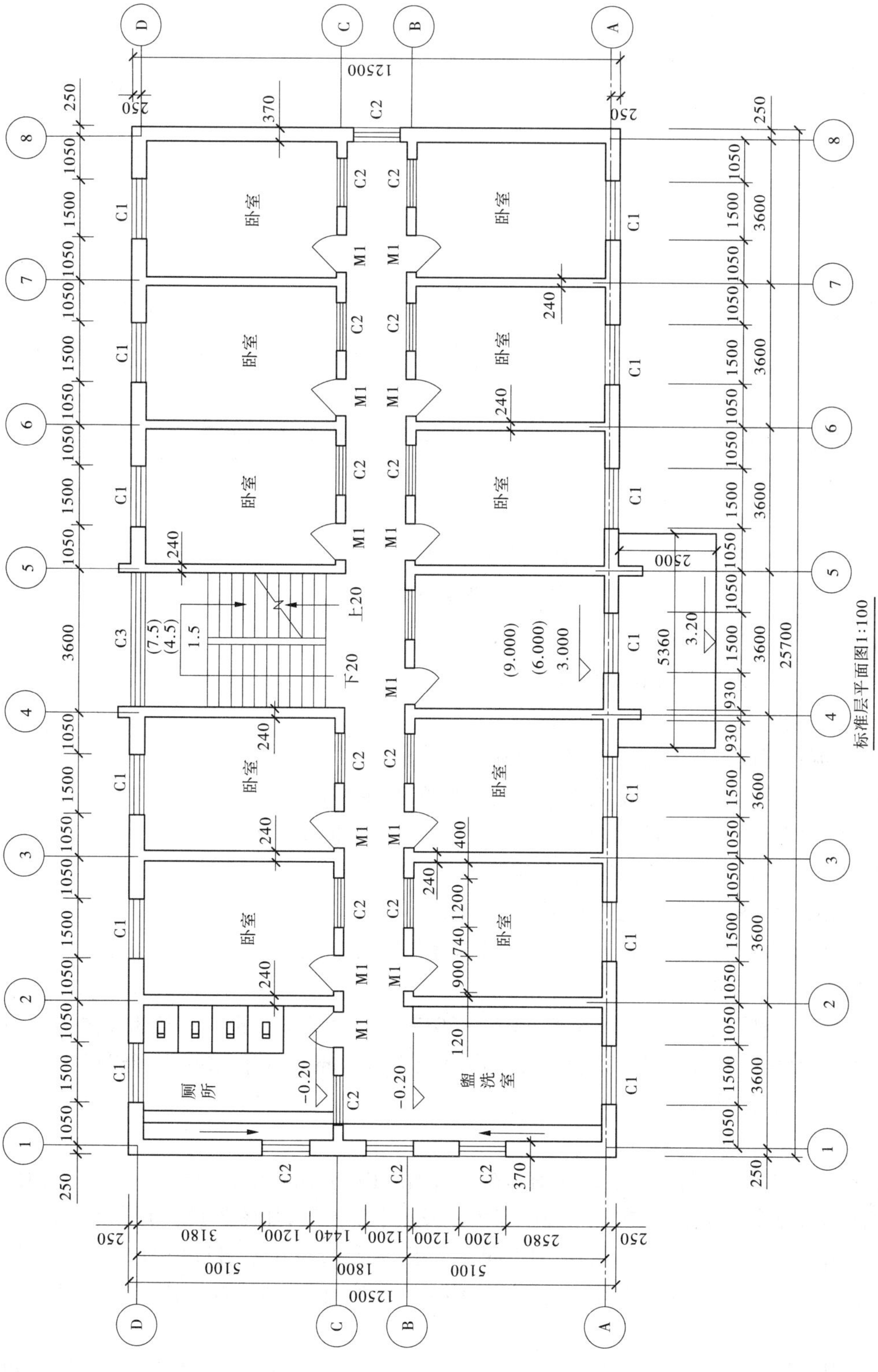
标准层平面图1:100
卧室
厕所
盥洗室
C1
C2
C3
M1
上20
下20
(7.5)
(4.5)
1.5
(9.000)
(6.000)
3.000
3.20
-0.20
12500
5100
1800
25700
3600
5360
2500

图 3-11　标准层平面图

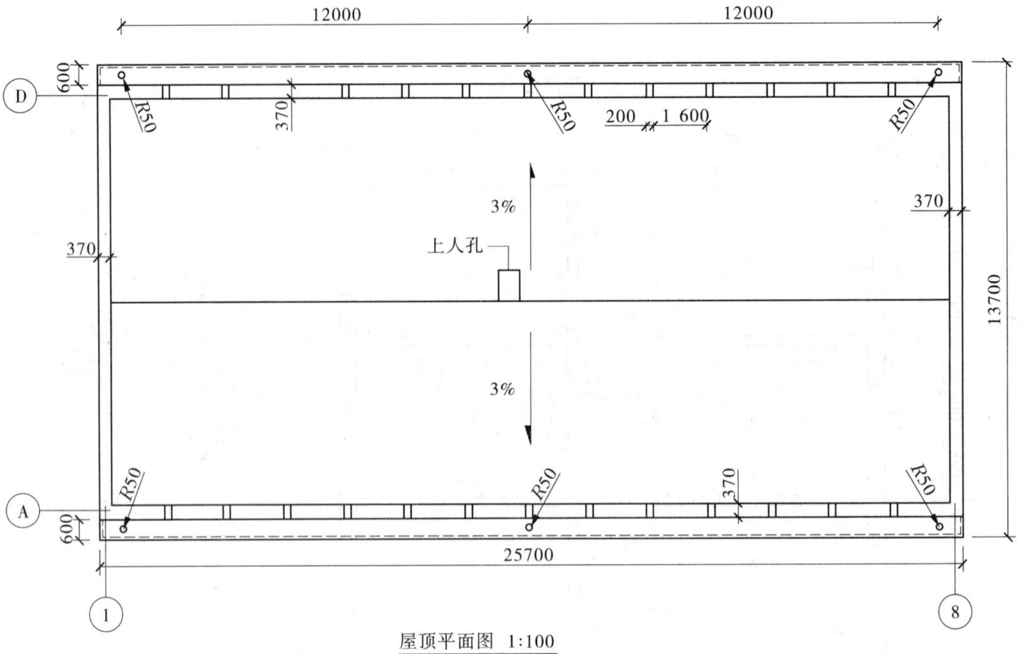

图 3-12 屋顶平面图

1)底层平面图的图示内容

(1)表示建筑物的墙、柱位置并对其轴线编号。

(2)表示建筑物的门、窗位置及编号。

(3)注明各房间名称及室内外楼地面标高。

(4)表示楼梯的位置和楼梯上下行方向及级数、楼梯平台标高。

(5)表示阳台、雨篷、台阶、雨水管、散水、明沟、花池等的位置及尺寸。

(6)表示室内设备(如卫生器具、水池等)的形状、位置。

(7)画出剖面图的剖切符号及编号。

(8)标注墙厚、墙段、门、窗、房屋开间、进深等各项尺寸。

(9)标注详图索引符号。

《房屋建筑制图统一标准》(GB/T 50001—2017)规定:图样中的某一局部或构件,如需另见详图,应以索引符号索引。索引符号是由直径为 10 mm 的圆和水平直径组成,圆和水平直径均应以细实线绘制。

索引符号按下列规定编写:

①索引出的详图如与被索引的详图同在一张图纸内,应在索引符号的上半圆中用阿拉伯数字注明该详图的编号,并在下半圆中间画一段水平细实线,如图 3-13(a)所示。

②索引出的详图如与被索引的详图不同在一张图纸内,应在索引符号的上半圆中用阿拉伯注明该详图的编号,在索引符号的下半圆中用阿拉伯数字注明该详图所在图纸的编号。数字较多时,可加文字标注,如图 3-13(b)所示。

③索引出的详图如采用标准图,应在索引符号水平直径的延长线上加注该标准图册的编号,如图 3-13(c)所示。

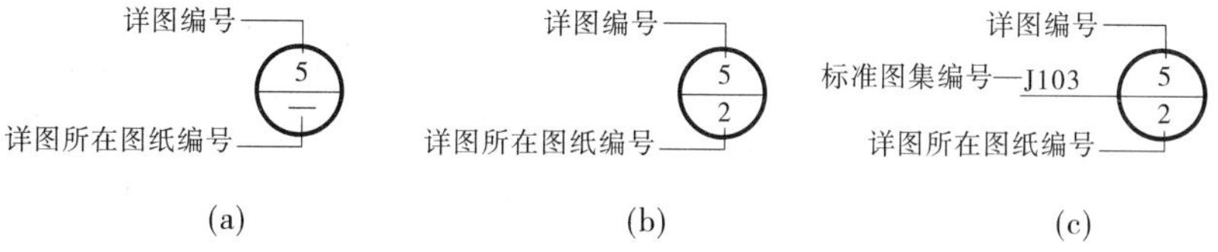

图3-13　详图索引符号

详图的位置和编号，应以详图符号表示。详图符号的圆应以直径为14 mm粗实线绘制。详图应按下列规定编号：

①图与被索引的图样同在一张图纸内时，应在详图符号内用阿拉伯数字注明详图的编号，如图3-14(a)所示。

②详图与被索引的图样不在同一张图纸内时，应用细实线在详图符号内画一水平直径，在上半圆中注明详图编号，在下半圆中注明被索引的图纸的编号，如图3-14(b)所示。

图3-14　详图符号

(10)画出指北针。指北针常用来表示建筑物的朝向。指北针外圆直径为24 mm，采用细实线绘制，指北针尾部宽度为3 mm，指北针头部应注明“北”或“N”字。

2)标准层平面图的图示内容

(1)表示建筑物的门、窗位置及编号。

(2)注明各房间名称、各项尺寸及楼地面标高。

(3)表示建筑物的墙、柱位置并对其轴线编号。

(4)表示楼梯的位置和楼梯上下行方向、级数及平台标高。

(5)表示阳台、雨篷、雨水管的位置及尺寸。

(6)表示室内设备(如卫生器具、水池等)的形状、位置。

(7)标注详图索引符号。

3)屋顶平面图的图示内容

屋顶平面图的图示内容包括屋顶檐口、檐沟、屋顶坡度、分水线与落水口的投影，出屋顶水箱间、上人孔、消防梯及其他构筑物、索引符号等。

3. 建筑平面图的图例符号

阅读建筑平面图应熟悉常用图例符号，如图3-15所示是从规范中摘录的部分图例符号，读者可参见《建筑制图标准》(GB/T 50104—2010)。

4. 建筑平面图的阅读步骤

1)识读首页内容

详见3.2.3.1内容。

(1)整理建筑施工图图纸的编排顺序。

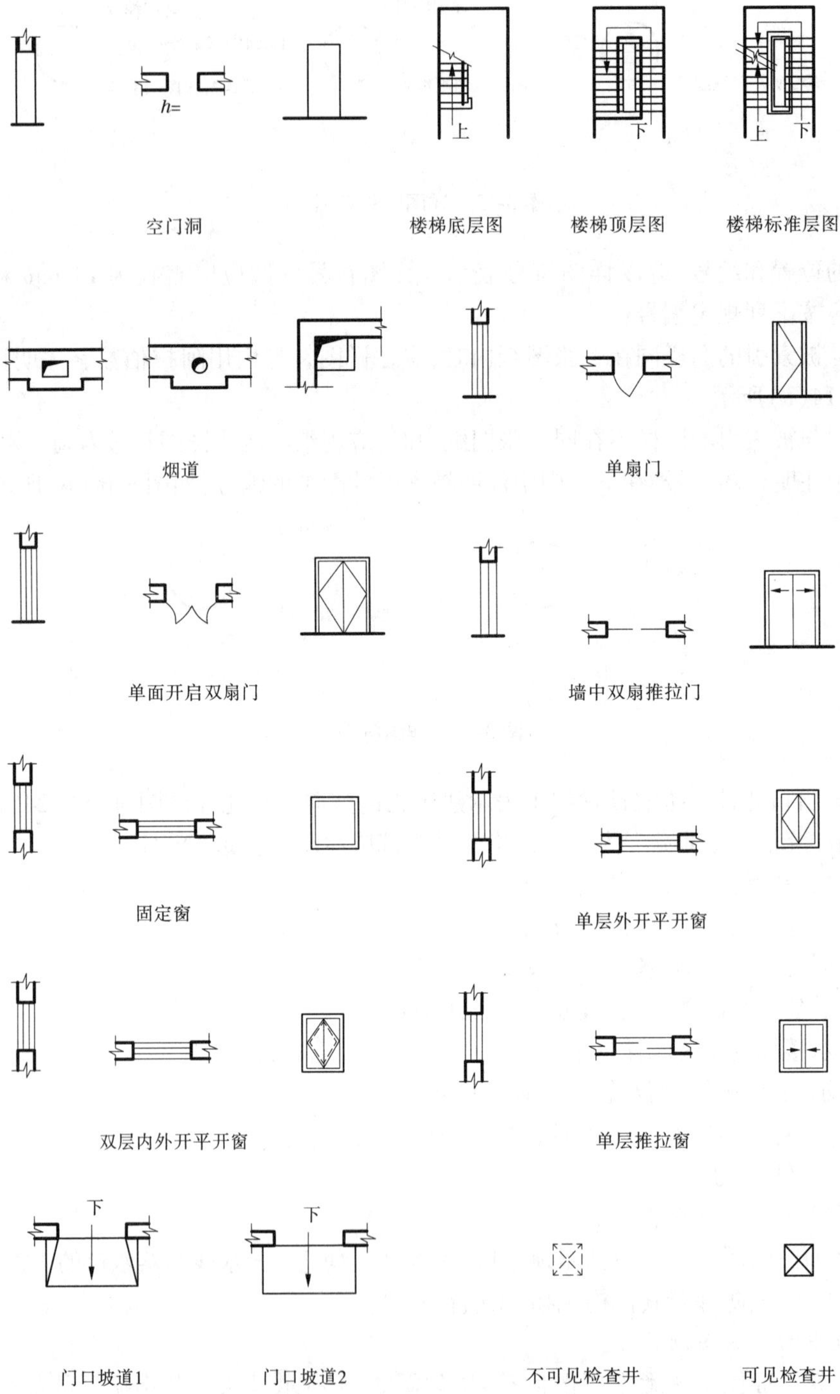

图 3-15　建筑平面图常用图例符号

(2)识读图纸目录,了解目录的内容及表达,依据目录查找图纸。

(3)识读首页主要内容,读建筑设计总说明。

(4)读建筑构造表、门窗明细表等。

2)识读底层平面图

(1)识读图名、比例。

(2)根据指北针看房屋的朝向。

(3)识读平面图上表达的主要内容:墙体、柱、房间形式及布置、出入口、走廊、楼梯位置等。

(4)结合门窗表,读门窗编号与开启方向。

(5)识读三道标注,定位轴线及编号,从总体尺寸到细部尺寸。了解房间开间进深、外墙及内墙厚度、门窗洞口、窗间墙、门垛、散水宽度等尺寸。

(6)识读室内标高、室外标高。

(7)找出三处剖切符号的位置。

(8)识读平面图中图线的线型、线宽表现。

3)识读标准层平面图

(1)识读图名、比例。

(2)识读定位轴线及编号,对照底层平面图看房间布置变化。

(3)标准层中不再表达散水。

(4)识读三道标注,标准层室内标高、走廊标高。

4)识读屋顶平面图。

(1)识读屋顶形状、形式。

(2)识读檐口构造,排水形式。

(3)识读定位轴线及编号。

(4)识读屋顶构造尺寸、屋顶标高和排水坡度。

(5)识读图中有无构造详图的索引符号。

(6)识读屋顶平面图中图线的线型、线宽表现。

5.建筑平面图的识读举例

识读标准层时与底层平面图对照看,注意不同之处,如取消了散水的表达。当底层门洞上设有雨篷、窗洞口上设有遮阳板或其他挑出构造时,绘出其投影轮廓线。

屋顶平面图是由屋顶上方向下做屋顶外形的水平投影图,表示屋顶的形式、檐口的形式、屋面坡度、分水线、排水形式(有无天沟)及方向、落水口及突出屋面的电梯间、水箱、烟囱、通风道、检修孔等。

民用建筑中常用的屋顶形式是平屋顶和坡屋顶。平屋顶也设有排水坡度,一般为2%~5%。一般排水坡度大于10%的屋顶叫作坡屋顶。坡屋顶的常见形式有单坡、双坡屋顶等。

檐口是指结构外墙体和屋面结构板交界处的屋面结构板顶,一般说的屋面檐口是指大屋面的最外边缘处。檐口高度就是檐口标高处到室外设计地坪标高的距离。屋顶排水形式有两种,即有组织排水和无组织排水。有组织排水有内排水和外排水两种方式,具体看有无天沟而定。当有地下室平面图时,主要了解地下室与上部建筑在结构布置、垂直交通、建筑功能等方面的对应关系,按轴线对应的方式与一层平面图对照看图。

本例中,建筑平面图分底层平面图(如图3-10)、标准层平面图(如图3-11)及屋顶平面图(见图3-12)。从图中可知比例均为1:100,从图名可知是哪一层平面图。从底层平面图的指北针可知该建筑物朝向为坐北朝南；同时可以看出，该建筑为一字形对称布置，主要房间为卧室，内墙厚 240 mm，外墙厚 370 mm。本建筑设有一间门厅，一个楼梯间，中间有 1.8 m宽的内走廊，每层有一间厕所，一间盥洗室。有两种门，三种类型的窗。房屋开间为 3.6 m，进深为 5.1 m。从屋顶平面图可知，本建筑屋顶是坡度为 3% 的平屋顶，两坡排水，南、北向设有宽为600 mm 的外檐沟，分别布置有 3 根落水管，为非上人屋面。剖面图的剖切位置在楼梯间处。

3.2.3.4 建筑立面图识读

1. 建筑立面图的形成与作用

建筑立面图，简称立面图，它是在与房屋立面平行的投影面上所作的房屋正投影图。它主要反映房屋的长度、高度、层数等外貌和外墙装修构造。它的主要作用是确定门窗、檐口、雨篷、阳台等的形状和位置及指导房屋外部装修施工和计算有关预算工程量。

2. 建筑立面图的图示方法及命名

1) 建筑立面图的图示方法

为使建筑立面图主次分明、图面美观，通常将建筑物不同部位采用不同粗细的线型来表示。最外轮廓线画粗实线(b)表示，室外地坪线用加粗实线($1.4b$)表示，所有突出部位如阳台、雨篷、线脚、门窗洞等中实线($0.5b$)，其余部分用细实线($0.35b$)表示。

2) 立面图的命名

立面图的命名方式有三种：

(1) 用房屋的朝向命名，如南立面图、北立面图等。

(2) 根据主要出入口命名，如正立面图、背立面图、侧立面图等。

(3) 用立面图上首尾轴线命名，如① ~ ⑧轴立面图和⑧ ~ ①轴立面图。

立面图的比例一般与平面图相同。

3. 建筑立面图的图示内容

(1) 室外地坪线及房屋的勒脚、台阶、花池、门窗、雨篷、阳台、室外楼梯、墙、柱、檐口、屋顶、雨水管等内容。

(2) 尺寸标注。用标高标注出各主要部位的相对高度，如室外地坪、窗台、阳台、雨篷、女儿墙顶、屋顶水箱间及楼梯间屋顶等的标高。同时，用尺寸标注的方法标注立面图上的细部尺寸、层高及总高。

(3) 建筑物两端的定位轴线及其编号。

(4) 外墙面装修。有的用文字说明，有的用详图索引符号表示。

4. 建筑立面图阅读的步骤

(1) 对照平面图识读各方向立面图，识读各立面图的名称、比例。

(2) 识读立面图所表达的主要内容。包括外立面轮廓、门窗洞口、出入口、勒角、走廊、墙面分格线、雨水管等。

(3) 识读两端定位轴线及编号。

(4) 识读竖向尺寸标注及室外地坪、入口处地面、室内楼层地面及门窗洞口构造等处的标高。

(5) 识读外墙装修做法的表达，学习查找方法。

(6) 识读立面图中图线的线型、线宽表现。

5. 建筑立面图的识读举例

如图3-16所示，本建筑立面图的图名为①~⑧轴立面图，比例为1:100，两端的定位轴线编号分别为①、⑧轴；室内外高差为0.3 m，层高3 m，共有四层，窗台高0.9 m；在建筑的主要出入口处设有一悬挑雨篷，有一个二级台阶，该立面外形规则，立面造型简单，外墙采用100×100黄色釉面瓷砖饰面，窗台线条用100×100白色釉面瓷砖点缀，金黄色琉璃瓦檐口；中间用墙垛形成竖向线条划分，使建筑给人一种高耸感。

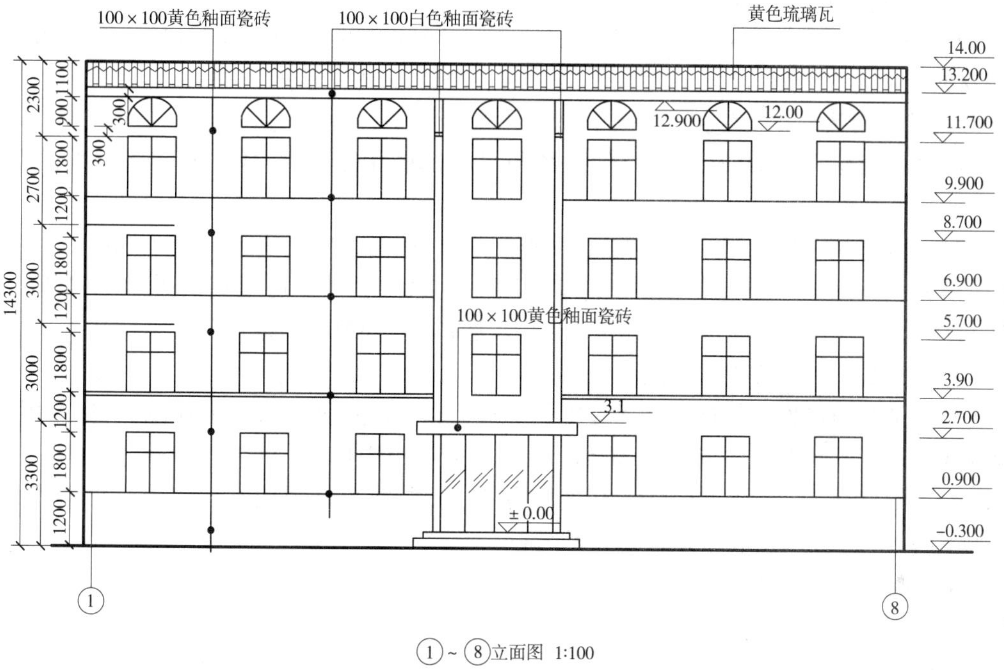

图3-16 ①~⑧立面图

3.2.3.5 建筑剖面图

1. 建筑剖面图的形成与作用

建筑剖面图，简称剖面图，它是假想用一铅垂剖切面将房屋剖切开后移去靠近观察者的部分，作剩下部分的投影图。

剖面图用以表示房屋内部的结构或构造方式，如屋面(楼、地面)形式、分层情况、材料、做法、高度尺寸及各部位的联系等。它与平、立面图互相配合用于计算工程量，指导各层楼板和屋面施工、门窗安装和内部装修等。

剖面图的数量是根据房屋的复杂情况和施工实际需要确定的；剖切面的位置要选择在房屋内部构造比较复杂、有代表性的部位，如门窗洞口和楼梯间等位置，并应通过门窗洞口。剖面图的图名符号应与底层平面图上剖切符号相对应。

2. 建筑剖面图的图示内容

(1)必要的定位轴线及轴线编号。

(2)剖切到的屋面、楼面、墙体、梁等的轮廓及材料做法。

(3)建筑物内部分层情况以及竖向、水平方向的分隔。

(4)即使没被剖切到，但在剖视方向可以看到的建筑物构配件。

(5)屋顶的形式及排水坡度。

(6)标高及必须标注的局部尺寸。

(7)必要的文字注释。

3. 建筑剖面图的识读步骤

(1)找出底层平面图中1—1剖切符号对照看1—1剖面图,识读图名、比例。

(2)识读1—1剖面图中剖切到的主要内容:墙身,柱,室外地面,楼层地面,门窗洞口的位置与过梁、圈梁的关系,屋顶的形式等。

(3)识读剖面图中图线的线型、线宽表现。剖切到的楼板、过梁、圈梁、梯板等结构构件均用材料图例填充表现。

4. 建筑剖面图的识读举例

(1)结合底层平面图阅读,对应剖面图与平面图的相互关系,建立起建筑内部的空间概念。

(2)结合建筑设计说明或材料做法表,查阅地面、墙面、楼面、顶棚等的装修做法。

(3)根据剖面图尺寸及标高,了解建筑层高、总高、层数及房屋室内外地面高差。如图3-17所示,本建筑层高3 m,总高14 m,4层,房屋室内外地面高差0.3 m。

(4)了解建筑构配件之间的搭接关系。

(5)了解建筑屋面的构造及屋面坡度的形成。该建筑屋面为架空通风隔热、保温屋面,材料找坡,屋顶坡度3%,设有外伸600 mm天沟,属有组织排水。

(6)了解墙体、梁等承重构件的竖向定位关系,如轴线是否偏心。该建筑外墙厚370 mm,向内偏心90 mm,内墙厚240 mm,无偏心。

3.2.3.6 建筑详图识读

1. 外墙身详图

墙身详图也叫墙身大样图,实际上是建筑剖面图的有关部位的局部放大图。它主要表达墙身与地面、楼面、屋面的构造连接情况以及檐口、门窗顶、窗台、勒脚、防潮层、散水、明沟的尺寸、材料、做法等构造情况,是砌墙、室内外装修、门窗安装、编制施工预算以及材料估算等的重要依据。有时在外墙详图上引出分层构造,注明楼地面、屋顶等的构造情况,而在建筑剖面图中省略不标。

外墙剖面详图往往在窗洞口断开,因此在门窗洞口处出现双折断线(该部位图形高度变小,但标注的窗洞竖向尺寸不变),成为几个节点详图的组合。在多层房屋中,若各层的构造情况一样,可只画墙脚、檐口和中间层(含门窗洞口)三个节点,按上下位置整体排列。有时墙身详图不以整体形式布置,而把各个节点详图分别单独绘制,也称为墙身节点详图。

1)墙身详图的图示内容

如图3-18所示,墙身详图的图示内容如下:

(1)墙身的定位轴线及编号,墙体的厚度、材料及其本身与轴线的关系。

(2)勒脚、散水节点构造。主要反映墙身防潮做法、首层地面构造、室内外高差、散水做法,一层窗台标高等。

(3)标准层楼层节点构造。主要反映标准层梁、板等构件的位置及其与墙体的联系,构件表面抹灰、装饰等内容。

(4)檐口部位节点构造。主要反映檐口部位包括封檐构造(如女儿墙或挑檐)、圈梁、过

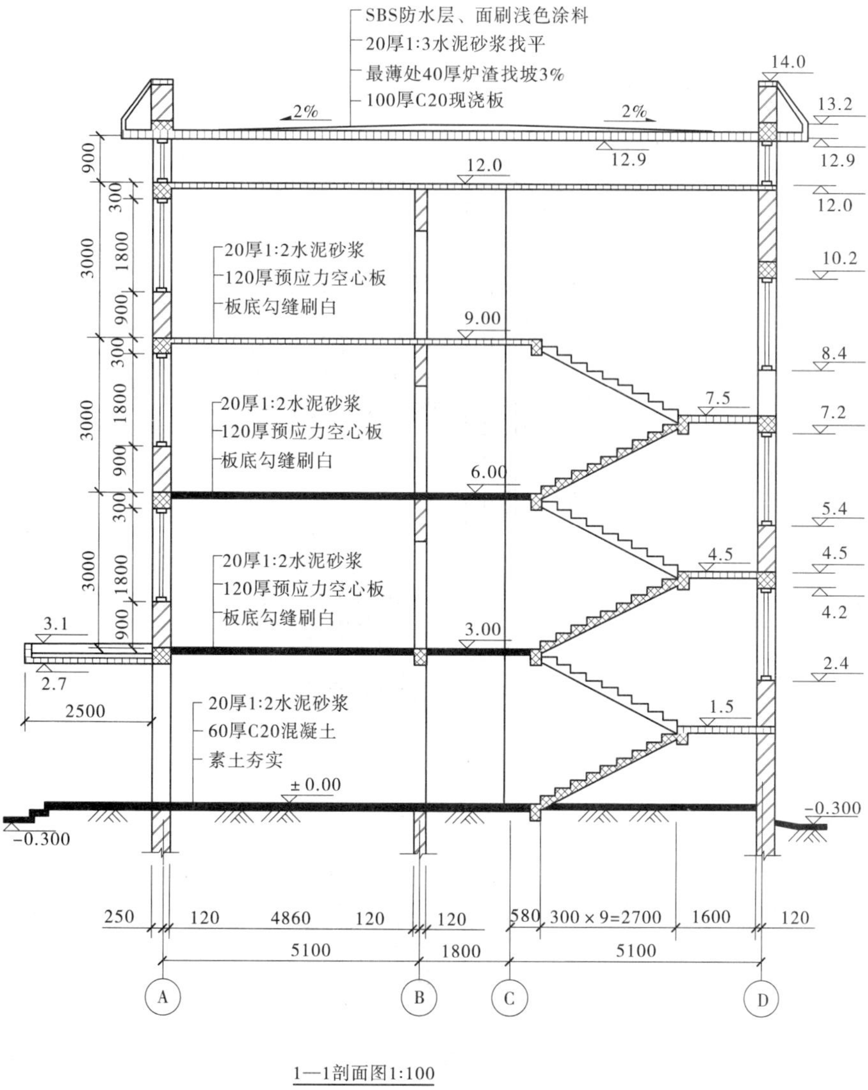

图3-17　1—1剖面图

梁、屋顶泛水构造、屋面保温、防水做法和屋面板等结构构件。

(5)图中的详图索引符号等。

2)墙身详图的阅读步骤

(1)找出底层平面图中剖切符号对照看图3-18剖面图,识读图名、比例。

(2)识读剖面图中剖切到的主要内容,看图时应按照由下到上或由上到下的顺序识读。

(3)识读屋面构造中檐口剖面的做法、压顶、保温隔热层、泛水、排水沟、排水坡度、雨水管的设置等;识读窗台的做法,窗顶剖面节点处窗顶过梁的做法及窗台板的排水坡度和滴水槽设置;识读从室外地坪起设置的散水宽度和勒角高度以及防潮层的做法等。

(4)识读竖向标注尺寸、标高。

(5)读文字、索引符号,查找装修作法、构造作法。

(6)识读详图中图线的线型、线宽表现。

3)墙身详图的阅读举例

(1)如图3-18所示,该墙体为Ⓐ轴外墙、厚度370 mm。

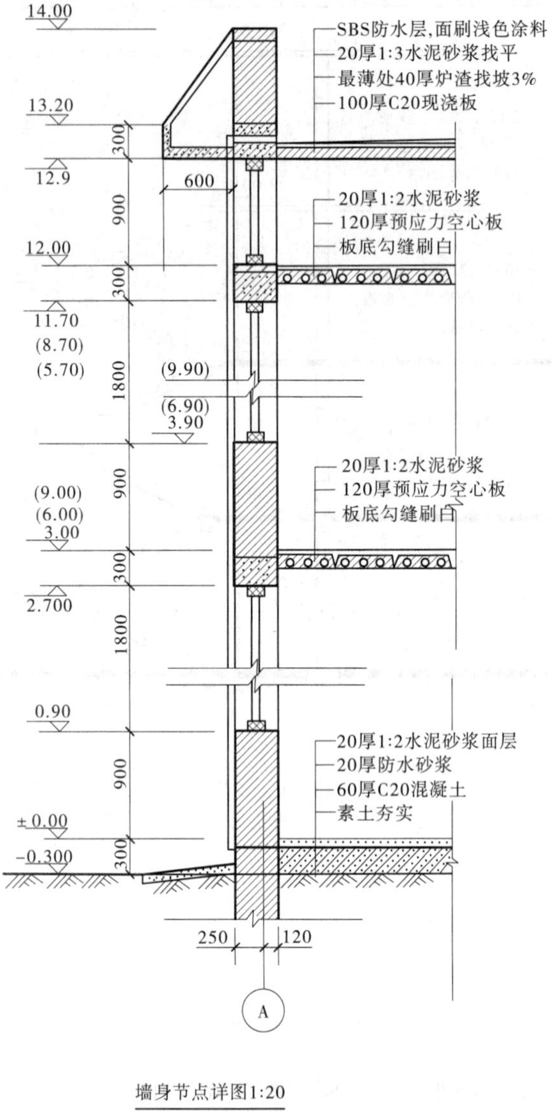

图3-18 墙身节点详图

(2)室内外高差为0.3 m,墙身防潮采用20 mm防水砂浆,设置于首层地面垫层与面层交接处,一层窗台标高为0.9 m,首层地面做法从上至下依次为20厚1:2水泥砂浆、20厚防水砂浆、60厚C20混凝土、素土夯实。

(3)标准层楼层构造为20厚1:2水泥砂浆、120厚预应力空心板、板底勾缝刷白;120厚预应力空心板搁置于横墙上;标准层楼层标高分别为3 m、6 m、9 m。

(4)屋顶采用架空900 mm高的通风屋面,下层板为120厚预应力空心板,上层板为100

厚C20现浇板;采用SBS柔性防水,刷浅色涂料保护层;檐口采用外天沟,挑出600 mm,为了使立面美观,外天沟用斜向板封闭,并外贴金黄色琉璃瓦。

2. 楼梯详图

楼梯详图主要表示楼梯的类型和结构形式。楼梯由楼梯段、休息平台、栏杆或栏板组成。楼梯详图主要表示楼梯的类型、结构形式、各部位的尺寸及装修做法等,是楼梯施工放样的主要依据。

楼梯详图一般分建筑详图与结构详图,应分别绘制并编入建筑施工图和结构施工图中。对于一些构造和装修较简单的现浇钢筋混凝土楼梯,其建筑详图与结构详图可合并绘制,编入建筑施工图或结构施工图。

楼梯的建筑详图一般有楼梯平面图、楼梯剖面图、楼梯节点详图及其他详图。

1)楼梯平面图

楼梯平面图实际上是在建筑平面图中楼梯间部分的局部放大图,如图3-19所示。

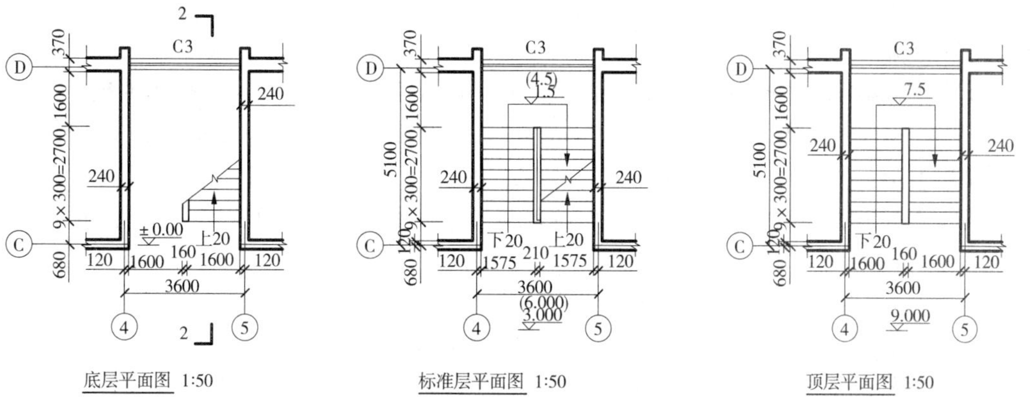

图3-19 楼梯平面图

楼梯平面图通常要分别画出底层楼梯平面图、顶层楼梯平面图及中间各层的楼梯平面图。如果中间各层的楼梯位置、楼梯数量、踏步数、梯段长度都完全相同,可以只画一个中间层楼梯平面图,这种相同的中间层楼梯平面图称为标准层楼梯平面图。在标准层楼梯平面图中的楼层地面和休息平台上应标注出各层楼面及平台面相应的标高,其次序应由下而上逐一注写。

楼梯平面图主要表明梯段的长度和宽度、上行或下行的方向、踏步数和踏面宽度、楼梯休息平台的宽度、栏杆扶手的位置以及其他一些平面形状。

楼梯平面图中,楼梯段被水平剖切后,其剖切线是水平线,而各级踏步也是水平线,为了避免混淆,剖切处规定画45°折断符号,首层楼梯平面图中的45°折断符号应以楼梯平台板与梯段的分界处为起始点画出,使第一梯段的长度保持完整。

楼梯平面图中,梯段的上行或下行方向是以各层楼地面为基准标注的。向上者称为上行,向下者称为下行,并用长线箭头和文字在梯段上注明上行、下行的方向及踏步总数。

在楼梯平面图中,除注明楼梯间的开间和进深尺寸、楼地面和平台面的尺寸及标高外,还需注出各细部的详细尺寸。通常用踏步数与踏步宽度的乘积来表示梯段的长度。通常三个平面图画在同一张图纸内,并互相对齐,这样既便于阅读,又可省略标注一些重复的尺寸。

(1)楼梯平面图的阅读步骤。

①识读图名、比例。

②识读楼梯间两端的定位轴线及编号。

③分层识读楼梯平面图,了解各层水平剖切位置。

④对比识读各层楼梯平面图,识读各层表达的主要内容。

⑤识读楼梯间墙厚、开间进深、梯段长度和宽度、休息平台尺寸。

⑥识读楼梯上、下行走向和级数。

⑦识读楼梯踏步的高度及宽度。

⑧识读扶手的位置、楼梯井的宽度。

⑨识读楼层及休息平台的标高等。

⑩识读楼梯平面图中图线的线型、线宽表现。

(2)楼梯平面图的读图举例。

①了解楼梯或楼梯间在房屋中的平面位置。如图 3-19 所示,楼梯间位于Ⓒ ~ Ⓓ轴 × ④ ~ ⑤轴。

②熟悉楼梯段、楼梯井和休息平台的平面形式、位置、踏步的宽度和踏步的数量。本建筑楼梯为等分双跑楼梯,楼梯井宽 160 mm,梯段长 2700 mm、宽 1600 mm,平台宽 1600 mm,每层 20 级踏步。

③了解楼梯间处的墙、柱、门窗平面位置及尺寸。本建筑楼梯间处承重墙宽 240 mm,外墙宽 370 mm,外墙窗宽 3240 mm。

④看清楼梯的走向以及楼梯段起步的位置。楼梯的走向用箭头表示。

⑤了解各层平台的标高。本建筑一、二、三层平台的标高分别为 1.5 m、4.5 m、7.5 m。

⑥在楼梯平面图中了解楼梯剖面图的剖切位置。

2)楼梯剖面图

楼梯剖面图实际上是在建筑剖面图中楼梯间部分的局部放大图,如图 3-20 所示。

楼梯剖面图能清楚地注明各层楼(地)面的标高,楼梯段的高度、踏步的宽度和高度、级数及楼地面、楼梯平台、墙身、栏杆、栏板等的构造做法及其相对位置。

表示楼梯剖面图的剖切位置的剖切符号应在底层楼梯平面图中画出。剖切平面一般应通过第一跑,并位于能剖到门窗洞口的位置上,剖切后向未剖到的梯段进行投影。

在多层建筑中,若中间层楼梯完全相同,楼梯剖面图可只画出底层、中间层、顶层的楼梯剖面,在中间层处用折断线符号分开,并在中间层的楼面和楼梯平台面上注写适用于其他中间层楼面的标高。若楼梯间的屋面构造做法没有特殊之处,一般不再画出。

在楼梯剖面图中,应标注楼梯间的进深尺寸及轴线编号,各梯段和栏杆、栏板的高度尺寸,楼地面的标高以及楼梯间外墙上门窗洞口的高度尺寸和标高。梯段的高度尺寸可用级数与踢面高度的乘积来表示,应注意的是级数与踏面数相差为 1,即踏面数 = 级数 - 1。

(1)楼梯剖面图的阅读步骤。

①从底层楼梯平面图 2—2 剖切符号的剖切位置和剖视方向线看楼梯间竖向剖开所得的投影图,识读图名、比例。

②识读楼梯间两端的定位轴线及编号。

③识读剖切到的楼梯间构造,屋面、楼地面、休息平台、栏杆、墙体等。

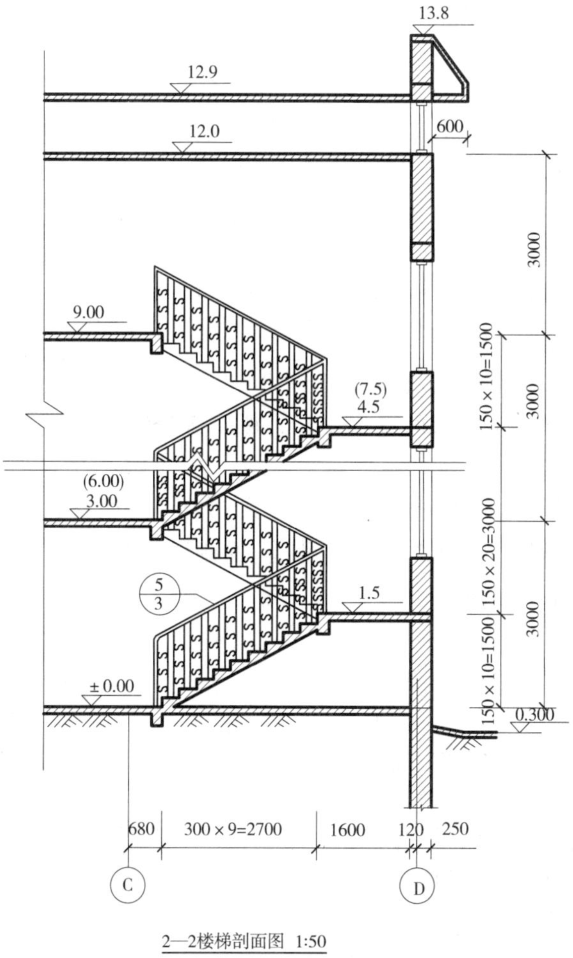

图3-20 楼梯剖面图

④对应楼梯平面图,看楼梯上、下行走向。

⑤识读楼梯剖面标注,从水平和竖向标注看梯段的长度、楼梯间总高,读踏步级数、宽度和高度。

⑥识读楼层及休息平台的标高。

⑦看图中索引符号查找放大比例的详图或索引到具体的构造做法(见构造表或施工标准图集)。

⑧识读楼梯剖面图中图线的线型、线宽表现。剖切位置经过的楼板、过梁、圈梁、梯板等结构构件均用材料图例填充表现。

(2)楼梯剖面图的读图举例。

①了解楼梯的构造形式。如图3-20所示,该楼梯为双跑楼梯,现浇钢筋混土制作。

②熟悉楼梯在竖向和进深方向的有关标高、尺寸和详图索引符号。该楼梯为等跑楼梯,楼梯平台标高分别为1.5 m、4.5 m、7.5 m。

③了解楼梯段、平台、栏杆、扶手等相互间的连接构造。

④明确踏步的宽度、高度及栏杆的高度。该楼梯踏步宽为 300 mm，踢面高 150 mm，栏杆的高度为 1 100 mm。

3)楼梯节点详图

楼梯节点详图主要是指栏杆详图、扶手详图以及踏步详图。它们分别用索引符号与楼梯平面图或楼梯剖面图联系。

踏步详图表明踏步的截面尺寸、大小、材料及面层的做法。

(1)楼梯节点详图阅读步骤。

①由图中剖面图中索引符号查找放大的楼梯节点详图，识读详图的图名、比例。

②识读细部构造及标注尺寸。

(2)楼梯节点详图识读举例。

如图 3-21 所示楼梯踏步的踏面宽 300 mm，踢面高 150 mm；现浇钢筋混凝土楼梯，面层为 1∶3水泥砂浆找平。

栏板与扶手详图主要表明栏板及扶手的型式、大小、所用材料及其与踏步的连接等情况。如图 3-21 所示楼梯扶手采用Φ50 无缝钢管，面刷黑色调和漆；栏杆用Φ18 圆钢制成，与踏步用预埋钢筋通过焊接连接。

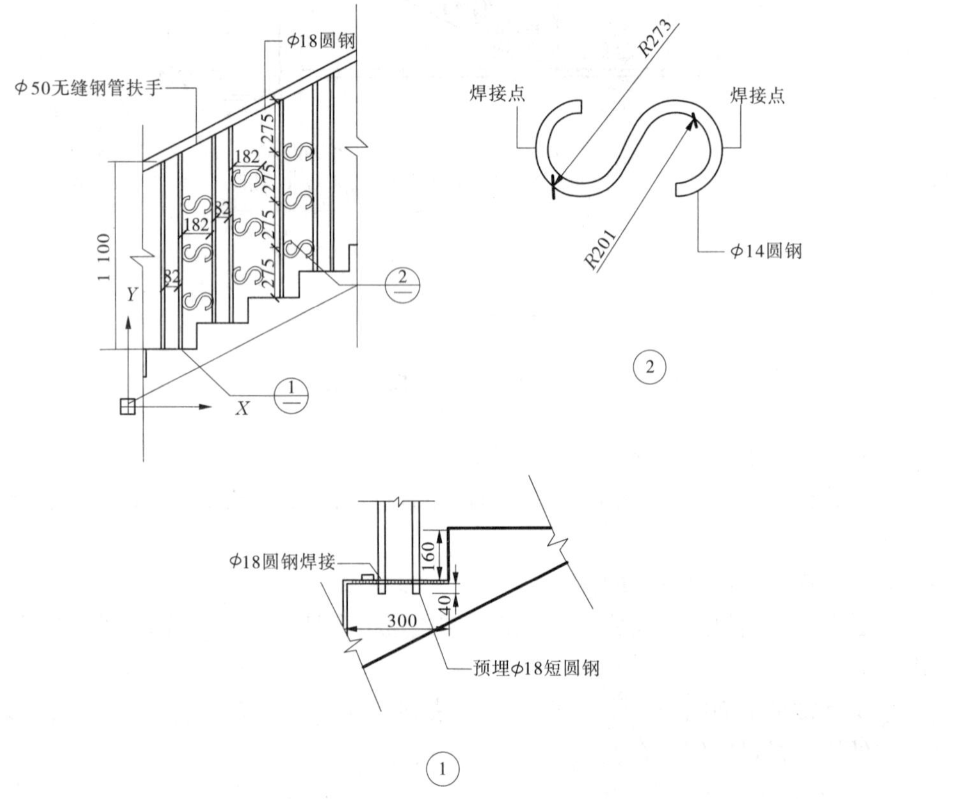

图 3-21 楼梯详图

4)其他详图

在建筑、结构设计中，对大量重复出现的构配件如门窗、台阶、面层做法等，通常采用标准设计，即由国家或地方编制的一般建筑常用的构、配件详图，供设计人员选用，以减少不必要的重复劳动。在读图时要学会查阅这些标准图集。

3.2.3.7 工业厂房建筑施工图

工业建筑与民用建筑的显著区别是工业建筑必须满足工艺要求，此外是设置有吊车。多层厂房建筑施工图与民用建筑基本相同，这里主要介绍单层工业厂房建筑施工图。

1. 单层工业厂房平面图

1）单层工业厂房建筑平面图图示内容

（1）纵、横向定位轴线。

如图3-22中①、②、③、④、⑤、⑥轴为横向定位轴线，Ⓐ、Ⓑ、Ⓒ轴为纵向定位轴线，它们构成柱网，可以用来确定柱子的位置，横向定位轴线之间的距离确定厂房的柱距，纵向定位轴线确定厂房的跨度。厂房的柱距决定屋架的间距和屋面板、吊车梁等构件的长度，车间跨度则决定屋架的跨度和吊车的轨距。如图3-22所示，本厂房的柱距为6 m，跨度为18 m；由于平面为L形布置，⑥轴与⑦轴之间的距离应为墙厚＋变形缝尺寸＋600 mm。厂房的柱距和跨度还应满足模数制的要求，纵、横向定位轴线是施工放线的重要依据。

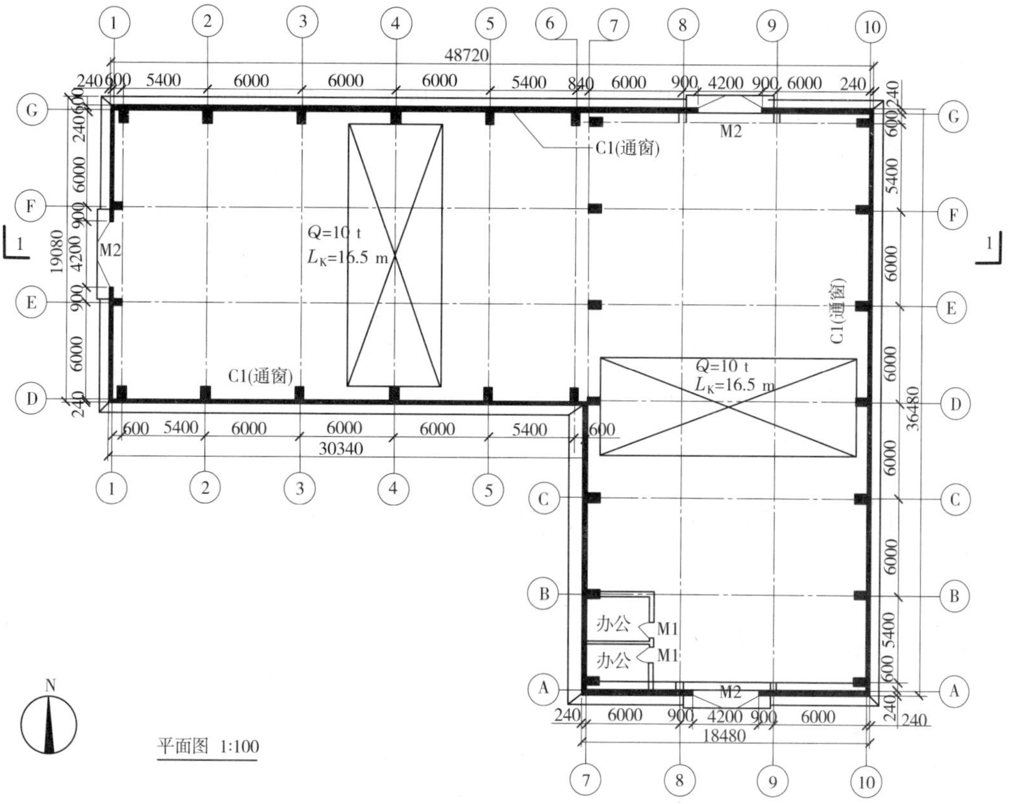

图3-22 厂房平面图

（2）墙体、门窗布置。

平面图需表明墙体、门窗的位置、型号和数量。门窗的表示方法和民用建筑相同，在表示门窗的图例旁边注写代号，门的代号是M，窗的代号是C，在代号后注写数字表示门窗的不同型号。单层工业厂房的墙体一般为自承重墙,主要起围护作用,一般沿四周布置。

(3)吊车设置。

单层工业厂房平面图应表明吊车的起重量及吊车轮距,这是它与民用建筑的重要区别,如图3-22所示。

(4)辅助用房的布置。

辅助用房是为了实现工业厂房的功能而布置的,布置较简单,如图3-22中的⑦、⑧轴×Ⓐ、Ⓑ轴的两个办公室。

(5)尺寸标注。

通常沿厂房长、宽两个方向分别标注三道尺寸:第一道是门窗宽度及墙段尺寸,联系尺寸、变形缝尺寸等;第二道是定位轴线间尺寸;第三道是厂房的总长和总宽。

(6)画出指北针、剖切符号、索引符号。

它们的画法、用途与民用建筑相同,这里不再讲解。

2)单层工业厂房平面图阅读举例

(1)了解厂房平面形状、朝向。如图3-22所示,根据工艺布置要求,本厂房采用L形平面布置,①~⑥轴车间坐北朝南。

(2)了解厂房柱网布置,该厂房柱距6 m,跨度18 m。

(3)了解厂房门、窗位置,形状,开启方向。该厂房在南、北、西向分别设有一个大门,外墙上设计为通窗。

(4)了解墙体布置。墙体为自承重墙,沿外围布置,起围护作用。

(5)了解吊车设置。本厂房吊车起重量为10 t,吊车轮距为16.5 m。

2.单层工业厂房立面图

1)建筑立面图的图示内容

(1)屋顶、门、窗、雨篷、台阶、雨水管等细部的形状和位置。

(2)室外装修及材料做法等。

(3)立面外貌及形状。

(4)室内外地面、窗台、门窗顶、雨篷底面及屋顶等处的标高。

(5)立面图两端的轴线编号及图名、比例。

2)建筑立面图阅读举例

(1)如图3-23所示,本厂房为L形布置,在本立面设有一大门,上方有一雨篷,屋顶为两坡排水,设有外天沟,为有组织排水。

(2)为了取得良好的采光通风效果,外墙设计通窗。

(3)本厂房室内外高差为0.3 m,下段窗台标高1.2 m,窗顶标高为4.5 m,上段窗窗台标高5.7 m,窗顶标高为8.4 m。

(4)外墙装修为刷蓝色仿瓷涂料。

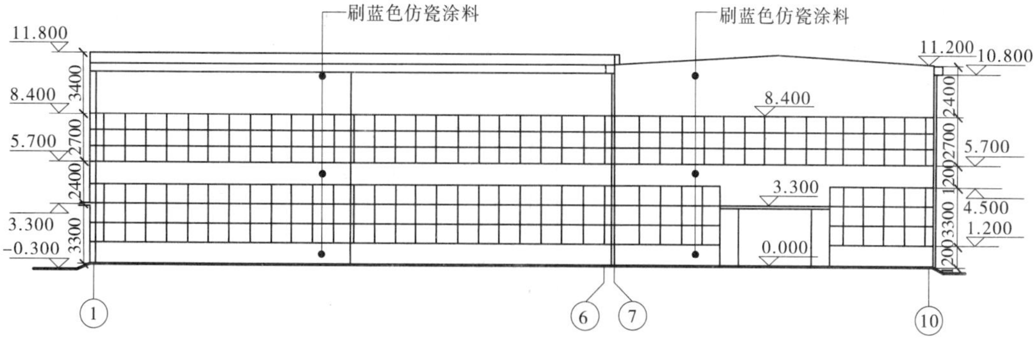

①~⑩ 立面图1:100

图 3-23　厂房立面图

3. 工业厂房剖面图

1) 工业厂房剖面图图示内容

(1) 表明厂房内部的柱、吊车梁断面及屋架、天窗架、屋面板以及墙、门窗等构配件的相互关系。

(2) 各部位竖向尺寸和主要部位标高尺寸。

(3) 屋架下弦底面标高及吊车轨顶标高,它们是单层工业厂房的重要尺寸。

2) 建筑剖面图阅读举例

(1) 如图 3-24 所示本厂房采用钢筋混凝土排架结构,排架柱在 5.3 m 标高处设有牛腿,牛腿上设有 T 形吊车梁,吊车梁梁顶标高 5.7 m,排架柱柱顶标高 8.4 m。

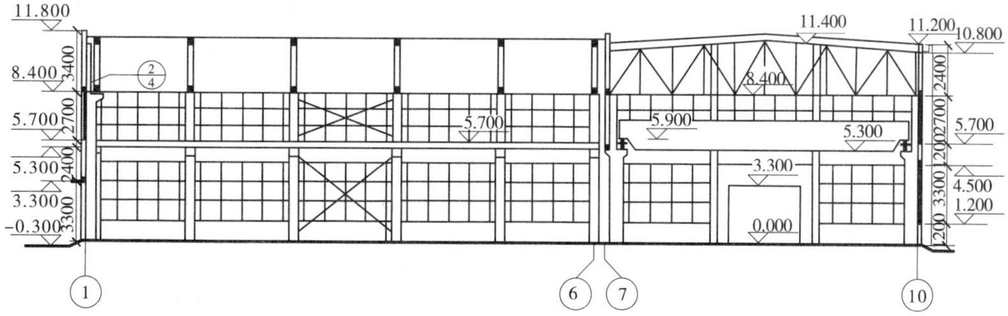

1—1剖面图 1:100

图 3-24　厂房剖面

(2) 屋面采用屋架承重,屋面板直接支承在屋架上,为无檩体系。

(3) 厂房端部设有抗风柱,以协助山墙抵抗风荷载。

(4) 在厂房中部设有柱间支撑,以增加厂房的整体刚度。

(5) 了解厂房屋顶做法、屋面排水设计。

(6) 在外墙上设有两道连系梁,以减少墙体计算高度,提高墙体的稳定性。

为了清楚地反映厂房细部及构配件的形状、尺寸、材料做法等需要绘制详图。一般包括墙身剖面详图、屋面节点、柱节点详图。如图 3-25 所示，为抗风柱与屋架连接详图。

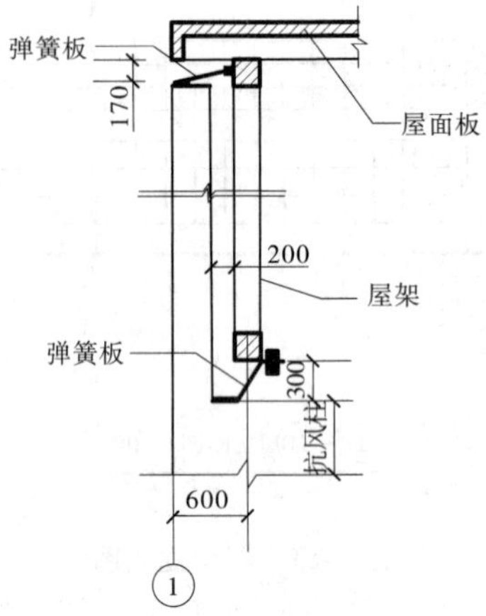

抗风柱与屋架连接详图 1:30

图 3-25 抗风柱与屋架连接详图

第4章 道路工程

4.1 道路工程概述

4.1.1 道路工程的发展历程

公元前20世纪中国就有驮运道，黄帝发明了车轮，战国时期有了栈道，秦始皇修建了遍布全国的驰道网，隋代有了御道，汉代开创了丝绸之路，唐代实行道路保养。公元960~1911年，在宋、元、明、清几个朝代中，道路工程技术均有不同的提高。公元前20世纪阿拉伯埃及共和国为建筑金字塔和狮身人面像，把大量的巨石从采石场运到工地，由此修建了道路。古罗马时代道路得到惊人的发展，形成了四通八达的交通网。几乎囊括了印加帝国所有疆域，贯穿各种地形。国内外著名古代道路有丝绸之路、古罗马帝国道路、北美印加帝国道路。丝绸之路是公元前2世纪至公元13、14世纪期间，横跨亚洲的陆路交通干线，这条道路在世界道路发展史上占有重要地位；罗马拥有庞大的道路系统，古罗马帝国修建道路对维护帝国兴盛的作用巨大，形成了以罗马为中心、辐射全国的道路网，故有条条大路通罗马一说；印加帝国为巩固和发展自己的统治，在所有疆域的各种地形上建造了四通八达的大道。

直到公元18世纪，近代道路工程开始在欧洲兴起。大家开始用科学方法改善道路工程，使得筑路技术向科学化和近代化迈出了第一步。后来又提出采用凸面的路表使雨水迅速排到路侧的边沟中，以保证排水通畅，然后有了马克当路面，后来发明了轧石机、蒸汽压路机。1958年，布莱克发明了轧石机，促进了碎石路面的发展，20世纪初，碎石路面被世界公认为当时最优良的路面而推广于全球。

自20世纪50年代起，世界发达国家的现代化公路交通迅猛发展。一方面是工业实行专业化改革，另一方面是由于汽车工业发展及人民生活水平提高、旅游事业的发展。为适应公路运输的发展需要，在公路建设方面，国内外大力发展高速公路，形成了高质量的公路网，不但增加了公路建设投资，还采用各种先进技术以降低成本，提高公路建设的效率。

1832年，焦油沥青路面第一次在英国出现。1924年，意大利建造了第一条高速公路。1984年中国大陆有了第一条高速公路。在此之后，中国高速公路的发展创造了世界奇迹。随着城市空间越来越紧张，城市道路逐渐向空中和地下发展。有高架道路、地下道路、立交桥、步行街等，形成了完善的立体道路系统。

现代公路工程是指公路构造物的勘察、测量、设计、施工、养护、管理等工作。公路工程构造物包括路基、路面、桥梁、涵洞、隧道、排水系统、安全防护设施、绿化和交通监控设施，以及施工、养护和监控使用的房屋、车间和其他服务性设施。

目前，世界高速公路大约有30万km，世界高速公路总里程较长的国家为中国和美国，中国2015年高速公路通车里程为12万km，美国的总长为9.2万km。发达国家公路建设基本完成,公路工程主要是路网完善和维修。我国高速公路建设任务主要是路网完善和等级提高。普通公路建设还任重道远,特别是要达到发达国家的把公路修到每家每户的标准,还有大量的建设任务要做。“十三五”期间中国高速公路投资增长势头将延续,到2020年,全国高速公路将新增通车里程4.6万km,高速公路通车里程将达16.9万km,增长率为37%。其中,内蒙古、广东、广西、甘肃、河北五省新增高速公路通车里程将超过2 600 km,成为全国高速公路投资热点地区。

4.1.2 道路的分类及特点

交通运输系统是由各种运输方式组成的一个综合体系,是由道路运输、铁路运输、水上运输、航空运输和管道运输五大部分所组成的,它们共同承担客、货的集散与交流,在技术与经济上又各具特点。其中,铁路运输运量大、连续性较强、成本较低、速度较高,但建设周期相对较长、投资大、需中转、不直达门户;水路运输通过能力高、运量大、耗能少、成本低投资省、不占农田,但受自然条件限制大、连续性较差、速度慢;航空运输速度快、两点间运距短,但运量小、成本高;管道运输连续性强、安全性好、成本低、损耗少,但仅适于油、气、水等货物运输。

道路运输是交通运输的重要组成部分。从广义上来说,道路运输是指客、货借助一定的运输工具,沿着道路做有目的移动过程;从狭义上来说,道路运输是指汽车在道路上有目的的移动过程。由于道路运输的广泛性、机动性和灵活性,充分深入到社会生活、生产领域的各个方面,因此从政治、经济、文化、教育、军事到人民群众的衣、食、住、行都和道路运输有密切的关系。道路运输与其他运输比较,具有以下特点:①机动灵活;②迅速直达:③适应性强;④投资省、社会效益显著;⑤运输成本高。

道路根据所处的位置、交通性质、使用特点可分为公路、城市道路、厂矿道路、林区道路、乡村道路等。

4.1.2.1 **公路**

公路是指连接城市与城市、城市与乡村,主要供汽车行驶的且具备一定技术条件和设施的道路。按技术分级可分为高速公路、一级公路、二级公路、三级公路、四级公路五个等级,按行政分级可分为国家干线公路(简称国道)、省级干线公路(简称省道)、县级公路(简称县道)和乡级公路(简称乡道)。

(1)高速公路。是一种具有四条以上车道,路中央设有隔离带,分隔双向车辆行驶,互不干扰,全封闭,全立交,控制出入口,严禁产生横向干扰,为汽车专用,设有自动化监控系统,以及沿线设有必要服务设施的道路。高速公路依据交通量可设计为双向4车道、6车道、8车道或更多的车道。4车道的高速公路一般能适应年平均昼夜汽车交通量25 000辆以上,6车道高速公路为45 000~80 000辆,8车道高速公路为60 000~100 000辆。高速公路属于高等级公路,其建设情况反映着一个国家和地区的交通发达程度,乃至经济发展的整体水平。

(2)一级公路。指连接重要的政治、经济中心,通往重点工矿区、港口、机场,专供汽车分道行驶并部分控制出入的公路。4车道一级公路一般能适应按各种汽车折合成小客车的远景设计年平均昼夜交通量为15 000~30 000辆;6车道一级公路一般能适应按各种汽车折合成小客车的远景设计年平均昼夜交通量为25 000~55 000辆。

(3)二级公路。指连接重要政治、经济中心或大工矿区、港口、机场等地的公路。一般能适应按各种汽车折合成中型载重汽车的年平均昼夜交通量为3 000~7 500辆。

(4)三级公路。指沟通县以上城市的公路。一般能适应按各种车辆折合成中型载重汽车的远景设计年限年平均昼夜交通量为1 000~4 000辆。

(5)四级公路。指沟通县、乡、镇、村的公路。双车道四级公路一般能适应按各种汽车折合成中型载重汽车的远景设计年限年平均昼夜交通量为1 500辆以下,单车道为200辆以下。

公路等级的选用应根据公路网的规划,从全局出发,按照公路的使用任务、功能和远景交通量综合确定。一条公路可根据交通量等情况,分段采用不同的车疲乏数或不同的公路等级。

高速公路和一级公路使用年限为20年,二级公路为15年,三级公路和四级公路一般为10年,也可根据实际情况适当调整。

国家干线公路是指国家公路网中,具有全国性政治、经济、国防意义,并经确定为国家干线的公路;省级干线公路是指省公路网中,具有全省性政治、经济、国防意义,并经确定为省级干线的公路;县级公路是指具有全县性政治、经济意义,并经确定为县级的公路;乡级公路是指修建在乡村、农场,主要为乡村行人、各种运输工具通行的道路。

4.1.2.2 城市道路

城市道路是指城市内部的道路,是城市组织生产、安排生活、搞活经济、物质流通所必需的车辆和行人交通往来的道路,是连接城市各个功能分区和对外交通的纽带。我国城市道路根据其所在道路系统中的地位、交通功能以及对沿线建筑物的服务功能及车辆、行人进出频度,住房和城乡建设部颁布的《城市道路工程设计规范》(CJJ 37—2012),把城市道路分为快速路、主干路、次干路及支路四类。

(1)快速路。主要设置在特大城市或大城市,负担城市主要客、货运交通,有较高车速和大的通行能力,联系城市各主要功能分区及过境交通服务。快速路采用分向、分车道、全立交和控制进、出口的方式。

(2)主干路。是联系城市中功能分区(如工业区、生活区、文化区等)的干道,是城市内部的大动脉,并以交通功能为主,担负城市的主要客、货运交通。主干路沿线两侧不宜修建过多的行人和车辆入口,否则会降低车速。

(3)次干路。为市区内普通的交通干路,配合主干路组成城市干道网,起联系各部分和集散作用,分担主干路的交通负荷。次干路兼有服务功能,允许两侧布置吸引人流的公共建筑,并应设停车场。

(4)支路。是城市中数量较多的一般交通道路。支路为次干路与街坊路的连接线,解决局部地区交通,以服务功能为主。部分主要支路可设公共交通线路或自行车专用道,支路上不宜有过境交通。

4.1.2.3 厂矿道路

厂矿道路是指主要为工厂、矿山运输车辆通行的道路,通常分为场内道路、场外道路和露天矿山道路。场外道路为厂矿企业与国家道路、城市道路、车站、港口相衔接的道路或连接厂矿企业分散的车间、居住区之间的道路。

4.1.2.4 林区道路

林区道路是指修建在林区的主要供各种林业运输工具通行的道路。主要是供汽车行驶的林业专用公路、运材道路、集材道路、护林防火道路以及连通林区内部交通的连接道路。但林区公路从一建成就从未是专供林业使用的专用路，它除担负林业建设任务外，更多地承担了连接林区村寨通往大山外面世界的使命，在大力推进新农村建设、林业资源可持续发展的形势下，这一作用显得尤为突出。由于林区地形及运输木材的特征，林区道路的技术要求应按专门的道路工程技术标准执行。

4.1.2.5　乡村道路

乡村道路是指修建在乡村、农场，主要供行人及各种农业运输工具通行的道路。

4.1.3　道路工程的组成

道路是按照路线位置和一定技术要求修筑的带状构筑物。道路工程具有组成复杂，长、宽、高三向尺寸相差很多，形状受地形影响大和涉及学科广的特点。道路工程的组成包括线形组成和结构组成两部分。

4.1.3.1　道路的线形组成

道路的中线是一条三维空间曲线，称为路线。线形组成就是指道路中线在空间的几何形状和尺寸，也就是通常所指的平、纵、横三维定位设计。

道路的几何线形构成道路的骨架。在道路线形设计中，为了便于确定道路中线的位置、形状和尺寸，需要从路线平面、路线纵断面和路线横断面三个方面来研究。道路中线在水平面上的投影称为路线平面。反映路线在平面上的形状、位置和尺寸的图形称为路线平面图。用一条曲线沿着道路中线竖直剖切展成的平面称为路线纵断面，道路中线上任一点法线方向的剖面图称为路线横断面图。如图 4-1 所示为道路的平面、横断面及纵断面图。

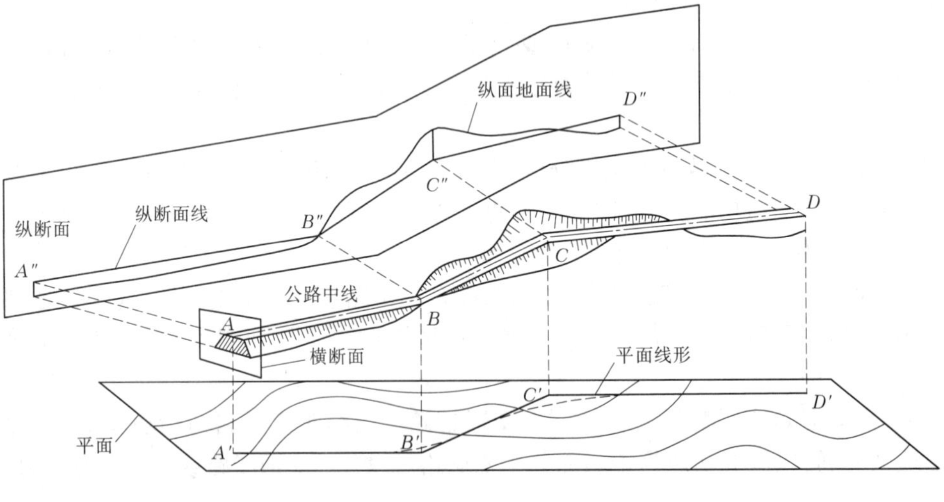

图 4-1　道路的平面、横断面及纵断面图

4.1.3.2　道路的结构组成

道路结构包括路基、路面、桥梁、涵洞、隧道、排水系统、防护工程和交通服务设施等。

1.路基

路基是支承路面的基础，是由土、石材料按照一定尺寸、结构要求建筑成的带状土工结构物。如图 4-2 所示为路基横断面示意图。一条道路的使用品质不仅同道路的线形和路面的质量有关,同时与路基的品质有密切的关系。当路基松软不稳定时,在行车荷载的反复作用下,造成路面产生不均匀沉陷。从而影响路面的平整度,导致车速降低、油耗增大,严重的还可造成路基塌方或滑坡,产生重大的交通事故。因此,路基必须具有足够的强度和稳定性。路基横断面形式分为填方路基、挖方路基和半挖半填路基等三种。填方路基是指路基设计标高高于天然地面标高时,需要借土(或石)进行填筑而成的路基;挖方路基是指路基设计标高低于天然地面标高时,需要对天然地面实施开挖而形成的路基;如果路基一侧开挖而另一侧填筑时,称为半填半挖路基。如图 4-3 所示为路基横断面形式。

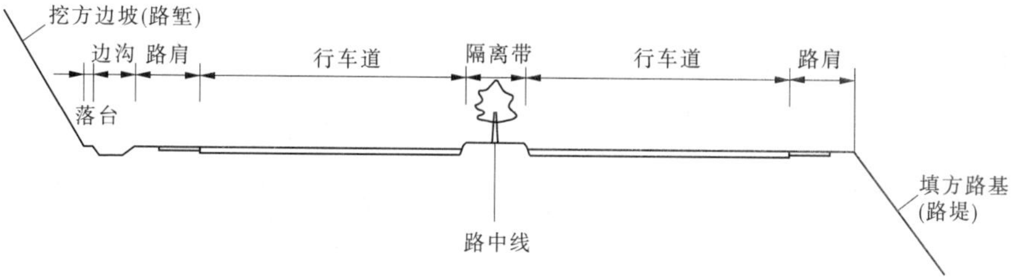

图 4-2　路基横断面示意图

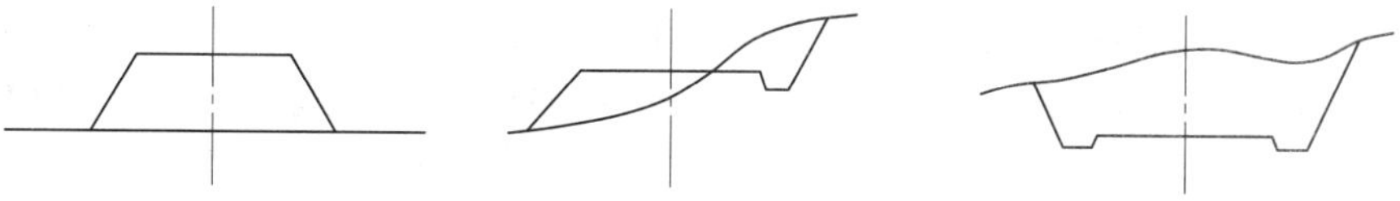

(a)路堤(填方路基)　(b)半挖半填路基　(c)路堑(挖方路基)

图 4-3　路基横断面形式

高出原地面的填方路基称为路堤,低于原地面的挖方路基称为路堑。路面地面以下 80 cm范围内的路基部分称为路床。

2.路面

路面是用各种坚硬材料分层铺筑于路基顶面的层状结构物,以供汽车安全、迅速和舒适地行驶。铺筑路面常用的材料有沥青、水泥、碎石、黏土、砂、石灰及其他工业废渣等。路面结构可分为面层、基层和垫层三部分。

路面的面层直接承受行车荷载产生的轮压力和大气温度、湿度变化等自然因素的破坏作用,并将行车的轮压力扩散至基层。由于面层直接承受行车轮压力和温、湿度变化等自然因素的作用,因此通常采用强度高(抗剪切、抗弯拉能力强)、耐磨、抗冻性良好的粒料掺入热稳定性和水稳定性好的结合料来铺筑。有时,为了使面层具有足够的抗磨损能力,也可在面层上另行加铺专门的粒料磨耗层,从而形成双层面层。

路面的基层是路面的主要承重层,视需要也可由几层组成。但由于基层不直接承受车辆荷载和自然因素的作用,因而对材料的要求可以略低于面层,但仍需要具有一定的强度、刚度和稳定性。特别是当面层采用较薄的黑色路面时,其基层更需具有足够的强度和水稳性,否则基层会在面层传来的轮压力作用下产生过大的变形,从而造成薄面层的拉裂。

在车流量较大的道路上多采用水泥稳定碎石或石灰、粉煤灰稳定碎石等半刚性材料作为基层(俗称水稳层),然后进行沥青混凝土路面的铺筑。

在气候、水文条件不良的路段,为了提高路基的水稳性,改善路面的工作状态,常在基层下面,土路基的上面,再加设垫层。例如,设置在碎石或三渣基层下,潮湿土路基上的炉渣、砂砾排水层,就可称为垫层。

为了有利于路面横向排水,把路面做成中间高两面低的形式,俗称路拱。

3.桥涵

桥涵包括桥梁与涵洞。桥梁是为道路跨越河流、山谷、人工障碍物而建造的构筑物;涵洞是为宣泄水流而设置的横穿路堤的小型排水构筑物,是道路的横向排水系统之一。桥涵的相关知识将在第5章中详细阐述。

4.隧道

隧道是道路穿越山岭、地下或水底而修筑的构筑物。隧道在道路中能缩短里程,保证道路行车的平顺性。隧道的相关知识将在第6章中详细阐述。

5.排水系统

排水系统是指为确保路基稳定,免受自然水侵蚀而设置的排水构造物。排水系统按其排水方向的不同,可分为纵向排水系统和横向排水系统。纵向排水系统有边沟、截水沟和排水沟等;横向排水系统有涵洞、路拱、渡槽等。

边沟一般设置在路基的路肩外侧,多与路中线平行,用以汇集和排除路基范围内和流向路基的少量地面水;截水沟又称天沟,一般设置在挖方路基边坡坡顶以外,或山坡路堤上方的适当地点,用以拦截并排除路基上方流向路基的地面径流,减轻边沟的流水负担,保证挖方边坡和填方坡脚不受流水冲刷;排水沟的主要用途在于引水,将路基范围内各种水源(如边沟、截水沟、取土坑、边坡和路基附近积水),引至桥涵或路基范围以外的指定地点。

6.防护工程

道路的防护工程主要是指为加固路基边坡,确保路基稳定而修建的人工构筑物。常见的防护工程有护坡、填石路堤、导流堤、挡土墙等。

7.交通服务设施

道路的交通服务设施是指为了确保道路沿线交通安全、畅顺、舒适而设置的安全设施、交通管理设施、服务和环境保护设施。具体包括交通标志、标线;护栏、护墙、护柱;中央分隔带、隔音墙、隔离墙;照明设施;服务区、加油站、停车场;养护管理房屋、绿化美化设施等。

4.2 道路工程图识读

由于道路具有组成复杂,长、宽、高三向尺寸相差很多,形状受地形影响大等特点,道路工程的图示方法与一般工程图样不完全相同,它是以地形图为平面图、以纵向展开断面图为立面图、以横断面图为侧面图,并且大都各自画在单独的图纸上,利用这三种工程图来表达道路的空间位置、线型和尺寸。道路工程图的绘制遵守了《道路工程制图标准》(GB 50162—1992)中的有关规定。下面我们就以公路路线工程图和城市道路工程图为例来介绍道路工程图的识读。

4.2.1 公路路线工程图

公路路线是指道路沿长度方向的行车道中心线。由于道路的位置和形状受道路所在地区的地形、地貌、地物以及地质等自然条件的综合影响,因此道路路线有竖向高度变化(上坡、下坡的、竖曲线)和平面弯曲变化(左向、右向的平曲线),所以从总体来看是一条空间曲线。

公路路线工程图包括路线平面图、路线纵断面图、路基横断面图和路面结构图。

4.2.1.1 路线平面图的识读

路线平面图是上面绘有道路中心线的地形图。其作用是表达路线的方向、平面线型(直线和左、右弯道)、沿线两侧一定范围内的地形、地物的情况以及结构物的平面位置。

路线平面图的主要内容包括地形和路线两部分。

1.地形部分

(1)方位。为了表示路线所在地区的方位和路线的走向,在路线平面图上应画出指北针或坐标网。指北针在图上用符号“⊕”来表示,箭头所指为正北方向。方位的坐标网在图上用符号“╪”来表示的,其 X 轴向为南北方向(坐标值增加的方向为北),Y 轴向为东西方向。坐标值的标注应靠近被标注点,书写方向应平行于网格或在网格延长线上,数值前应标注坐标轴线代码。如图 4-4 所示,该图采用了坐标网表示法,并且从图 4-4 中可以看到该路线走向为从西南到东北方向。

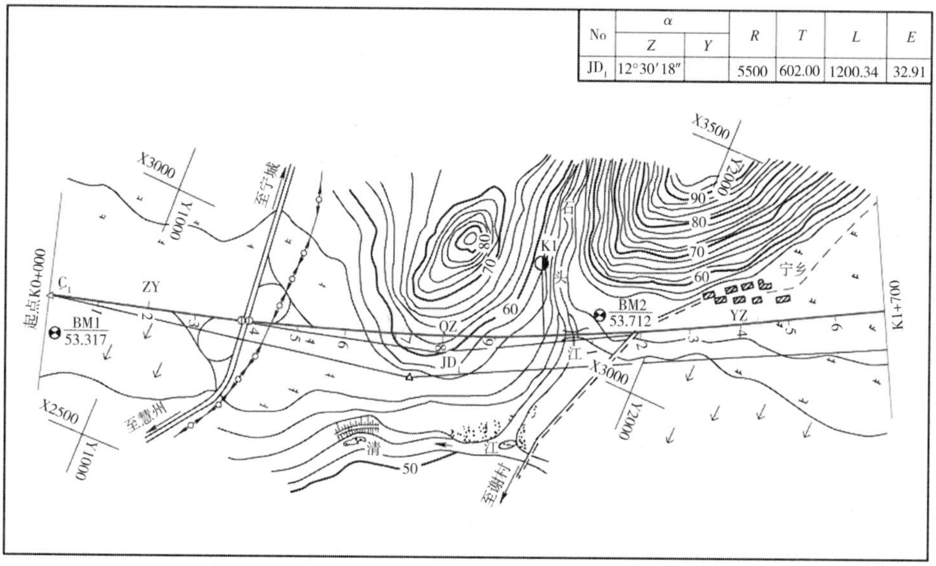

No	α		R	T	L	E
	Z	Y				
JD_1	12°30′18″		5500	602.00	1200.34	32.91

图 4-4 公路路线平面图

(2)比例。路线平面图的地形图是经过勘测而绘制的,可根据地形的起伏情况采用相应的比例。城镇区一般采用 1∶500 或 1∶1000,山岭重丘区一般采用 1∶2000,微丘和平原区一般采用 1∶5000。

(3)地形。路线平面图中地形起伏情况主要用等高线表示,如图 4-4 所示,该图中相邻两根等高线之间的高差为 2 m,每隔 4 条等高线画有一条比较粗的计曲线,并标有相应的高程数字。根据图中等高线的疏密可以看出地势的情况,同一地形内,等高线愈密地势愈陡,反之等高线愈稀疏地势愈平坦。该地区东北部地势较高、较陡,西南部地势较平缓、较低。

(4)地物。在路线平面图中地形面上的地物,如河流、房屋、道路、桥梁、电力线、植被等,都是按规定图例绘制的。如图 4-4 中,该地区东北方有两座小山峰,一座高约 80 m,另一座高约 100 m。在两山之间的山谷中,有一条石头江,由东北向西南流入南部的清江。在石头江东北岸,小山脚下有一名为宁乡的小村。该村的西南方向有一条通往谢村的大车道,东北方向还有一条小路。该村周围,北部是旱地,南部是水田。该地区西部有一条南北走向、由慧州到宁城的公路,公路东侧是一条由慧州到宁城的低压电力线。公路两侧是农田,有旱地,有水田。

2.路线部分

(1)设计路线。由于路线平面图所采用的绘图比例较小,且公路的宽度相对于长度来说尺寸小得多,故无法按实际尺寸画出公路的宽度,因此在路线平面图中,设计路线是用粗实线表示道路中心线的。

(2)里程桩。道路路线的总长度和各段之间的长度用里程桩号表示。里程桩号应从路线的起点至终点、由小到大依次顺序编号,并规定在平面图中路线的前进方向是从左向右的。里程桩分千米桩和百米桩两种。

千米桩宜标注在路线前进方向的左侧,百米桩宜标注在路线前进方向的右侧,用垂直于路线的细短线表示桩位,用字头朝向前进方向的阿拉伯数字表示百米数,注写在短线的端部。如图 4-4 所示,图中“K1”表示距离路线起点 1 km;在 K1 千米桩的前方注写的“3”表示桩号为 K1 +300,说明该点距离路线起点 1 300 m。

(3)平曲线。道路路线在平面上是由直线段和曲线段组成的,在路线的转折处应设平曲线。最常见的较简单的平曲线为圆曲线,其基本几何要素如图 4-5 所示。

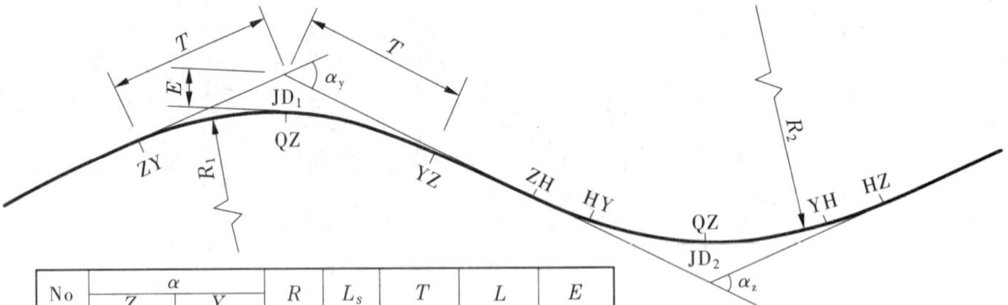

No	α		R	L_s	T	L	E
	Z	Y					
JD_1		37°42′43″	1200	200	510.27	989.84	69.52
JD_2	26°21′43″		700	160	244.26	482.07	20.51

图 4-5　平面曲线几何要素

JD 为交点,是路线的两直线段的理论交点;α 为转折角,是路线前进时向左(α_z)或向右(α_y)偏转的角度;R 为圆曲线半径;T 为切线长,是切点与交点之间的长度;E 为外距,是曲线中点到交点的距离;L 为曲线长,是圆曲线两切点之间的弧长;L_s 为缓和曲线长。

在路线平面图中,转折处应注写交角点代号并依次编号,如 JD_1 表示第 1 个交角点。还要注出曲线段的起点 ZY(直圆)、中点 QZ(曲中)、终点 YZ(圆直)的位置。

(4)结构物和控制点。在路线平面图上还需标示出道路沿线的结构物和控制点,如桥梁、涵洞、通道、立交、水准点和三角点等。可从图 4-4 中了解到道路沿线结构物的位置、类型和分布情况以及控制点的坐标和高程。

4.2.1.2　路线纵断面图的识读

路线纵断面图是通过公路中心线用假想的铅垂剖切面进行纵向剖切,然后展开绘制而获得的,如图 4-6 所示。由于公路中心线是由直线和曲线组合而成的,所以纵向剖切面既有平面又有曲面,为了清晰地表达路线的纵断面情况,采用展开的方法,将此纵断面展平成一平面,并绘制在图纸上,这就形成了路线纵断面图。

图4-6　路线纵断面示意图

路线纵断面图的作用是表达路线中心的纵向线型、沿线地面的高低起伏状况以及地质和沿线设置构造物的概况。

如图4-7所示为某公路的路线纵断面图。

路线纵断面图包括图样和资料表两部分。一般,图样画在图纸的上部,资料表布置在图纸的下部。

1.图样部分

(1)比例。路线纵断面图的横向表示路线的里程(前进方向),竖向表示设计线和地面的高程。由于路线和地形的高程变化比起路线的长度要小得多,为了在路线纵断面图上清晰地显示出高程的变化和设计上的处理,绘制时一般竖向比例要比横向比例放大10倍。如图4-7所示,该图横向比例为1∶2000,而竖向比例为1∶200(纵断面图中的比例一般标注在最后一张图右下角的标题栏中)。

(2)设计线和地面线。在纵断面图中,粗实线为公路纵向设计线,是由直线段和竖曲线组成的,它是根据地形起伏和公路等级,按相应的公路工程技术标准而确定的,设计线上各点的标高通常是指二级以下公路路基边缘的设计高程,或一级公路及高速公路中央分隔带外缘路基的设计高程。不规则的细折线为设计中心线处的地面线,它是根据原地面上沿线各点的实测中心桩高程而绘制的。比较设计线与地面线的相对位置,可确定填挖地段和填挖高度。

(3)竖曲线。在设计线的纵向坡度变更处,即变坡点,应按公路工程技术标准的规定设置竖曲线,以利于汽车平稳行驶。竖曲线分为凸形和凹形两种,在图中分别用"ᅮ"符号表示凸形竖曲线,"ᅩ"符号表示凹形竖曲线,符号两端竖细线长3 mm,并对准竖曲线的起点和终点桩号,其上标注竖曲线的半径R、切线长T、外矢距E的数值。

如图4-7所示,在K3 +450处设有一凸曲线,该变坡点的高程为446.767 m ($R=6000$ m,$T=128.1$ m,$E=1.37$ m)。

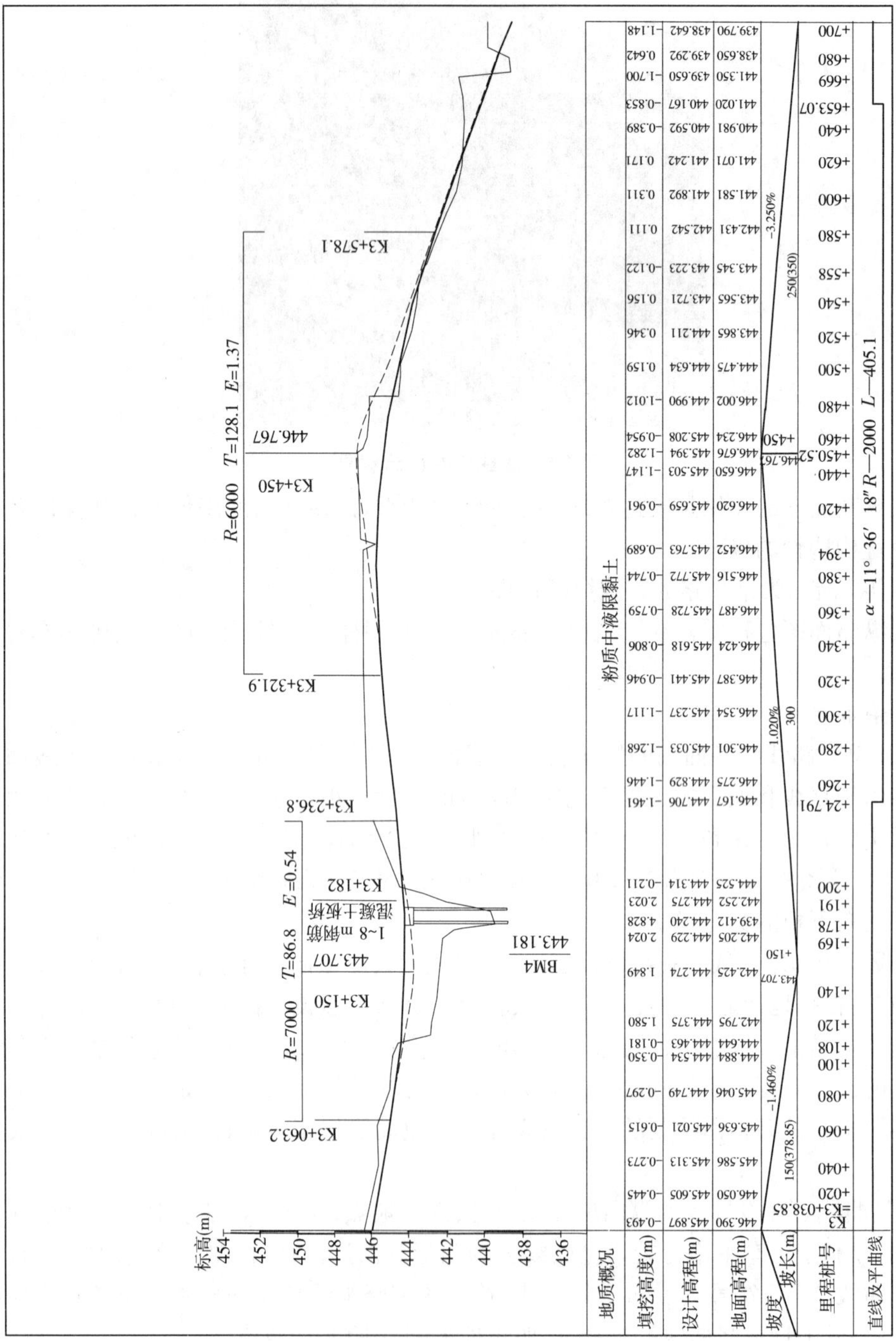

图 4-7 某公路的路线纵断面图

(4)沿线构造物。道路沿线如设有桥梁、涵洞、立交和通道等构造物,应在其相应设计里程和高程处,按规定图例绘制并注明构造物名称、种类、大小和中心里程桩号。如图 4-7 所示,在 K3 +182 里程桩处设有一座钢筋混凝土板桥,该桥共 1 跨,跨度为 8 m。

2.资料表部分

路线纵断面图的资料表是与图样上下对应布置的,这种表示方法,能较好地反映出纵向设计线在各桩号处的高程、填挖方量、地质条件和坡度,以及平曲线与竖曲线的配合关系。资料表主要包括以下栏目和内容:

(1)地质概况。根据实测资料,在该栏中注出沿线各段的地质情况。

(2)高程。资料表中有设计高程和地面高程两栏,它们应和图样互相对应,分别表示设计线和地面线上各点(桩号)的高程。

(3)填挖高度。设计线在地面线下方时需要挖土,设计线在地面线上方时需要填土,挖或填的高度值应是各点(桩号)对应的设计高程与地面高程之差的绝对值。

(4)坡度及坡长。标注设计线各段的纵向坡度和水平长度距离。该栏中的对角线表示坡度方向,上下坡的方向与对角线的倾向一致,坡度及坡长分注在对角线的上下两侧。

(5)里程桩号。沿线各点的桩号是按测量的里程数值填入的,单位为 m,桩号从左向右排列。在平曲线的起点、中点、终点、桥涵中心点及地形变化等处可设置加桩。

(6)直线及平曲线。在路线设计中竖曲线与平曲线的配合关系,直接影响着汽车行驶的安全性和舒适性,以及道路的排水状况,故《公路路线设计规范》(JTG D20—2017)对路线的平纵配合提出了严格的要求。由于道路路线平面图与纵断面图是分别表示的,所以在纵断面图的资料表中,以简约的方式表示出平纵配合关系。

4.2.1.3 路基横断面图

路基横断面图是用假想的剖切平面,垂直于道路中心线剖切而得到的,其作用是表达路线各中心桩处路基横断面的形状和横向地面高低的起伏状况。

工程上要求,在路线的每一中心桩处,应根据实测资料和设计要求,画出一系列的路基横断面图(见图 4-8),用以计算公路的土石方量和作为路基施工的依据。

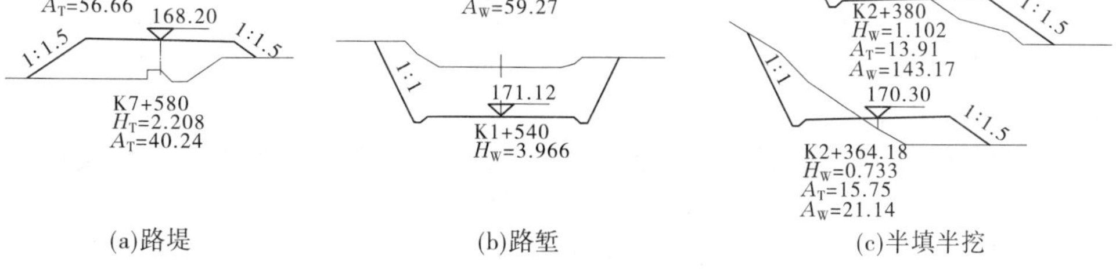

(a)路堤　　(b)路堑　　(c)半填半挖

图 4-8　路基横断面的基本形式

(1)填方路基(路堤)。整个路基全为填土区,如图 4-8(a)所示。填土高度等于设计标高减去地面标高。填方边坡一般为1∶1.5。在图下注有该断面的里程桩号、中心线处的填方高度 H_T(m)以及该断面的挖方面积 A_T(m^2)。

(2)挖方路基(路堑)。整个路基全为挖土区,如图4-8(b)所示。挖土深度等于地面标高减去设计标高,挖方边坡一般为1∶1。图下注有该断面的里程桩号、中心线处挖方高度 H_W(m)以及该断面的挖方面积 A_W(m^2)。

(3)半填半挖路基。路基断面一部分为填土区,一部分为挖土区,是前两种路基的综合,如图4-8(c)所示。在图下注有该断面的里程桩号、中心线处的填(或挖)方高度 H_T(H_W)以及该断面的填方面积 A_T 和挖方面积 A_W。

4.2.2 城市道路工程图

城市道路一般由机动车道、非机动车道、人行道、绿化带、分隔带、交叉口和交通广场以及各种设施组成。在交通高度发达的现代化城市,还建有架空高速道路以及地下道路等。城市道路的线型设计结果也是通过平面图、纵断面图和横断面图来表达的。它们的图示方法与公路路线工程图完全相同,但由于城市道路的设计是在城市规划与交通规划的基础上实施的,交通性质和组成部分比较复杂,尤其是行人和各种非机动车较多,各种交通工具和行人的交通问题都需要在横断面设计中综合考虑并予以解决,所以横断面设计是主要的设计矛盾,一般都放在平面和纵断面设计之前进行。

4.2.2.1 城市道路横断面图及其识读

1.城市道路横断面布置类型

城市道路的横断面就是垂直于道路中心线方向的断面。城市道路的横断面由车行道、人行道、分隔带及绿化带等组成。

(1)单幅路(俗称"一块板"断面)。各种车辆在行车道上混合行驶[见图4-9(a)]。

(2)双幅路(俗称"两块板"断面)。在行车道中心用分隔带或分隔墩将行车道分为两部分,上、下行车辆分向行驶[见图4-9(b)]。各自再根据需要决定是否划分快、慢车道。

(3)三幅路(俗称"三块板"断面)。中间为双向行驶的机动车道,两侧为靠右侧行驶的非机动车道。机动车道和非机动车道之间用分隔带或分隔墩分隔[见图4-9(c)]。

(4)四幅路(俗称"四块板"断面)。在三幅路的基础上,再用中间分隔带将中间机动车道分隔为二,分向行驶[见图4-9(d)]。

2.城市道路横断面图的识读

城市道路横断面图分为标准横断面图和路基横断面图。

(1)标准横断面图。在道路设计中,表示各路段的代表性设计横断面图称作标准横断面图。在标准横断面图中,应绘出红线宽度、车行道、人行道、绿化带、照明、新建或改建的地下管道等各组成部分的位置和宽度,以及排水方向、路拱横坡等。标准横断面图可采用1∶100或1∶200的比例。

如图4-10所示为某城市道路的横断面施工图,由标准横断面图、路面结构及路缘石安装大样图、车行道路拱大样图和平、侧路缘石大样图等组成。

标准横断面图在垂直和水平方向上采用了不同比例,水平方向为1∶200,垂直方向为1∶100。由图4-10(a)可知,该道路为"两块板"断面,路幅宽为30.0 m,两侧机动车道宽度为10.0 m,横坡为1.5%;人行道宽为3.5 m,横坡为2%;两侧车行道之间中央隔离带的宽度为3.0 m。图4-10(a)中给出了横断面上各特征点相对于道路中心线处的高度。

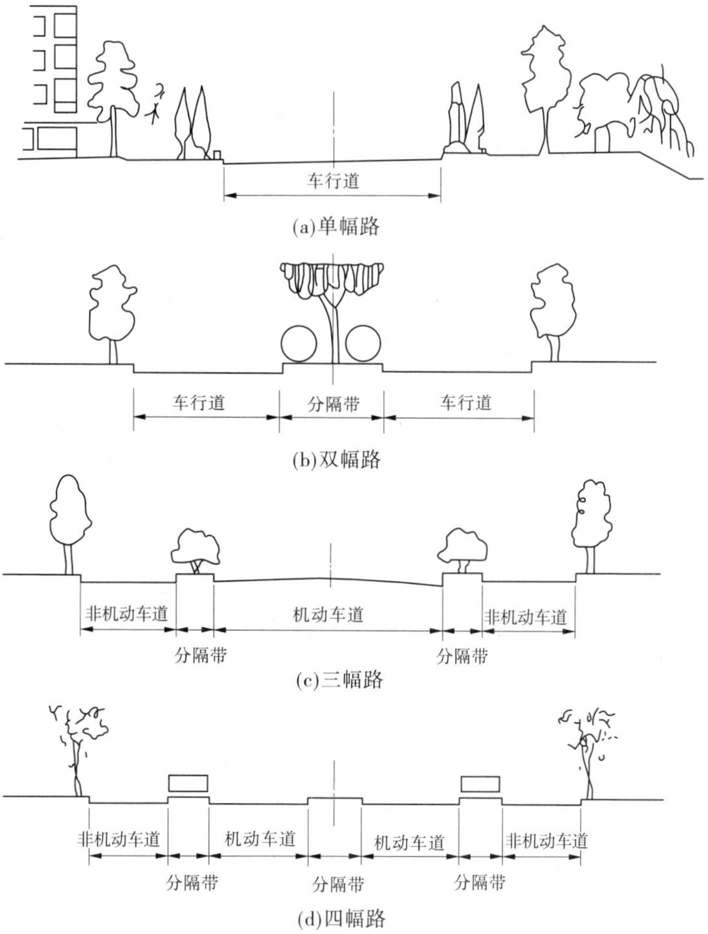

图 4-9 城市道路横断面布置基本形式

路面结构及路缘石安装大样图[见图 4-10(c)]详细地表达了车行道、人行道的路面结构情况及路缘石(平石、侧石)的安装情况。车行道路面结构的上面层是细粒式沥青混凝土,厚度为 3 cm;下面层为粗粒式沥青混凝土,厚度为 7 cm;基层为水泥稳定碎石,厚度为 20 cm;底基层为石灰稳定土,厚度为 30 cm。人行道的面层是 3.5 cm 厚的人行道防滑砖,防滑砖下是 2 cm 厚的 7.5 号水泥砂浆卧底;基层为 8 cm 厚的 C10 混凝土;垫层为天然砂砾,厚度为 10 cm。在人行道上留有树穴,树穴周围有树穴卡边石;人行道外侧安装 C25 标准混凝土镶边石,其尺寸为 5 cm×30 cm×49.5 cm。由图 4-10 附注中可知,人行道上设有宽 0.6 m 的盲道,盲道中心线距树穴边缘 0.9 m。在车行道边缘安装有水平路缘石,水平路缘石外侧安装有侧石,图 4-10(c)中给出了路缘石(平石、侧石)的安装方法及其下部的构造,平、侧路缘石均为 C30 混凝土预制块,其尺寸可见平、侧路缘石大样图[见图 4-10(d)]。

车行道路拱大样图在垂直和水平方向上采用了不同比例,水平方向为 1∶100,垂直方向为 1∶10,距道路中心线 1.5 m 宽度内路拱为抛物线段,其余部分为直线,图 4-10(b)中给出了路拱曲线上各点的水平和垂直方向的坐标。

(2)路基横断面图。沿道路中线每隔一定距离绘制横断面地面线(若属旧街道的改建,实际上就是横断面的现状图),根据道路纵断面设计里程桩号、设计标高,以与横断面地面

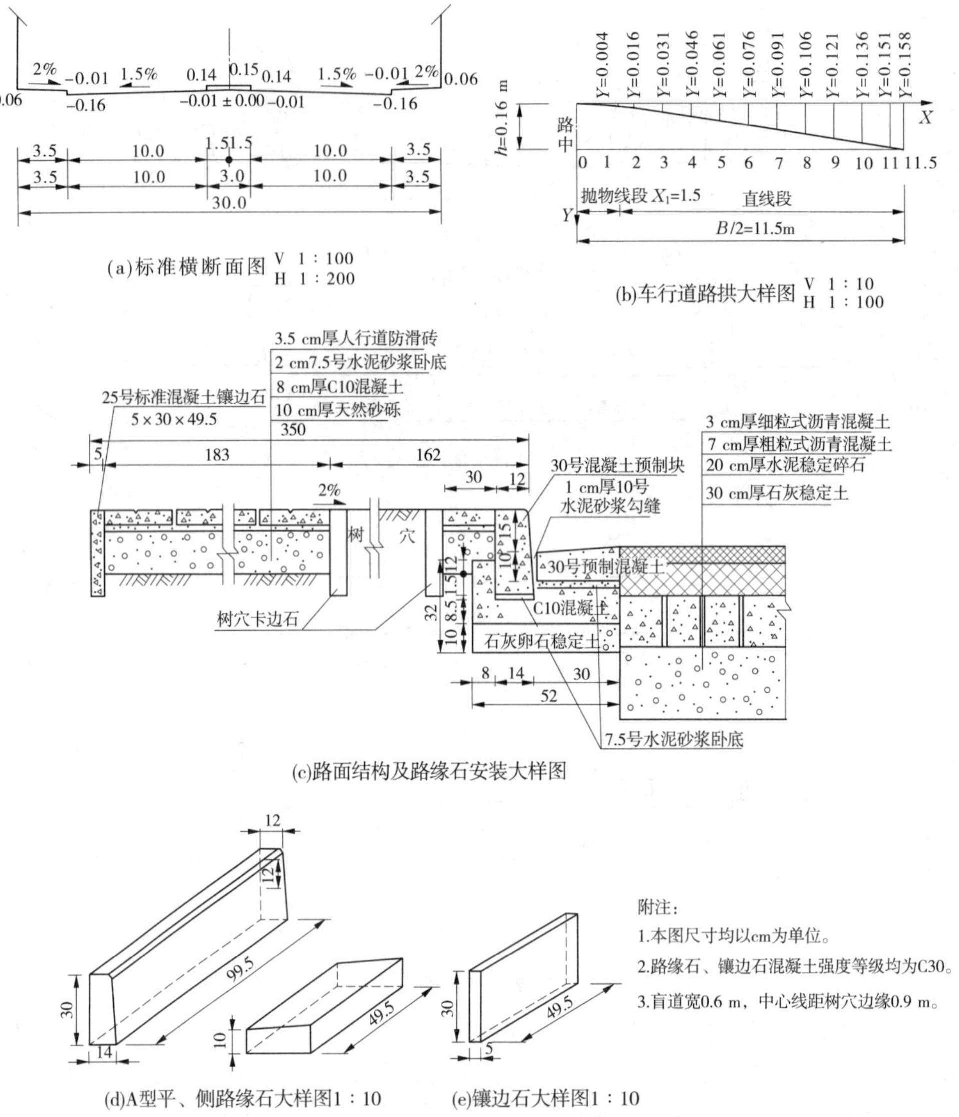

图 4-10　某城市道路的横断面施工图

线(或横断面现状图)相同的比例,把标准横断面图套上去,就形成了路基横断面图。此图反映了各断面上的填、挖和拆迁界线,因此也叫土方断面图。工程上要求在每一中心桩处(包括地形变化显著的加桩),顺次画出每一个路基横断面图,用来计算道路的土石方量,如图 4-11、图 4-12 所示。

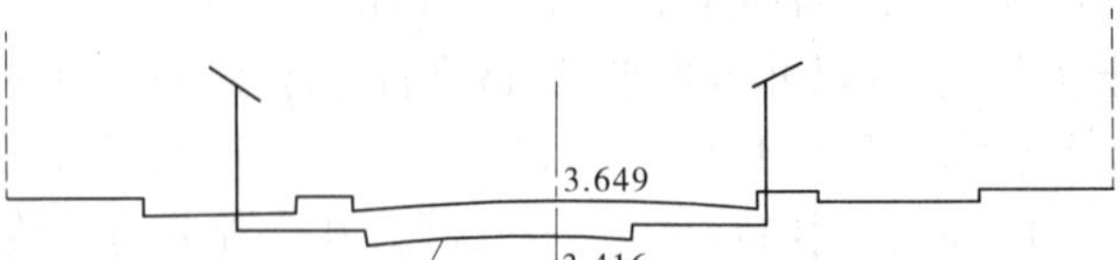

图 4-11　改建工程路基横断面图

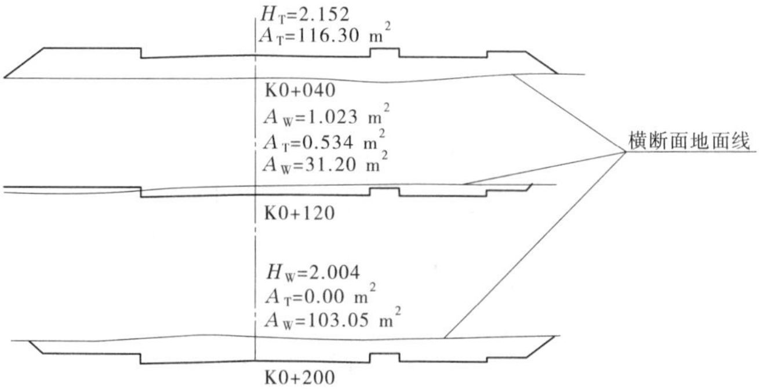

图 4-12 新建工程路基横断面图

4.2.2.2 城市道路平面图的识读

城市道路平面图与公路路线平面图相似,它用来表示城市道路的方向、平面线型和车行道布置以及沿路两侧一定范围内的地形和地物情况。图 4-13 为某城市道路的平面图,它主要表示了环形交叉口和市区道路的平面设计情况。

1.道路情况

道路中心线用细点画线表示,路基边缘线用粗实线表示,在道路中心线上标有里程桩号。在平面图中按比例绘制出机动车道、非机动车道的位置、宽度及各车道之间的分隔带、路缘带的位置。图中还应绘制人行道、人行横道线、交通岛等。道路的走向,可用坐标网或指北针来确定。

如图 4-13 所示平面图中,两侧机动车道宽度为 8.25 m,非机动车道宽度为 5 m,人行道为 4.75 m,中间分隔带宽度为 6 m。机动车道与非机动车道之间的分隔带宽度为 0.5 m,所以该路段为“四块板”断面布置形式。

2.地形和地物情况

城市道路所在的地势一般比较平坦。除用等高线表示地形外,还用大量的地形点表示高程。

城市道路平面图中地形面上的地物更多见的是房屋、原有道路、地下管道等。如图 4-13 所示,该段道路是郊区扩建的城市道路,原有道路宽约为 5 m。新建道路因此占用了沿路两侧一些工厂、民房、学校用地。在该地区的北部是大量的民宅(砖瓦房),有一条沿南北方向的水沟,水沟的西侧有一地下水池和一片菜地。该地区的南部是一片草地,还有一条小溪(解放溪),大致方向是由东北流向西南。沿路线前进方向的左侧有一条低压电力线路,右侧也有一条低压电力线路。

4.2.2.3 城市道路纵断面图的识读

城市道路纵断面图也是沿道路中心线的展开断面图。其作用与公路路线纵断面相同,内容也是包括图样和资料表两部分,一般图样画在图纸的上部,资料表布置在图纸的下部。如图 4-14 所示为某城市道路 K0+000~K0+492.557 段纵断面图。

1.图样部分

城市道路纵断面图的图样部分与公路路线纵断面图完全相同,如图 4-14 所示。

2.资料部分(与公路路线纵断面图基本相同)

城市道路应画出道路中心线的纵断面图,如设置了街沟则应分别表示出道路两侧街沟的坡度和距离。

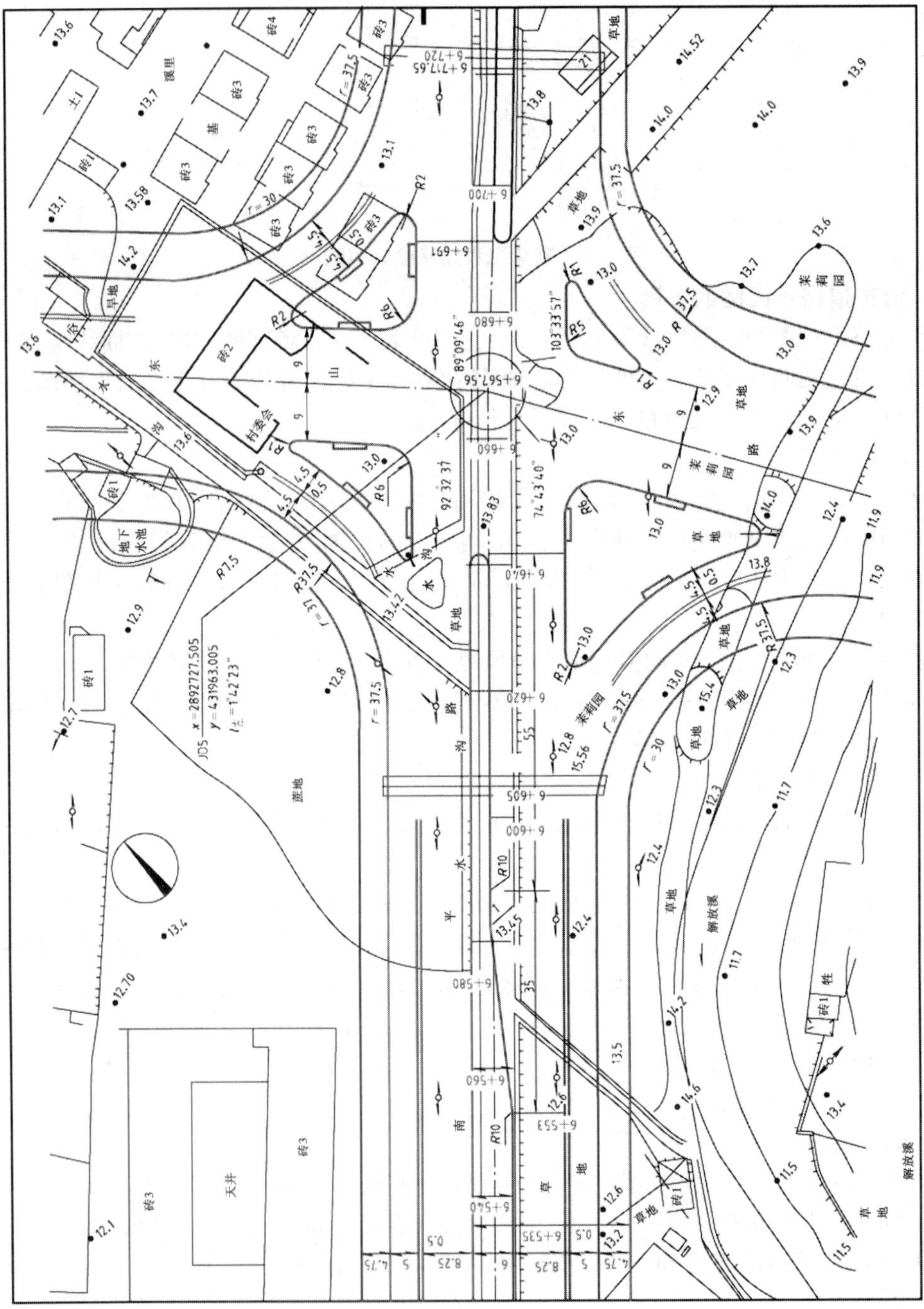

图 4-13 某城市道路平面图

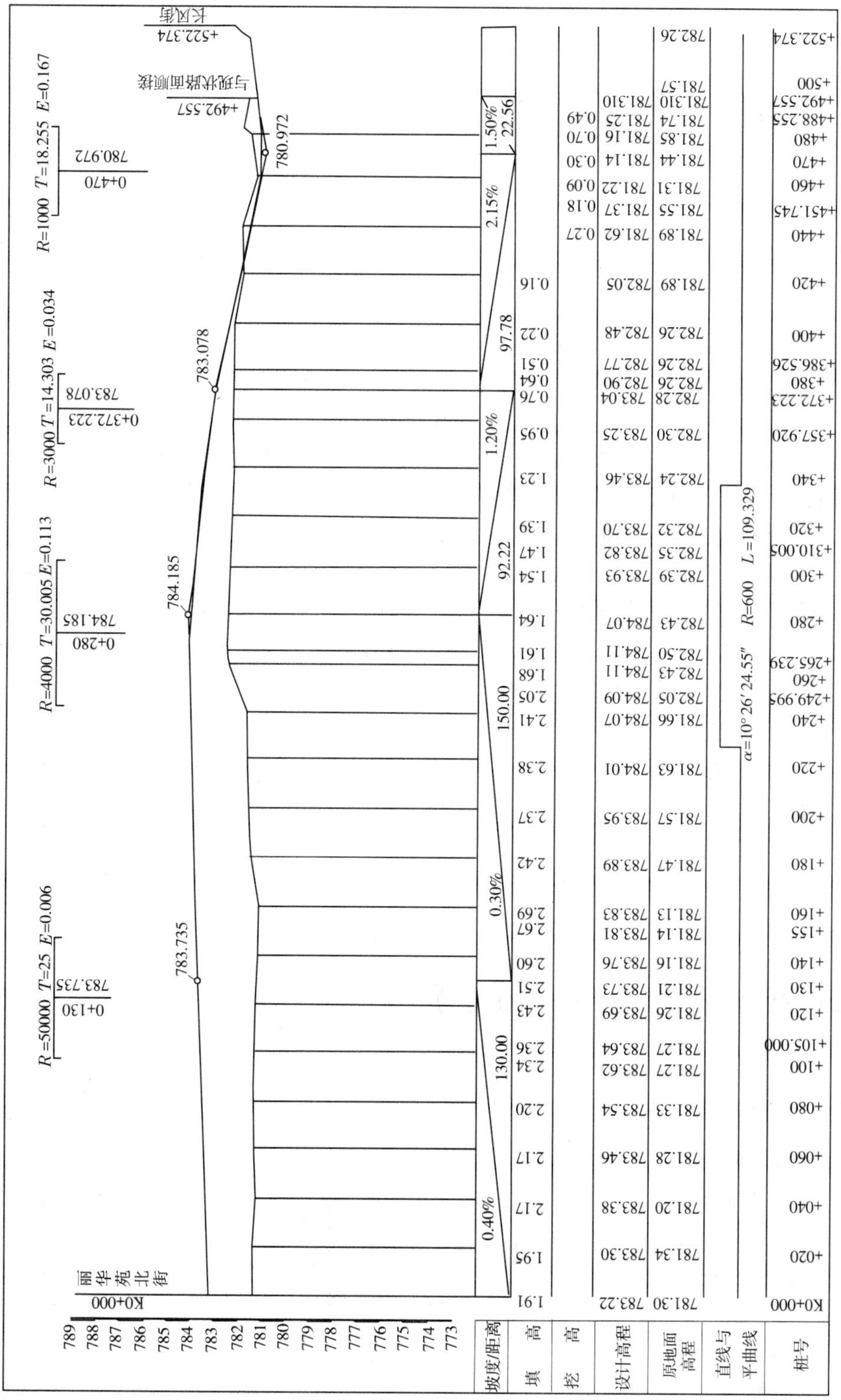

图 4-14 某城市道路 K0+000~K0+492.557 段纵断面图

第 5 章　桥涵工程

5.1　桥梁工程概述

道路等路线遇到江河湖泊、山谷深沟以及其他线路（铁路或公路）等障碍时，为了保持道路的平直和连续性，就需要建造专门的人工构筑物——桥梁来跨越障碍。

从对天生桥的利用到人工造桥，是一个历史的飞跃过程。从简单的独木桥到今天的钢铁大桥；从单一的梁桥到浮桥、索桥、拱桥、园林桥、栈道桥、纤道桥等；建桥的材料从以木料为主，到以石料为主，再到以钢铁和钢筋混凝土为主，这是一个非常漫长的发展过程。然而，中国桥梁建筑都取得了惊人的成就。

21 世纪以来，世界桥梁建设飞速发展，1998 年日本的东线明石海峡悬索大桥建成，大桥跨度为 1 990 m，是目前世界跨度最大的悬索桥。我国建造的世界跨径第一的斜拉桥——苏通长江公路大桥工程项目，2010 年 3 月竣工验收，它比日本最大跨径的多多罗大桥长 200 m 左右，创造了最大主跨、最深塔基、最高桥塔、最长拉索四项“世界纪录”，中国工程项目首次获得美国土木工程协会 2010 年度土木工程杰出成就奖。世界上最大跨度的拱桥是我国重庆的朝天门长江大桥，跨度为 552 m，排名第二的是上海的卢浦大桥，跨度为 550 m。我国的桥梁建设发展迅速，有多座桥梁居世界同类型桥梁中跨度排名之首，如广州的丫髻沙大桥为跨度最大的中承式钢管混凝土拱桥。近几年我国还修建了多个超长的跨海大桥，其中东海大桥长 32.5 km，杭州湾跨海大桥长 36 km，胶州湾跨海大桥长 36.48 km，港珠澳大桥长 55 km。我国的桥梁工程建设水平已进入发达水平。

5.2　桥梁工程的组成和分类

5.2.1　桥梁的结构组成

5.2.1.1　桥跨结构

桥跨结构又称桥孔结构、上部结构，是在线路中跨越障碍物的结构物，它的作用是承受车辆荷载，并通过支座传递给桥梁墩台，是主要的承重结构。

5.2.1.2　支座系统

支座系统连接上部的桥跨结构和下部的桥墩、桥台，它的主要作用是支承上部结构并将荷载传递给桥梁墩台

5.2.1.3　桥墩、桥台

桥墩、桥台又称下部结构，是支承上部结构并将荷载传递给地基的建筑物。桥台设置在两侧，而桥墩设置在桥台的中间。

5.2.1.4 **墩、台基础**

墩、台基础是保证桥墩、桥台的安全，埋置在土层之中，使桥上全部荷载传递给地基的结构物。

桥梁的基本组成如图 5-1 所示。

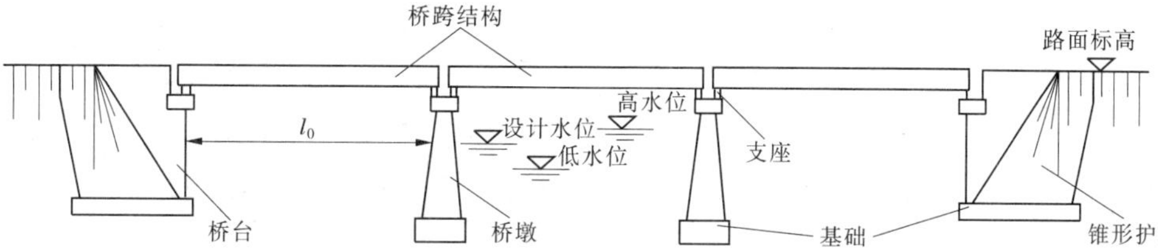

图 5-1 桥梁的基本组成

5.2.2 桥梁的桥面构造组成

5.2.2.1 **桥面铺装**

桥面铺装（或称行车道铺装）的平整、耐磨、不翘曲、不渗水是保证行车舒适的关键，特别是在钢箱梁上铺设沥青路面的技术要求甚严。

5.2.2.2 **排水系统**

排水系统应能迅速排除桥面积水，并使渗水的可能性降至最小限度。此外，城市桥梁排水系统应保证桥下无滴水和结构上无漏水现象。

5.2.2.3 **栏杆**

栏杆（或防撞栏杆）既是保证安全的构造措施，又是利于观赏的最佳装饰件。

5.2.2.4 **伸缩缝**

伸缩缝位于桥跨上部结构之间或桥跨上部结构与桥台端墙之间，以保证结构在各种因素作用下的变位。为使桥面上行车顺适、不颠簸，桥面上要设置伸缩缝构造。尤其是大桥或城市桥的伸缩缝，不仅要结构牢固，外观光洁，而且要经常扫除掉入伸缩缝中的垃圾、泥土，以保证它的功能作用。

5.2.2.5 **灯光照明**

在现代城市中，大跨径桥梁通常是一个城市的标志性建筑，大都装置了灯光照明系统，构成了城市夜景的重要组成部分。

如图 5-2 所示为桥梁各组成部分示意图。

5.2.3 桥梁的分类

5.2.3.1 **按结构形式及受力特点分类**

按结构形式及受力特点主要分为梁式桥、拱式桥、刚架桥、悬索桥、斜拉桥、组合式桥六大类。

1.梁式桥

梁式桥指以受弯为主的主梁作为主要承重构件的桥梁，整个结构在垂直荷载作用下，其支座仅产生垂直反力，而无水平推力。如图 5-3 所示为梁式桥的基本组成。由于主梁简支

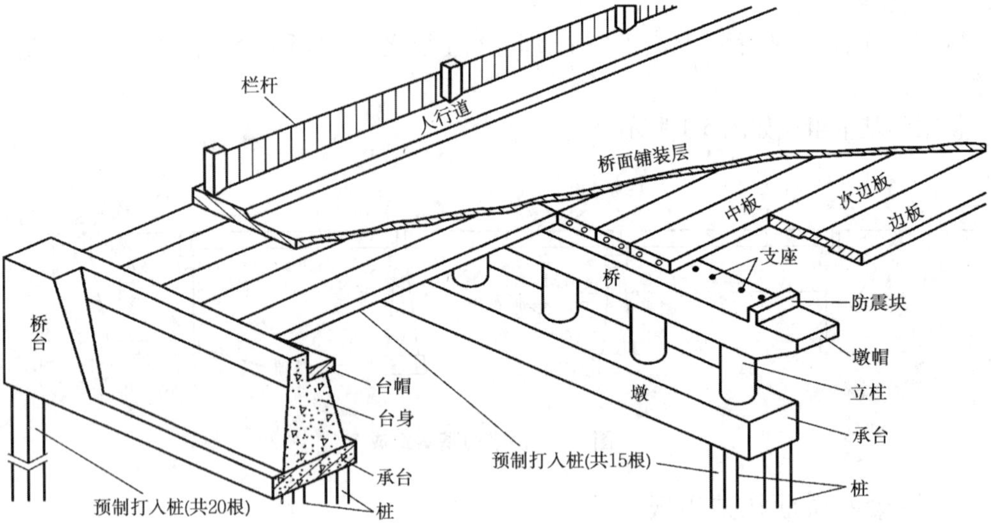

图 5-2　桥梁各组成部分示意图

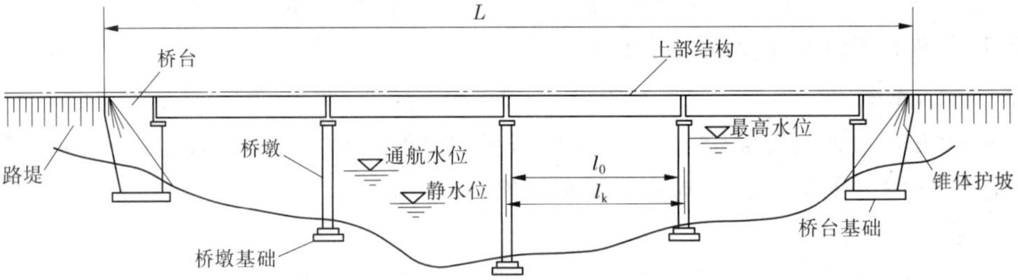

L—多孔跨径总长;l_0—净跨径;l_k—标准跨径

图 5-3　梁式桥基本组成

在墩台上,各孔独立工作,因此不受墩台变位影响。实腹式主梁构造简单,设计简便,施工时可用自行式架桥机或联合架桥机将一片主梁一次架设成功。但简支梁桥各孔不连续,车辆在通过断缝时将产生跳跃,影响车速的提高。因此,目前趋向于把主梁做成简支,而把桥面作成连续的形式。这类桥包括简支梁桥、连续梁桥、悬臂梁桥等几种类型。如图 5-4 所示为常见的梁式桥的几种形式。

1)简支梁桥

简支梁桥是梁式桥中使用最早、最广泛的桥型之一。它受力明确,计算容易,构造简单,施工方便。简支梁桥是静定结构,其各跨独立受力,主梁为主要承重构件,受力特点为主梁受弯。主要材料为钢筋混凝土、预应力混凝土,多用于中小跨径桥梁。优点:采用钢筋混凝土建造的梁桥能就地取材、工业化施工、耐久性好、适应性强、整体性好且美观;这种桥型在设计理论及施工技术上都发展得比较成熟。缺点:结构本身的自重大,占全部设计荷载的30%~60%,且跨度越大其自重所占的比值更显著增大,大大限制了其跨越能力。目前应用较广泛的由以下四种:

(1)简支板桥。通常用钢筋混凝土,按施工方式不同分为整体式简支板桥和装配式简支板桥。

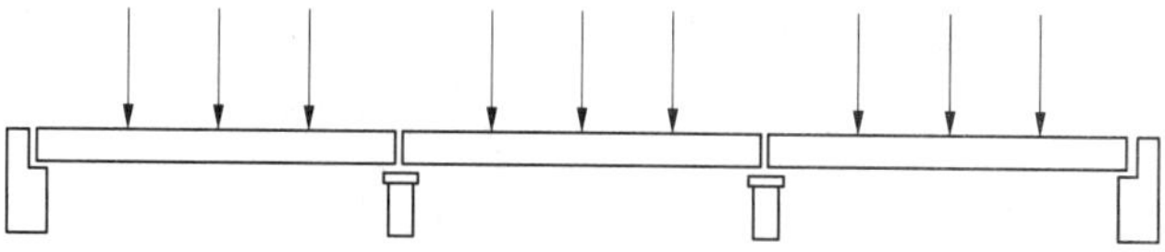

(a)简支梁桥

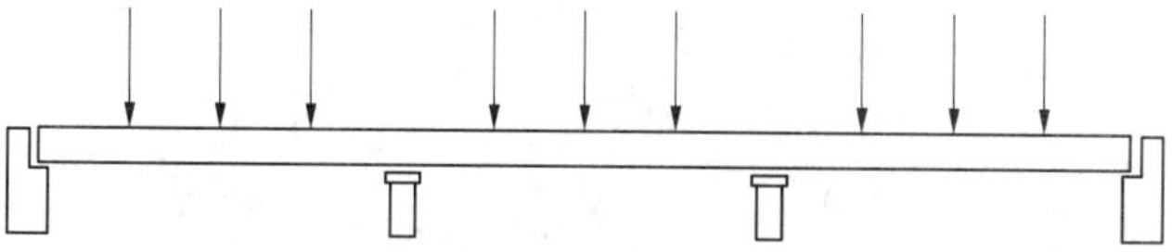

(b)连续梁桥

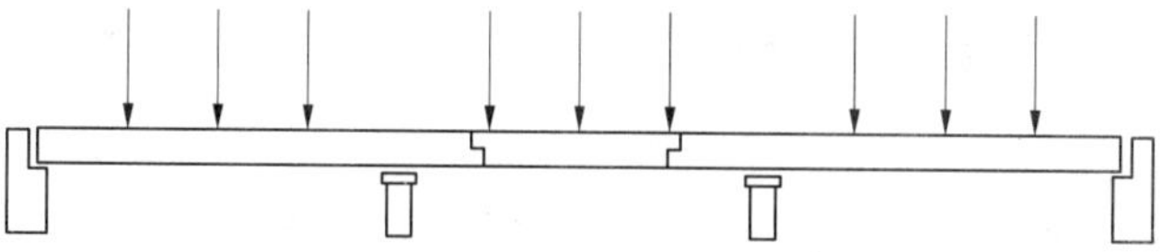

(c)悬臂梁桥

图 5-4　梁式桥的常见形式

①整体式简支板桥的板厚通常取跨径的 1/20～1/15，但不小于 100 mm，纵向受力钢筋需通过计算确定。

②装配式简支板桥是目前应用最广泛的板桥之一。按其横截面形式主要分为实心板和空心板，通常每块预制板宽为 1.0 m，实心板跨径范围为 1.5～8.0 m，其板厚为 60～320 mm，主要采用钢筋混凝土材料；而空心板的跨径范围为 6～13 m，板厚 0.4～0.8 mm，采用预应力的空心板的跨径范围为 8～16 mm，板厚为 0.4～0.7 mm。

简支板桥跨越能力较小，因此主要用于小跨度桥梁。此外，还有用木材和石材做成的板桥，由于天然材料本身的尺寸、性能、资源等原因，木桥现在已基本上不采用，石板桥也只用作小跨人行桥。

(2)肋梁式简支梁桥。主要用于中等跨度的桥梁。跨径在 8～12 m 时，采用钢筋混凝土简支梁桥；跨径在 20～50 m 时，常采用预应力钢筋混凝土简支梁桥。这类桥梁常见的横截面形式有多片 T 形梁组成，其优点是外形简单，制作方便，由于肋形横梁的作用，结构强度较好。缺点是单片构件运输和施工时不够稳定，需采取相应的施工措施。

(3)箱型简支梁桥。主要用在跨度较大的预应力钢筋混凝土桥梁中，大量的箱型构件可以在工厂精确预制，结构的整体稳定性较好。图 5-5 为预应力箱梁断面。

(4)桁架梁桥。常见的是钢桁架简支梁，用钢桁架充当承受竖向荷载的梁结构，外形美观，但对制作安装质量要求较高。

2)连续梁桥

主梁连续支承在几个桥墩上。在荷载作用下，主梁的不同截面上有的有正弯矩，有的有负弯矩，而弯矩的绝对值均较同跨径桥的简支梁小。这样，可节省主梁材料用量。主梁可以是实腹梁或者是桁架梁(空腹梁)。实腹梁外形简单，制作、安装、维修都较方便，主要用钢筋混凝土、预应力混凝土制作，实腹梁也可以用钢材做成钢板梁或钢箱梁，实腹梁桥广泛用于中、小跨径桥梁。但实腹梁在材料利用上不够经济。桁架梁中组成桁架的各杆件基本只

图 5-5　预应力箱梁断面

承受轴向力，可以较好地利用杆件材料强度，但桁架梁的构造复杂、制造费工，多用于较大跨径桥梁。桁架梁一般用钢材制作，也可用预应力混凝土或钢筋混凝土制作，但用得较少。

连续梁桥通常是将 3~5 孔做成一联，在一联内没有桥面接缝，行车较为顺适。连续梁桥施工时，可以先将主梁逐孔架设成简支梁然后互相连接成为连续梁，或者从墩台上逐段悬伸加长，最后连接成为连续梁。近年来，在架设预应力混凝土连续梁时，成功地采用了顶推法施工，即在桥梁一端(或两端)路堤上逐段连续制作梁体逐段顶向桥孔，使施工较为方便。连续梁桥主梁内有正弯矩和负弯矩，构造比较复杂。此外，连续梁桥的主梁是超静定结构，墩台的不均匀沉降会引起梁体各孔内力发生变化。因此，连续梁一般用于地基条件较好、跨径较大的桥梁。1966 年建成的美国亚斯托利亚桥，是目前跨径最大的钢桁架连续梁桥，它的跨径为 376 m。我国的南京长江大桥(见图 5-6)也是钢桁架梁式桥的代表作，该桥位于我国南京市，是跨越长江的公路、铁路两用桥，上层公路，下层双线铁路，正桥有 10 孔，共1 576 m，其中包括一孔 128 m 的简支钢桁架梁和 3 联 3 孔各 160 m 的连续钢桁架梁。

图 5-6　南京长江大桥

3）悬臂梁桥

悬臂梁桥是将简支梁向一端或两端悬伸出短臂的桥梁。这种桥式有单悬臂梁桥或双悬臂梁桥。悬臂梁桥往往在短臂上搁置简支的挂梁，相互衔接构成多跨悬臂梁。有短臂和挂梁的桥孔称为悬臂孔或挂孔，支持短臂的桥孔称为锚固孔。悬臂梁桥的每个挂孔两端为桥面接缝，悬臂端的挠度也较大，行车条件并不比简支梁桥有所改善。悬臂梁一片主梁的长度较同跨简支梁长，施工安装上相应要困难些。目前，对预应力混凝土悬臂梁桥多采用悬臂拼装或悬臂浇筑的方法施工。20世纪50~60年代后，在悬臂梁的基础上产生了一种新的组合桥型——预应力钢筋混凝土T形钢架桥，现在得到了广泛的应用。

2.拱式桥

拱式桥（见图5-7、图5-8）主要承重结构为拱圈或拱肋，在竖向荷载作用下，两端支承处产生竖向反力和水平推力，水平推力减小了跨中弯矩，使桥梁跨越能力增大。设计合理的拱主要承受轴向压力，拱截面内弯矩和剪力均较小，因此可充分利用石料或混凝土等抗压能力强而抗拉能力差的圬工材料，由于拱式桥墩、台基础必须承受强大的推力，修建拱桥时需要良好的地基和地质条件。圬工桥多做成拱桥，如用砖、石或素混凝土建造的桥。这种桥常做成以抗压为主的拱式结构，有砖拱桥、石拱桥（见图5-9）和素混凝土拱桥等。由于石料抗压强度高，且可就地取材，故在公路和铁路桥梁中，以石拱桥用得较多。

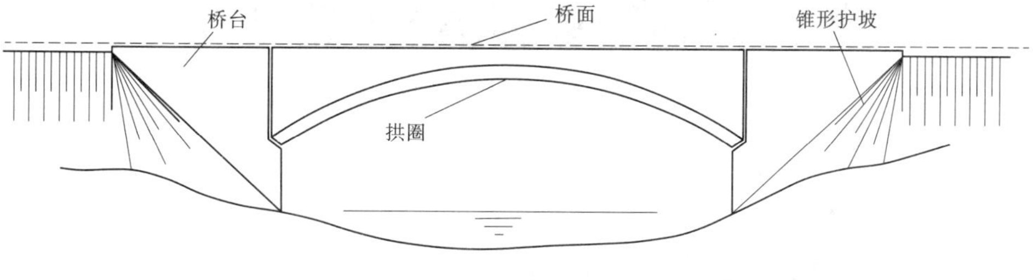

图5-7　拱式桥的示意图

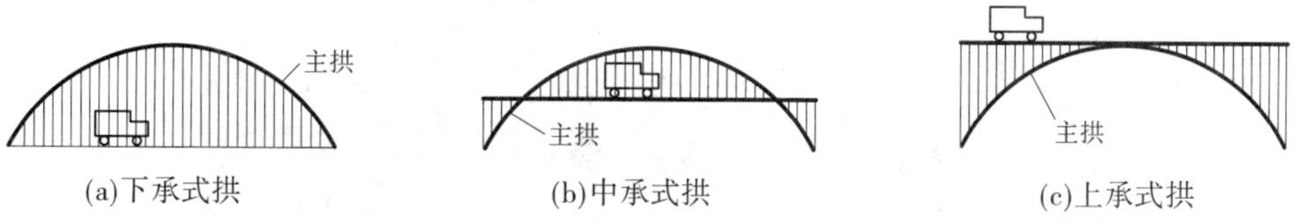

图5-8　拱式桥的常见形式

图5-9　石拱桥

在竖直荷载作用下,作为承重结构的拱肋主要承受压力。拱桥的支座则不但要承受竖直方向的力,还要承受水平方向的力。因此,拱桥对基础与地基的要求比梁桥要高。上承式拱桥(桥面在拱肋的上方,见图 5-10)、中承式拱桥(桥面一部分在拱肋上方,一部分在拱肋下方,见图 5-11)与下承式拱桥(桥面在拱肋下方,见图 5-12)。仅供人、畜行走的拱桥可以把桥面直接铺在拱肋上。而通行现代交通工具的拱桥,桥面必须保持一定的平直度,不能直接铺在曲线形的拱肋上,因此要通过立柱或吊杆将桥面间接支承在拱肋上。下承式拱桥可做成系杆拱,即在拱脚处用纵向水平受拉杆件(系杆)将两拱脚连接起来。此时,作用于支座上的水平推力就由系杆来承受,支座不再承受水平方向的力。这样做可以减轻地基承受的荷载,特别是在地质状况不良时。

图 5-10　上承式拱桥

图 5-11　中承式拱桥

拱式桥主拱圈断面形式有以下几种:板拱、肋拱、箱形拱、桁架拱(常用钢管混凝土)、双曲拱等。

(1)板拱。拱圈横截面为矩形实体截面,它横向整体性较好、拱圈截面高度小、构造简单,但抵抗弯矩能力较差,一般用于圬工拱桥。1972 年建成的四川九溪沟桥为石砌的板拱桥,跨径达到 116 m。

图 5-12　下承式拱桥

(2)肋拱。拱圈是由两条或多条肋拱组成,肋与肋之间用横系梁相联系,拱肋形状可以是矩形、工字形、箱形或圆管形,它的抗弯能力较板拱优,用料较省,但制作较板拱复杂,多用于钢筋混凝土拱桥或钢拱桥。1960 年建成的瑞典恩斯科洛夫约桥,跨径为 278 m 为目前最大的钢管拱桥。

(3)箱形拱。横截面可为整体多室箱形或分离箱形。混凝土或钢筋混凝土箱形拱也可采用无支架施工。它的整体性、横向稳定性和抗扭性都较双曲拱的结构好,但在中、小跨径时不如双曲拱简便和节省钢材。1979 年建成的南斯拉夫克拉克桥,跨径为 390 m,是当前世界上最大的钢筋混凝土箱形拱桥。

(4)桁架拱。拱圈由桁架构成,可做成桁肋拱或肩拱形式。桁架拱的材料用量较少,但桁架的某些杆件将承受拉力,故主要用在钢拱桥或预应力混凝土拱桥中。1977 年建成的美国新河桥,跨径为 518 m。

(5)双曲拱。双曲拱桥是 20 世纪 60 年代以后,在中国采用的一种拱式桥梁。它在横向除有拱肋外,还有由拱波、拱板等构成的小拱,将整个拱圈联结成整体。在施工时可以将拱肋、拱波预制,安装后再浇筑拱板,减轻吊装重量,并可以不用拱架,或只需用简单支架,为混凝土拱桥提供了一种新的结构形式和简便易行的施工方法。但需采取措施保证拱圈的整体性。1969 年建成的河南省前河桥跨径为 150 m,为目前我国跨径最大的双曲拱桥。

(6)复合截面拱。拱桥主拱圈沿桥跨方向的形状,可以做成横截面尺寸沿拱轴线不变的等截面拱,或者做成横截面尺寸由拱脚向拱顶逐渐变化的变截面拱。变截面拱能较好地适应拱圈内力的变化,用料较经济;等截面拱构造简单、施工方便,因而采用较普遍。

拱还可按拱上建筑的形式不同而分为实腹式拱和空腹式拱。实腹式拱是将主拱圈以上至桥面间的空间全部用填料填实,一般用于小跨径的桥梁;空腹式拱则在主拱圈以上设有横桥向贯通的腹孔,一般用于中等以上跨径的桥梁。赵州桥是现存修建最早的空腹式拱桥。

3.刚架桥

刚架桥(见图 5-13、图 5-14)是一种桥跨结构和墩台结构整体相连的桥梁,支柱与主梁共同受力,受力特点为支柱与主梁刚性连接,在主梁端部产生负弯矩,减少了跨中截面正弯矩,而支座不仅提供竖向力还承受弯矩。主要材料为钢筋混凝土,适宜于中小跨度,常用于需要较大的桥下净空和建筑高度受到限制的情况,如立交桥、高架桥等。优点:外形尺寸小,桥下净空大,桥下视野开阔,混凝土用量少。缺点:基础造价较高,钢筋的用量较大,且为超静定结构。主要有T形刚架桥和连续刚构桥,T形刚架桥的主要缺点是桥面伸缩缝较多,不利于高速行车。连续刚构主梁连续无缝,行车平顺,施工时无体系转换。

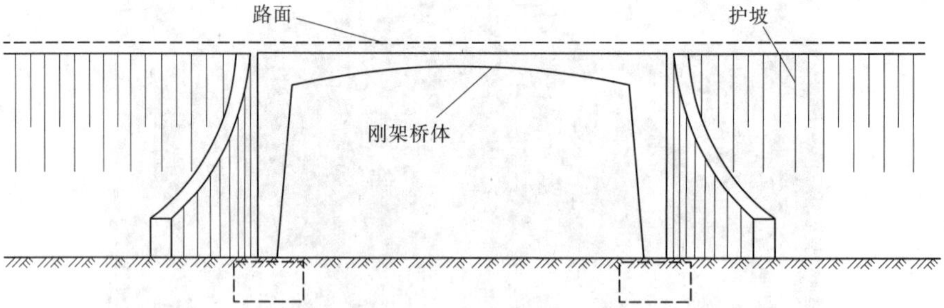

图5-13 刚架桥的示意图

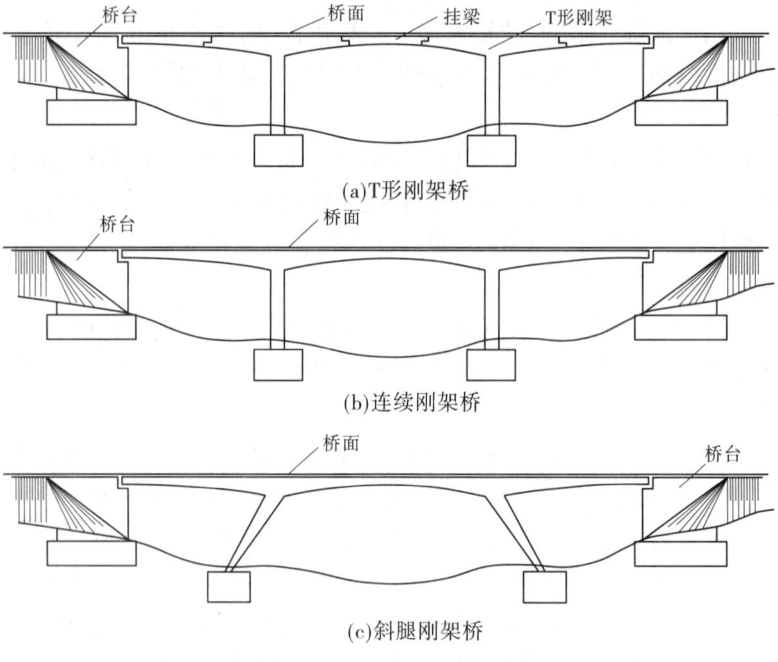

图5-14 刚架桥的常见形式

4.悬索桥

悬索桥(又名吊桥)是以承受拉力的缆索作为主要承重构件的桥梁。悬索桥由悬索、索塔塔架、锚碇、吊杆、桥面系等组成。现代悬索桥的悬索一般均支承在两个塔架上。塔顶设有支承悬索的鞍形支座。承受很大拉力的悬索的端部通过锚碇固定在地基中,个别固定在刚性梁的端部,称为自锚式悬索桥。悬索桥的主要承重构件是悬索,它主要承受拉力,一般用抗拉强度高的钢材(钢丝、钢绞线、钢缆等)制作。由于悬索桥可以充分利用材料的强度,并具有用料省、自重轻的特点,因此悬索桥在各种体系桥梁中的跨越能力最大跨径可以达到

1 000 m 以上。目前世界上跨径最大的悬索桥是 1998 年建成的日本明石海峡大桥（见图 5-15），该桥三跨跨径分别为 960 m、1 991 m、960 m，是一座超长跨度的公路桥。悬索桥的主要缺点是刚度小，在荷载作用下容易产生较大的挠度和振动，需采取相应的措施。为了避免在车辆驶过时，桥面随着悬索一起变形，现代悬索桥一般均设有刚性梁（又称加劲梁），桥面铺在刚性梁上，刚性梁吊在悬索上。

图 5-15　日本明石海峡大桥

悬索桥有着悠久的历史，早期的悬索桥非常简陋，只是供人、畜行走用的悬索桥常把桥面直接铺在悬索上。通行现代交通工具的悬索桥则不行，为了保持桥面具有一定的平直度，是将桥面用吊索挂在悬索上。与拱桥不同的是，作为承重结构的拱肋是刚性的，而作为承重结构的悬索则是柔性的。悬索桥示意图见图 5-16。

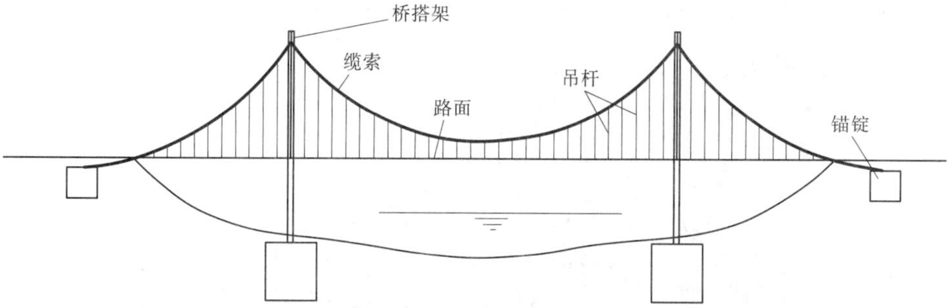

图 5-16　悬索桥示意图

5.斜拉桥

斜拉桥主要由索塔柱、斜拉钢索、主梁等组成（见图 5-17）。斜拉桥的缆索张拉成直线形，其刚度比悬索桥大。主梁同弹性支承上的连续梁的性能相似。斜拉桥的跨径一般在梁桥和悬索桥之间。斜拉桥在构造上有单塔或双塔、单面布索或两面布索、密索或少索等形式，索的布置也有不同的放射形式，塔、梁、墩之间铰接或固接等也有多种类型。实际上斜拉桥就是用若干根斜拉索拉在塔上形成桥。与多孔梁桥对照起来看，一根斜拉索就是代替一个桥墩的（弹性）支点，从而增大了桥梁的跨度。斜拉桥这种结构型式古代已有。但是由于斜拉索中所受的力很难计算和控制，所以一直没有得到发展和广泛应用。直到计算机的出现，才解决了索力计算难的问题；另外，调整装置的完善，解决了索力的控制问题，使得斜拉桥成为近 50 年内发展最快的一种桥型。著名的斜拉桥有我国江苏的公路斜拉桥——苏通大桥(见图 5-18),主跨长度达 1 088 m,其他较著名的斜拉桥有 1999 年建成的日本多多罗斜拉桥(见图 5-19),主跨为钢箱梁,跨径为 890 m。1995 年建成的法国诺曼底斜拉桥(见图 5-20),主跨为钢箱梁,跨径为 856 m。

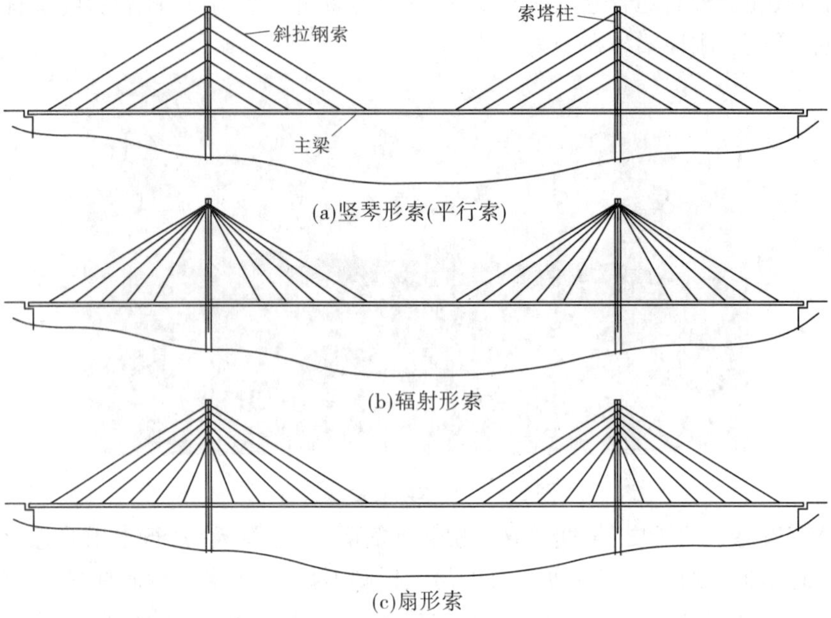

图 5-17 斜拉桥示意图

图 5-18 苏通大桥(斜拉桥)

5.2.3.2 按其他方法分类

1.按用途划分

桥梁按用途划分有公路桥、铁路桥、公路铁路两用桥、农用桥、人行桥、渡槽桥及其他专用桥梁等。

2.按承重结构所使用的材料划分

桥梁按承重结构所使用的材料划分有木桥、钢桥、圬工桥(包括砖、石、混凝土桥)、钢筋

图 5-19　日本多多罗斜拉桥

图 5-20　法国诺曼底斜拉桥

混凝土和预应力混凝土桥。

3.按跨越障碍的性质划分

桥梁按跨越障碍的性质划分有跨河桥、跨线桥(立体交叉)、高架桥和栈桥。高架桥一般是指跨越深沟峡谷以代替高路堤的桥梁。为将车道升高至周围地面以上并使下面的空间可以连通或做其他用途(如堆栈、店铺)而修建的桥梁,称为栈桥。

4.按上部结构的行车道位置划分

桥梁按上部结构的行车道位置划分有上承式桥、中承式桥和下承式桥。桥面布置在主要承重结构以上者为上承式桥,桥面布置在主要承重结构以下者为下承式桥,桥面布置在桥跨结构中者为中承式桥。

5.按全长和跨径不同划分

桥梁按全长和跨径不同可划分为特殊大桥、大桥、中桥和小桥、涵洞。根据《公路工程技术标准》(JTG B01—2014)规定,桥梁划分见表 5-1。

表 5-1　按跨径大小分类

桥涵分类	多孔跨径总长 L(m)	单孔跨径 L_K(m)
特大桥	$L>1000$	$L_K>150$
大桥	$100\leqslant L\leqslant 1000$	$40\leqslant L_K\leqslant 150$
中桥	$30<L<100$	$20\leqslant L_K<40$
小桥	$8\leqslant L\leqslant 30$	$5\leqslant L_K<20$
涵洞	—	$L_K<5$

注:1.单孔跨径(L_K):指标准跨径。

2.梁式桥、板式桥的多孔跨径总长为多孔标准跨径的总长;拱式桥为两岸桥台内起拱线间的距离;其他形式桥梁为桥面系车道长度。

3.标准跨径:梁式桥、板式桥以两桥墩中线间距离或桥墩中线以台背前缘间距为准;拱式桥和涵洞以净跨径为准。

5.3　桥梁工程图纸识读

5.3.1　桥位平面图

桥位平面图是通过地形测量绘出桥位处的道路、河流、水准点、钻孔及附近的地形和地物,以便作为桥梁设计、施工定位的依据。其作用是表示桥梁与路线所连接的平面位置,以及桥位处的地形、地物等情况,其图示方法与路线平面图相同,只是所用的比例相对较小,如1:500、1:1000、1:2000 等。如图 5-21 所示为某桥的桥位平面图。除表示路线平面形状、地形和地物外,还表明了钻孔、里程桩、水准点的位置和数据。

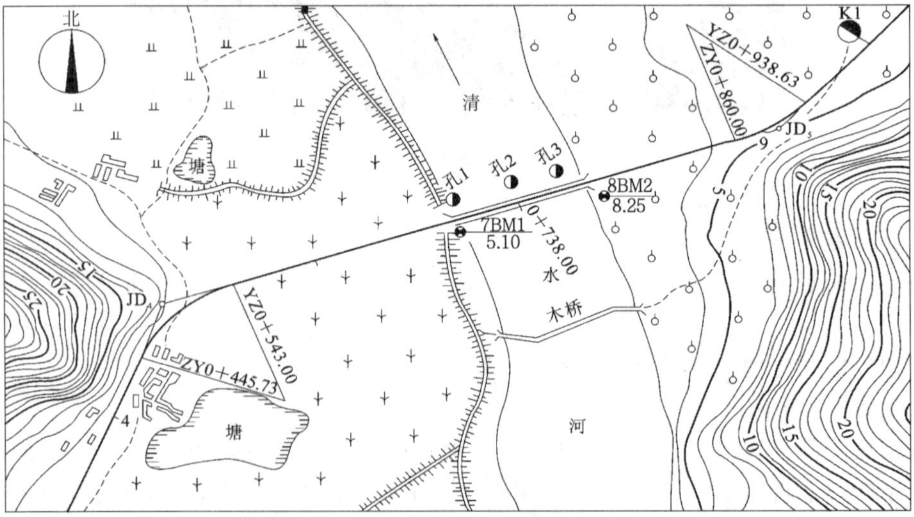

图 5-21　某桥的桥位平面图

5.3.2　桥位地质断面图

桥位地质断面图是根据水文调查和地质钻探所得的资料,绘制的河床地质断面图,用以表示桥梁所在位置的地质水文情况,包括河床断面线、地质分界线、特殊水位线(最高水位、常水位和最低水位），如图5-22所示。

在地质断面图中，为了显示地质和河床深度的变化情况，特意把地形高度（标高）的比例较水平方向比例放大数倍后画出。如图5-22所示，地形高度的比例采用1∶200，水平方向比例采用1∶500。

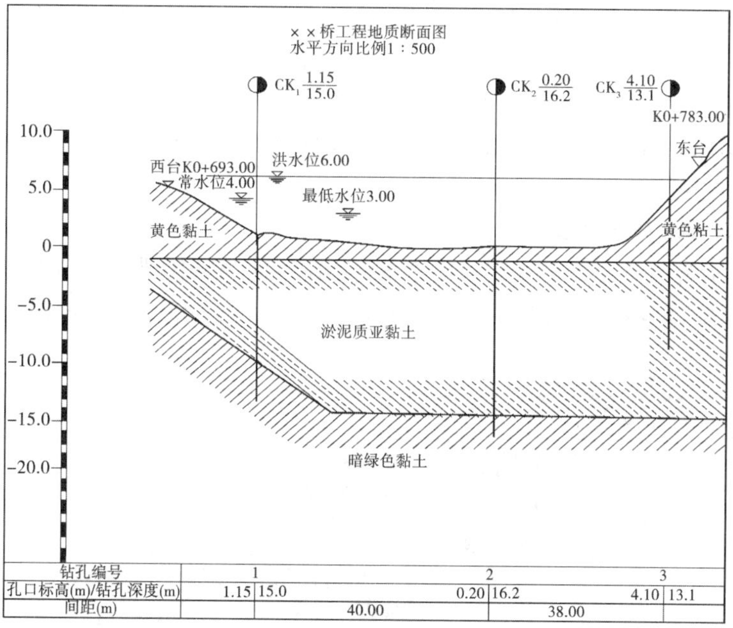

图5-22　桥位地质断面图

5.3.3　桥梁总体布置图

5.3.3.1　桥梁总体布置图的图示内容

桥梁总体布置图是指导桥梁施工的主要图样，它主要表明桥梁的型式、跨径、孔数、总体尺寸、桥面宽度、桥梁各部分的标高、各主要构件的相互位置关系及总的技术说明等，作为施工时确定墩台位置、安装构件和控制标高的依据。它一般由立面图（或纵断面图）、平面图和剖面图组成。立面图上主要表达桥梁的总长、各跨跨径、纵向坡度、施工放样和安装所必需的桥梁各部分的标高、河床的形状及水位高度。同时，立面图还应反映桥位起始点、终点、桥梁中心线的里程桩号及立面图方向桥梁各主要构件的相互位置关系等。立面图可以反映桥梁的大致特征和桥型。平面图主要表达桥梁在水平方向的线型、桥墩、桥台的布置情况及车行道、人行道、栏杆等的位置。侧面图（横断面图）主要表达桥面宽度、桥跨结构横断面布置及横坡设置情况。路基设计表中应列出桥台、桥墩的桩号及各桩号处的设计高程、各测点的地面高程及各跨的纵坡。

5.3.3.2　桥梁总体布置图的图示特点

（1）由于桥梁左右对称，立面图一般采用半剖面图的形式表示，剖切平面通过桥梁中心线沿纵向剖切。当桥梁结构较简单时也可采用单纯的正面投影图来表示。由于桥台、桥墩基桩一般埋置较深，为了节省图幅经常采用折断画法。

（2）平面图可采用半剖图或分段揭层的画法来表示，半剖图是指左半部分为水平投影图,右半部分为剖面图(假想将上部结构揭去后的桥墩、桥台的投影图)。分段揭层的画法指在不同的墩台处假想揭去不同高度以上部分的结构后画出投影的方法。当桥梁结构较简单时也可采用单纯的水平投影图来表示。

(3)侧面图根据需要可画出一个或几个不同的断面图。如受到图纸幅面限制,在工程图中侧面图也可采用两个不同位置的断面图各画一半合并而成。为了表达清楚桥梁断面形状与尺寸,侧面图可以采用比平面图和立面图大的比例。在路桥专业图中,画断面图时,为了图面清晰、突出重点,只画剖切平面后离剖切平面较近的可见部分。

(4)根据道路工程制图国家标准规定,可将土体看成透明体,所以埋入土中的基础部分都认为是可见的,可画成实线。

5.3.3.3 识读桥梁总体布置图

图 5-23 所示为一空心板简支梁桥的立体图,图 5-24 为该桥梁总体布置图。该桥中心位于 K38+390.00 处,是四孔钢筋混凝土空心板梁桥,总长度为 45.00 m,总宽度为 12.00 m。

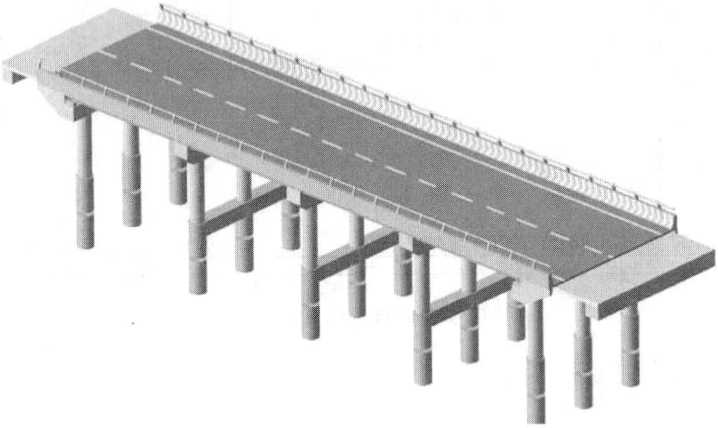

图 5-23 空心板简支梁桥的立体图

从图 5-24 立面图上可以看出该桥起点的桩号为 K38+367.50,终点桩号为 K38+412.50,桥跨中心位于 K38+390.00 桩号处。全桥共 4 跨,四孔跨径均为 10 m,全长为 45 m(从耳墙的后边缘算起)。立面图上标注出桥梁中心线上桩基础底面、顶面、立柱顶面各部分的标高。根据图中桥梁各部分的标高可以知道立柱的高度及混凝土钻孔桩的埋置深度等,由于桩埋置较深,为了节省图幅采用了折断画法。

立面图中还反映出两边桥台为带耳墙的柱式桥台,由立柱和柱下的钻孔灌注桩基础组成。河床中间有 3 个柱式桥墩,它由立柱、系梁和钻孔灌注桩基础共同组成。将土体看成透明体,所以埋入土中的桩基础部分画成实线。

图 5-24 中平面图采用了分段揭层的画法。2 号桥墩中心线左侧为投影图,从中可以看到锥形护坡以及桥面的布置情况;2 号桥墩中心线右侧是假想揭去桥梁上部结构后画出的,从中可以看到桥墩盖梁和支座的布置情况;3 号桥墩处是假想揭去了盖梁以上的部分后画出的,从中可以看到立柱、桩基础的分布情况及立柱、桩基础与系梁的关系;4 号桥台处是假想揭去桥梁上部结构后得到的,从中可以看到桥台盖梁、支座、耳墙、桥台立柱、桩柱的布置情况。

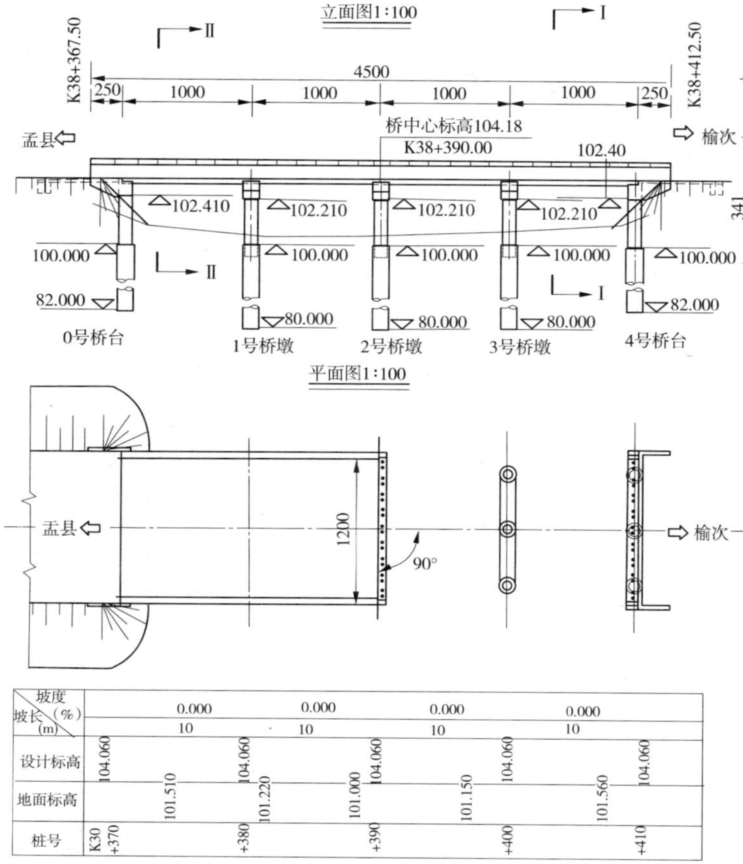

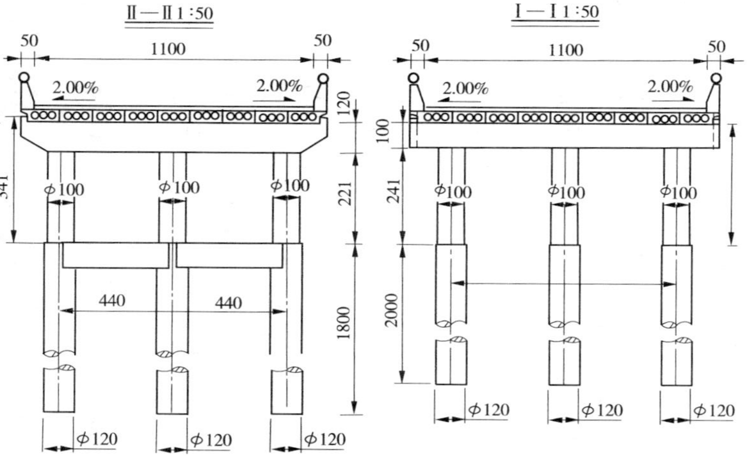

附注：

1.本图尺寸除桩号及标高以米计外，其余以厘米计。

2.设计标准：

设计荷载：公路Ⅰ级；

桥面净宽：净11.00。

3.本桥为4孔10 m中桥，结构型式：上部为钢筋混凝土空心板，下部为柱式墩台，钻孔灌注桩基础。

图 5-24 桥梁总体布置图

图 5-24 中侧面图用 Ⅰ—Ⅰ和Ⅱ—Ⅱ两个断面图来表达。为了更清楚地表达断面形状，该图采用 1∶50 的比例。Ⅰ—Ⅰ断面是在右边跨处剖开得到的，主要表达该处桥梁的桥跨结构横断面布置情况和桥台（包括盖梁、立柱及桩柱）侧面方向的形状与尺寸；Ⅱ—Ⅱ断面是从左边跨处剖开得到的，主要表达该处桥跨结构横断面布置情况和离剖切平面较近的桥墩（包括盖梁、立柱及桩柱）侧面方向的形状与尺寸。从图 5-24 侧面图中可看出，桥面的净宽为 11 m，总宽为 12 m，由 9 块钢筋混凝土空心板拼接而成，桥面的横向坡度为 2.00%。

如图 5-24 所示，在平面图下面与平面图对齐画出路基设计表，路基设计表中列出了桥台、桥墩的桩号及各桩号处的设计高程、各测点的地面高程及各跨的纵坡。从该设计表中可知该桥梁未设纵坡。

5.3.4 桥梁构件图

桥梁由上部结构（桥跨结构）、下部结构（墩台结构）及附属结构等组成。桥梁的上部结构包括主梁和桥面系，空心板及桥面铺装为桥梁的上部结构，桥跨结构是桥梁中的主要受力构件。桥梁的下部结构包括桥墩、桥台和基础。桥跨结构通过支座支撑在桥墩、桥台上。桥跨结构上部的栏杆、防撞墙是桥梁的附属结构。如图 5-25 所示为桥梁主要构件立体示意图。

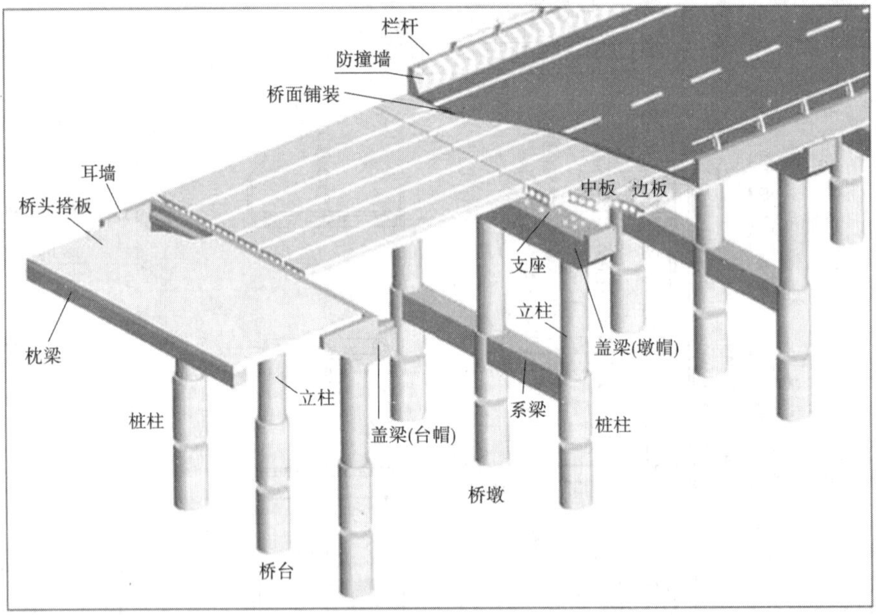

图 5-25 桥梁主要构件立体示意图

5.3.4.1 桥梁构件结构图的内容与特点

桥梁构件大部分是钢筋混凝土构件，钢筋混凝土构件图主要表明构件的外部形状及内部钢筋布置情况，所以桥梁构件图包括构件构造图（模板图）和钢筋结构图两种。

（1）构件构造图只画构件形状、不画内部钢筋。当构件外形简单时可省略构造图。

（2）钢筋结构图主要表示钢筋布置情况，通常称为构件钢筋构造图。钢筋结构图一般应包括表示钢筋布置情况的投影图（立面图、平面图、断面图）、钢筋详图（钢筋成型图）、钢筋数量表等内容。如图 5-26 所示为钢筋混凝土板的钢筋结构图，图 5-27 为钢筋混凝土板的立体示意图。

(3)为突出构件中钢筋配置情况，把混凝土假设为透明体，结构外形轮廓画成细实线。

(4)钢筋纵向画成粗实线，钢筋断面用黑圆点表示。

(5)钢筋直径的尺寸单位采用 mm，其余尺寸单位均采用 cm，图中无须注出单位。

5.3.4.2 识读构件钢筋构造图

识读钢筋混凝土构件钢筋构造图，首先要概括了解它采用了哪些基本的表达方法，各剖面图、断面图的剖切位置和投影方向，其次要根据各投影中给出的细实线的轮廓线确定混凝土构件的外部形状。再分析钢筋详图及钢筋数量表确定钢筋的种类及各种钢筋的直径、等级、数量。根据钢筋的直径和等级、形状等可以大致确定它是主筋、架立钢筋还是箍筋(主筋的直径较大、钢筋等级高，架立钢筋与主筋的分布方向一致，而箍筋的分布方向与主筋的分布方向垂直)。如图 5-26 所示的 1 号钢筋为主筋，2 号钢筋为架立钢筋，3 号和 4 号钢筋共同组成箍筋。。一般可以在断面图中分析主筋和架立钢筋在构件断面中的分布情况，分析箍筋的组成及形状。而在立面图、平面图中分析主筋和架立钢筋的形状，分析箍筋沿构件长度方向的分布情况。各种钢筋的详细尺寸与形状要仔细阅读钢筋详图。读图时注意几个图联系起来读，并仔细阅读图中的工程数量表及相关注释。

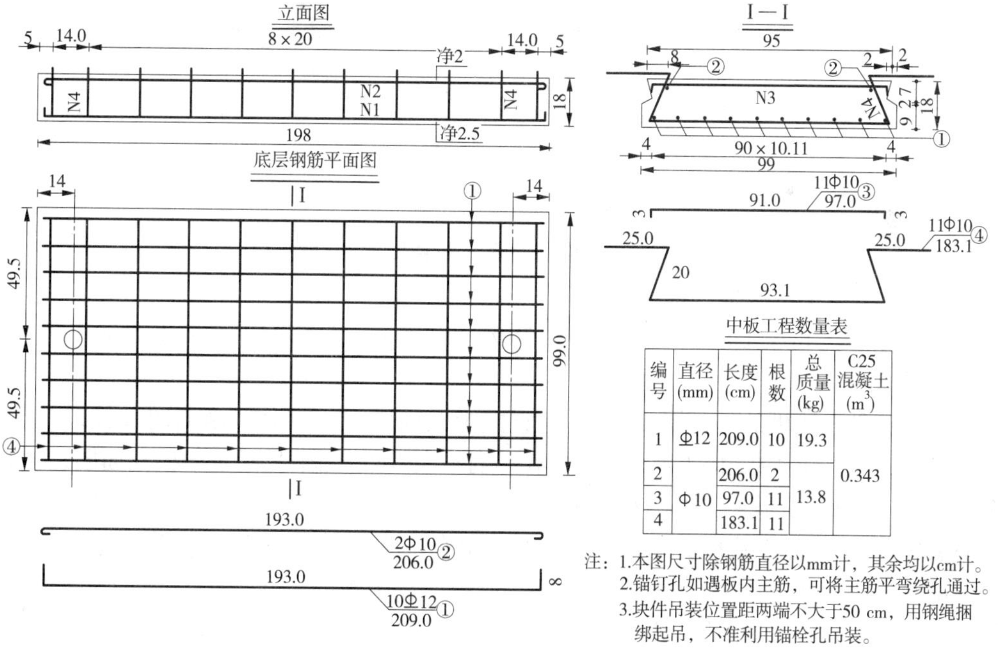

编号	直径(mm)	长度(cm)	根数	总质量(kg)	C25混凝土(m^3)
1	Φ12	209.0	10	19.3	0.343
2	Φ10	206.0	2	13.8	
3		97.0	11		
4		183.1	11		

注：1.本图尺寸除钢筋直径以mm计，其余均以cm计。
2.锚钉孔如遇板内主筋，可将主筋平弯绕孔通过。
3.块件吊装位置距两端不大于50 cm，用钢绳捆绑起吊，不准利用锚栓孔吊装。

图 5-26 钢筋混凝土板的钢筋结构图

5.3.5 桥跨结构图

桥跨结构包括主梁和桥面系。常见的钢筋混凝土主梁有钢筋混凝土空心板梁、钢筋混凝土 T 形梁及钢筋混凝土箱梁等，如图 5-28 所示。

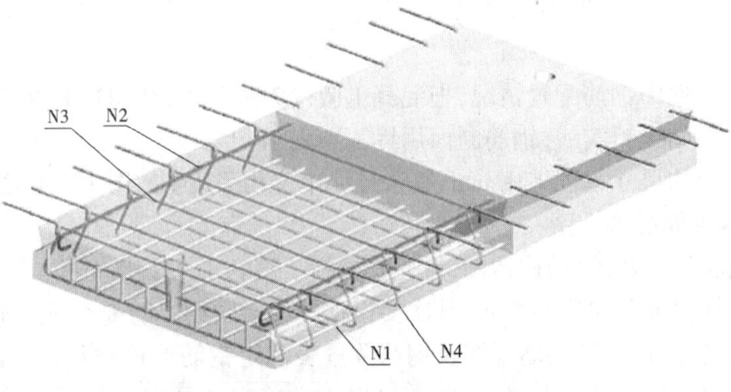

图 5-27　钢筋混凝土板的立体示意图

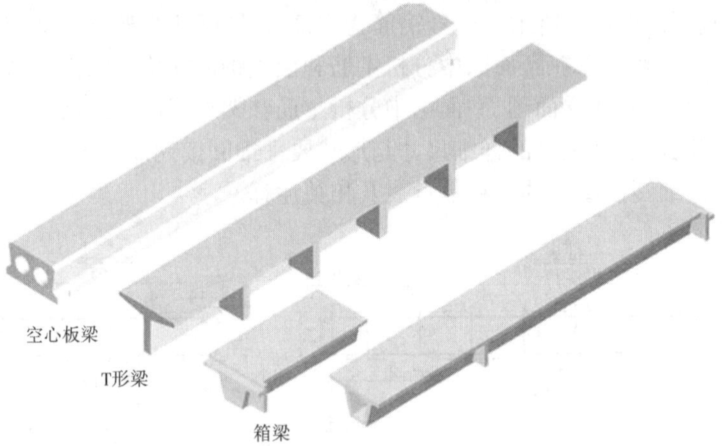

图 5-28　常见钢筋混凝土主梁立体示意图

5.3.5.1　钢筋混凝土空心板一般构造图

图 5-29 所示为桥梁上的钢筋混凝土空心板中板和边板的一般构造图,图 5-30 为其空心板立体示意图。

构造图主要表达板的外部形状与尺寸,它由半立面图、半平面图、断面图及铰缝钢筋施工大样图组成。由于边板和中板的立面形状区别不大,所以图中只画了中板立面图;又由于板纵向对称,图中采用了半立面图和半平面图。

由图 5-29 可看出该板跨度为 1000 cm,两端留有接头缝,板的实际长度为 996 cm。中板的理论宽度为 125 cm,板的横向也留有 1 cm 的缝,所以中板的实际宽度为 124 cm。边板的实际宽度为 162 cm。断面图中省略了材料图例。

5.3.5.2　钢筋混凝土空心板钢筋结构图

如图 5-31 所示为钢筋混凝土中板钢筋结构图。

在结构图中用细实线及虚线表示其外形轮廓线。该图由立面图、平面图、横断面图、钢筋详图及工程数量表组成。由于空心板比较长,立面图、平面图都采用了折断画法。平面图由 1/2 Ⅰ—Ⅰ断面和 1/2 Ⅱ—Ⅱ断面拼接而成,分别表达板的下部与上部钢筋分布情况。Ⅰ—Ⅰ断面图和Ⅱ—Ⅱ断面图分别采用了折断画法。横断面图表达出空心板的三个圆孔位置、钢筋的断面分布情况及主要钢筋的定位尺寸。

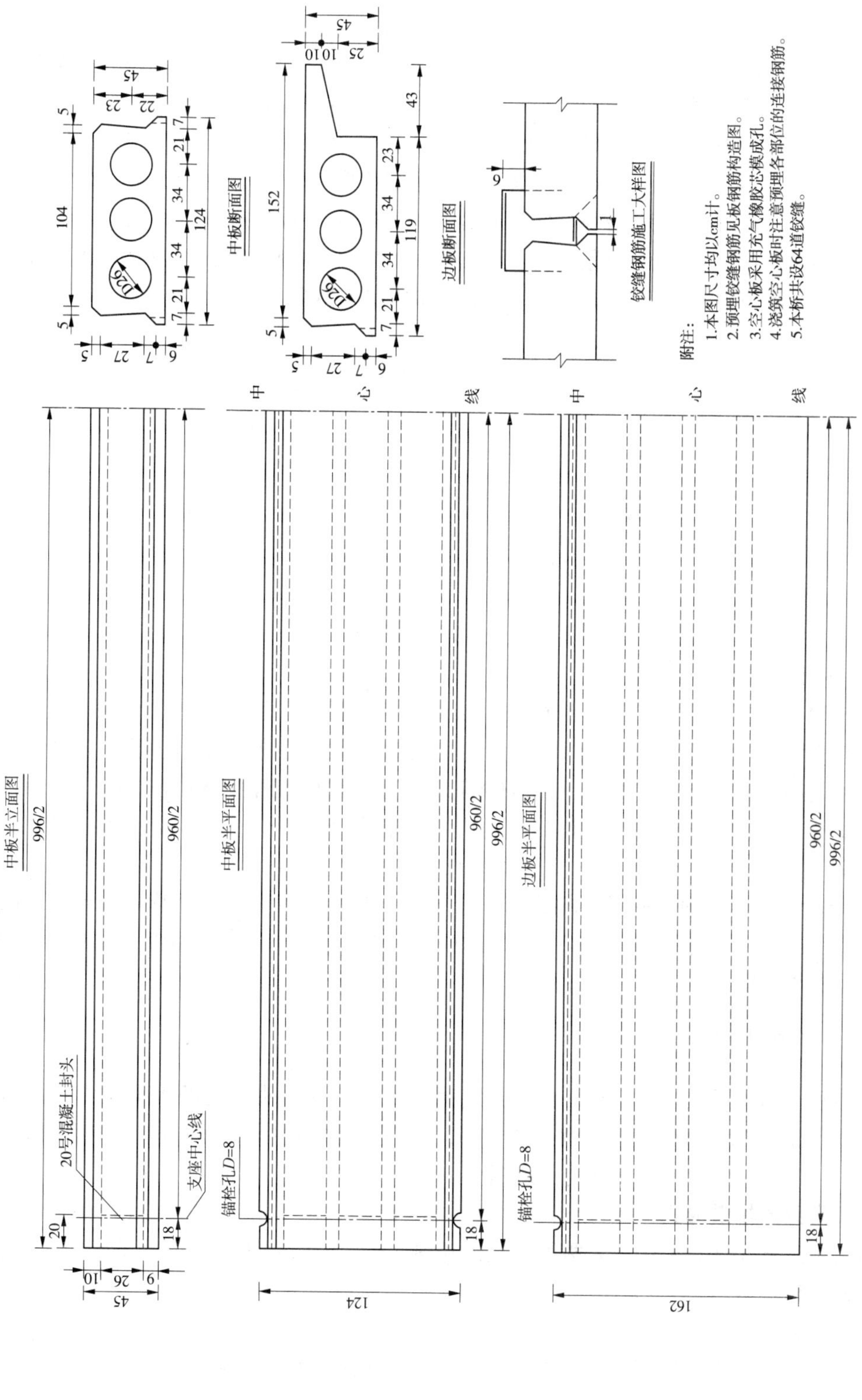
中板断面图
边板断面图
铰缝钢筋施工大样图
中板半立面图
中板半平面图
边板半平面图
中心线
20号混凝土封头
支座中心线
锚栓孔D=8
D26
996/2
960/2
附注：
1.本图尺寸均以cm计。
2.预埋铰缝钢筋见板钢筋构造图。
3.空心板采用充气橡胶芯模成孔。
4.浇筑空心板时注意预埋各部位的连接钢筋。
5.本桥共设64道铰缝。

图 5-29　空心板构造图

图 5-30 中共有 8 种钢筋。其中,1 号钢筋为受拉钢筋,共 20 根,分布在板梁的底部,从断面图上可以看出其定位尺寸,尺寸 19×6.1 表示 19 个中心间距,每个间距为 6.1 cm;2 号钢筋为吊装钢筋,分布在梁的两端,共 4 根;3 号钢筋为架立钢筋,共 14 根;6 号钢筋每 40 cm 设一道,其下端钩在 8 号钢筋上并与之绑扎,全梁共 78 根;7、8 号钢筋一起组成箍筋,在立面图中重叠在一起,其分布情况与定位尺寸可在立面图与平面图中看出,在板梁端部第一与第二道箍筋的间距为 5 cm,其余在 10×10 cm 范围内每隔 10 cm 分布一道,在板梁中部 39×20 cm 的范围内每隔 20 cm 分布一道,全梁 7、8 号钢筋形成(1+10+39+10+1) 61 个间距,即 7、8 号钢筋各 62 根;4、5 号钢筋为横向连接钢筋(预埋铰缝钢筋),分布间隔均为 40 cm,各 52 根;4 号钢筋伸出部分预制时紧贴侧模,安装时扳出,5 号钢筋伸出部分在浇筑铰缝时扳平。除 1、2 号钢筋为 HRB 335 钢筋外,其余钢筋均为 HPB 235 钢筋。

图 5-30　空心板立体示意图

5.3.5.3　桥面铺装钢筋结构图

图 5-32 是一孔桥面铺装钢筋结构图。该图由立面图和平面图组成,立面图是沿垂直于桥梁中心线剖切得到的 Ⅰ—Ⅰ 断面图。由图可见桥面铺装层铺设在空心板之上,桥面铺装层由两种钢筋组成,由横向钢筋 1 和纵向钢筋 2 组成钢筋网,现浇 C30 混凝土 8 cm,面层为沥青混凝土 7 cm。1 号钢筋、2 号钢筋都是均匀分布的,其间距均为 10 cm,均为 HPB 235 钢筋。1 号钢筋长 1195 cm,共 99 根,2 号钢筋长 992.0 cm,共 119 根。由于面积较大所以采用了折断画法,立体示意图也采用了折断画法。图中,2×162 cm+7×124 cm+8×1 cm＝1200 cm 表示 2 块宽 162 cm 的边板和 7 块宽 124 cm 的中板及 8 个宽 1 cm 的伸缩缝共 1200 cm,即整个桥面宽为 1200 cm。

5.3.6　墩台结构图

桥台位于桥梁的两端,一方面支承主梁,另一方面承受桥头路堤的水平推力,并通过基础把荷载传给地基。而桥墩位于桥梁的中部,支撑它两侧的主梁,并通过基础把荷载传给地基,如图 5-33 所示为桥梁下部结构示意图。

5.3.6.1　常见的桥墩形式

桥墩的形式很多,图 5-34 为两种常见的桥墩形式:重力式桥墩[见图 5-34(a)]、桩柱式桥墩[见图 5-34(b)]。

5.3.6.2　常见的桥台形式

桥台的形式很多,图 5-35 为三种常见的桥台形式:重力式 U 形桥台,又称实体式桥台[见图 5-35(a)]、肋板式桥台[见图 5-35(b)]、柱式桥台[见图 5-35(c)]。

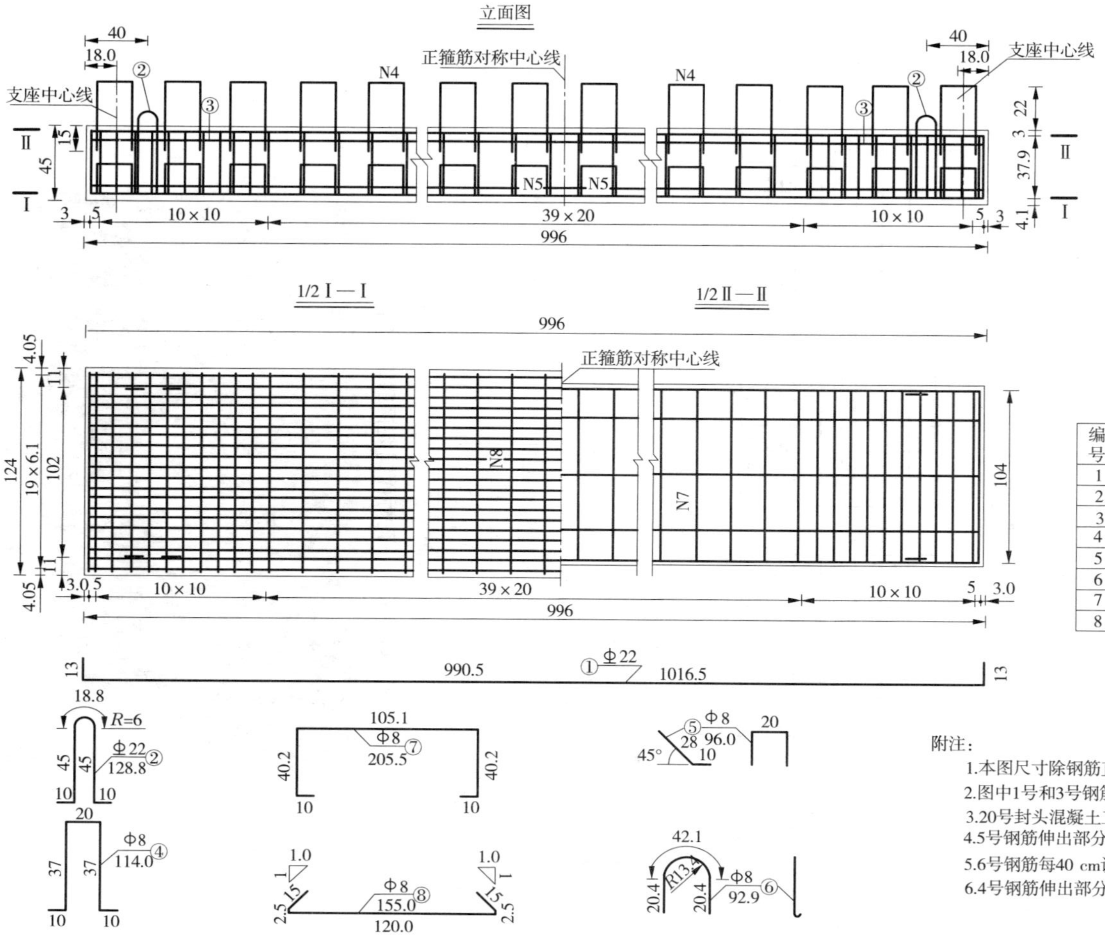

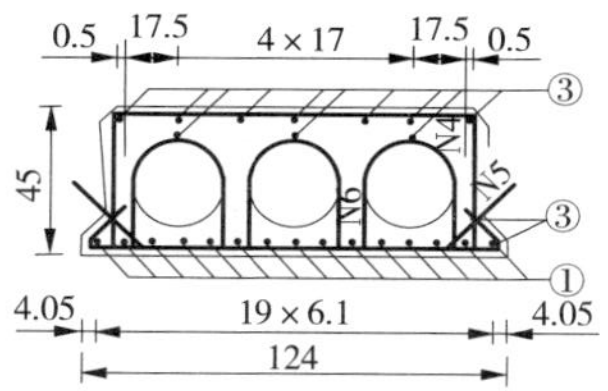

中板跨中断面

一块中板工程数量表

编号	直径 (mm)	长度 (cm)	根数	总质量 (kg)	C30混凝土 (m^3)
1	Φ22	1016.5	20	606.6	3.53
2	Φ22	128.8	4	15.4	
3	Φ8	992.0	14	143.8	
4		114.0	52		
5		96.0	52		
6		92.9	78		
7	Φ10	205.0	62	137.9	
8		155.0	62		

附注：

1.本图尺寸除钢筋直径以mm计外，其余均以cm计。
2.图中1号和3号钢筋为直线筋。
3.20号封头混凝土工程量每块板0.064 m^3。
4.5号钢筋伸出部分预制时紧贴侧模，安装时扳出。
5.6号钢筋每40 cm设一道，其下端均在8号钢筋上并与之绑扎。
6.4号钢筋伸出部分安装时扳平。

图 5-31　钢筋混凝土中板钢筋结构图

I—I

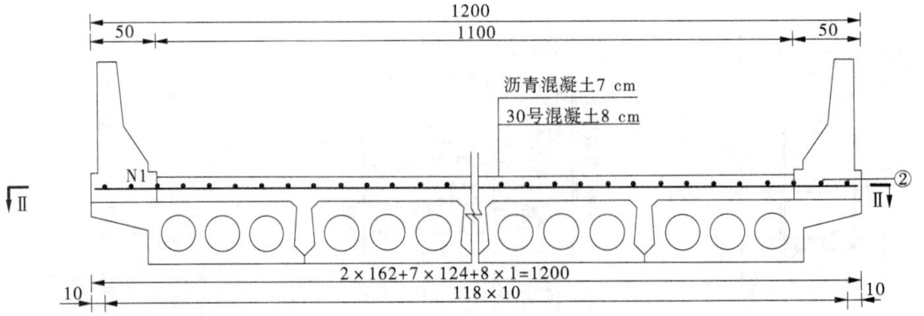

II—II

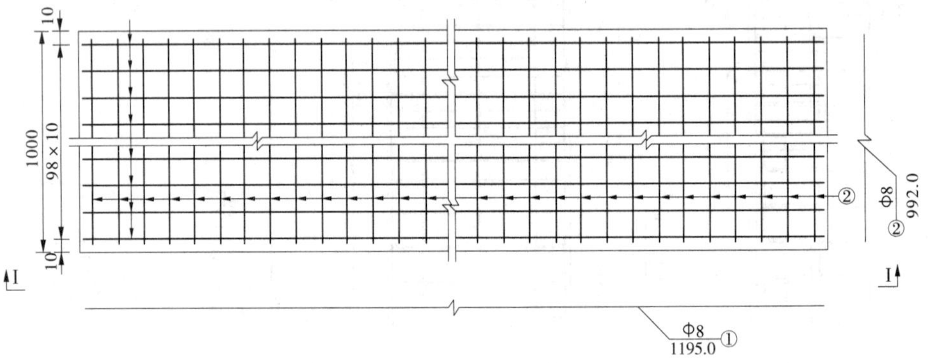

一孔桥面铺装工程量

跨径 (m)	编号	直径 (mm)	长度 (cm)	根数	总质量 (kg)	30号防水混凝土 (m^3)	沥青混凝土 (m^3)
10	1	10	1195.0	99	1458.3	12.8	7.7
	2		992.0	119			

附注：

1. 本图尺寸除钢筋直径以mm计外，其余均以cm计。
2. 铰缝工程量已计入。
3. 一孔为8条铰缝。

图 5-32 一孔桥面铺装钢筋结构图

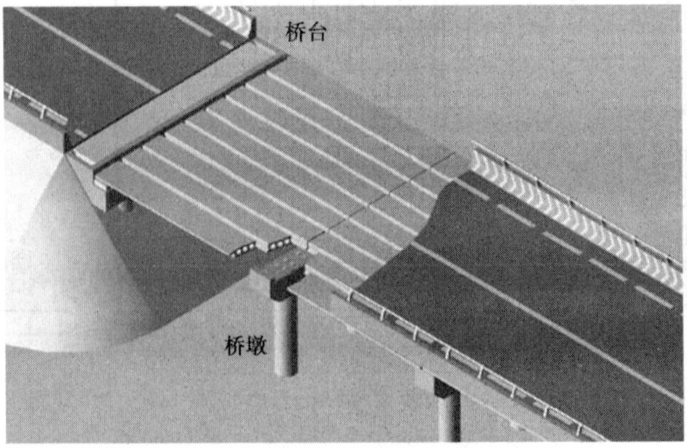

图 5-33 桥梁下部结构示意图

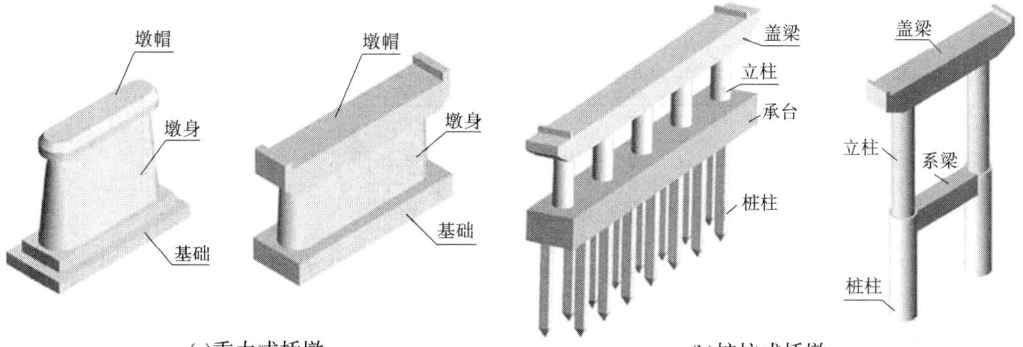

(a)重力式桥墩 (b)桩柱式桥墩

图 5-34 常见的桥墩形式

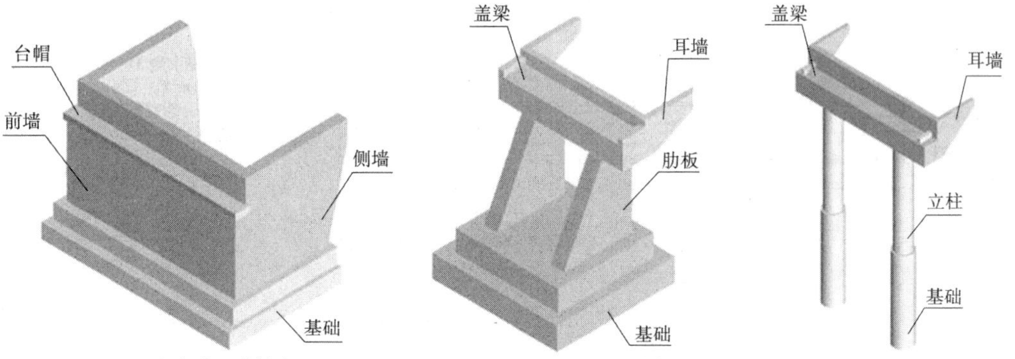

(a)重力式U形桥台 (b)肋板式桥台 (c)柱式桥台

图 5-35 常见的桥台形式

5.3.6.3 桥墩工程图识读

桥墩工程图由一般构造图和钢筋结构图两部分组成。下面我们主要介绍桥墩一般构造图,钢筋结构图相关知识不再赘述。

图 5-36 是图 5-23 所示桥梁的钢筋混凝土桩柱式桥墩的一般构造图,由立面图、平面图和侧面图构成。该桥墩从上到下由盖梁、立柱、系梁、桩柱等几部分组成。图 5-37 为该桥墩的立体示意图。

读图时应该三个投影对照起来,一部分一部分地分析,每一部分重点分析反映形状特征的投影。盖梁的正面投影反映其特征,盖梁大部分尺寸都在该投影上,全长 1185 cm,高度为 120 cm,宽度为 120 cm,盖梁两端有 30 cm×25 cm 的防振挡块,以防止空心板的移动。从侧面图上可见盖梁上支座中心线距桥墩中心线 20 cm。三根直径 100 cm,高为 221 cm (341~120 cm),中心距为 440 cm 的立柱支撑盖梁,立柱的立面图和侧面图都采用了折断的画法。立柱下是直径为 120 cm 的三根钢筋混凝土灌注桩,其长度为 2000 cm,为节省图纸空间及图面美观,混凝土灌注桩的立面图和侧面图也都采用了折断的画法。在三根混凝土灌注桩之间浇筑着截面为 100 cm×100 cm 横系梁与桩柱相贯,用以加强桩柱的整体性。另外,立面图上还标注出了各桩基础底面、基础顶面、立柱顶面等各部分的标高。

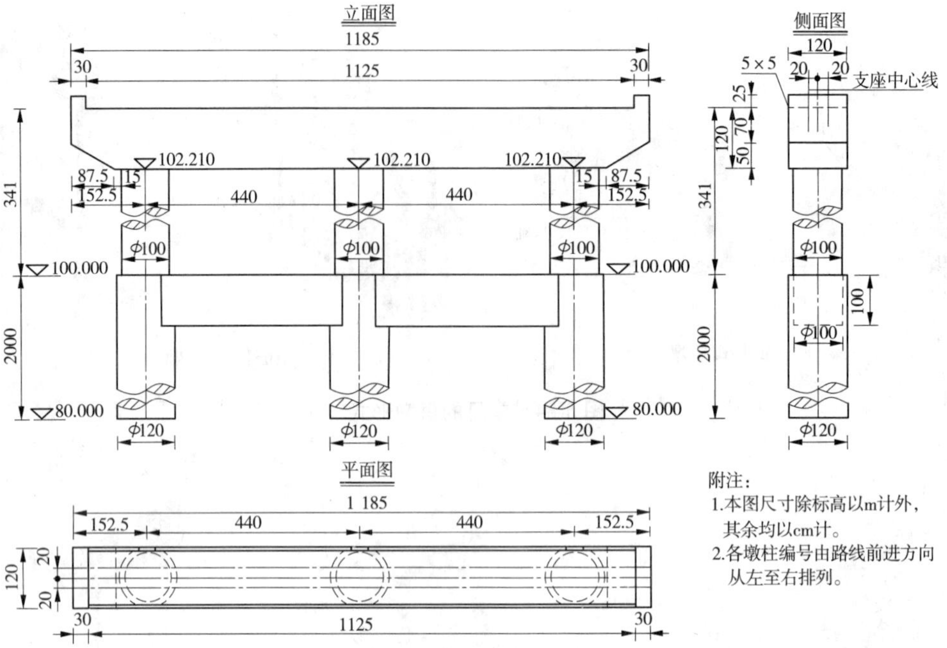

图 5-36　桩柱式桥墩的一般构造图

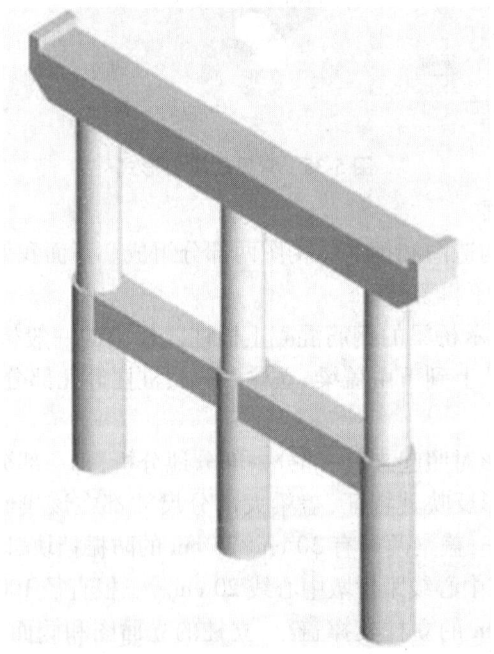

图 5-37　桩柱式桥墩的立体示意图

5.3.6.4　桥台图识读

如图 5-38 所示，是图 5-23 所示桥梁的桥台（柱式桥台）的一般构造图，图 5-39 是其立体示意图。它由立面图、平面图和侧面图表示。该桥台由盖梁、耳墙、防震挡块、背墙、牛腿、立柱及桩柱组成。

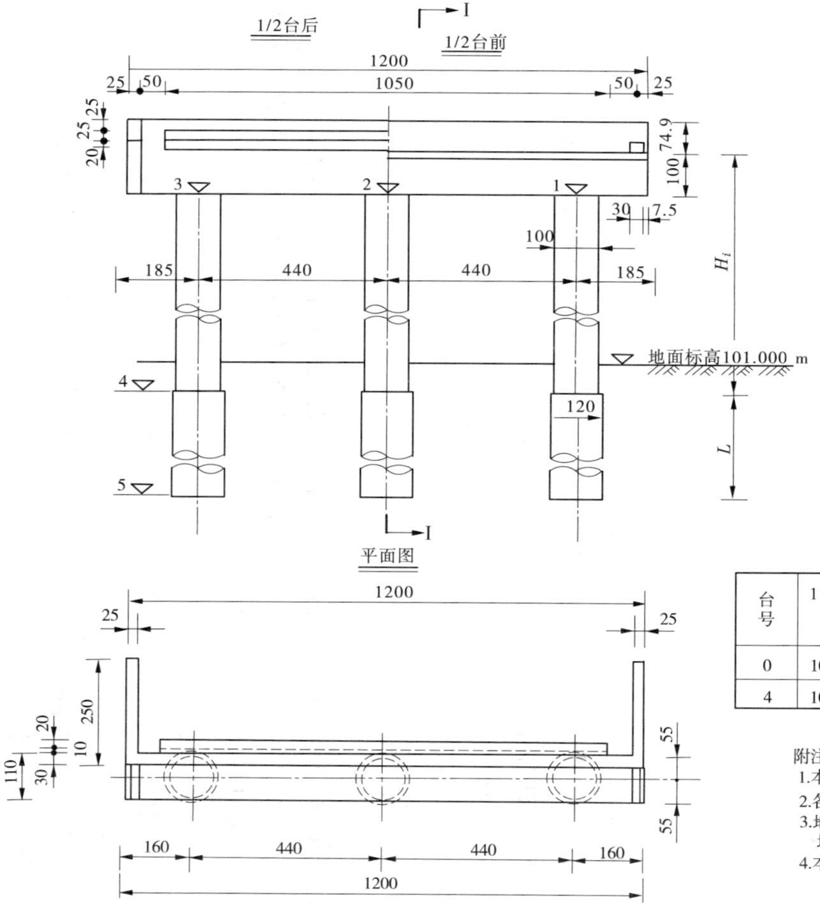

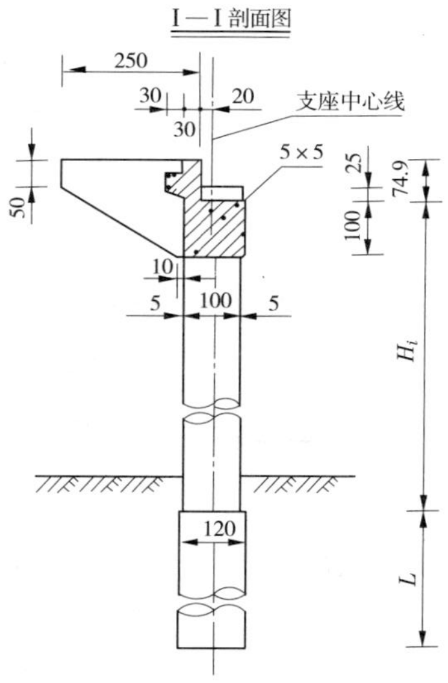

尺寸表

台号	1▽ (m)	2▽ (m)	3▽ (m)	H_i (cm)			4▽ (m)	5▽ (m)	L (cm)
				1	2	3			
0	102.410	102.410	102.410	341	341	341	100.000	82.000	1800
4	102.410	102.410	102.410	341	341	341	100.000	82.000	1800

附注:

1.本图尺寸除标高以m计外，其余均以cm计。

2.各台柱编号由路线前进方向从左至右排列。

3.地面标高101 m为假定标高，施工时按照实际地面标高来推算各点标高及台身高度。

4.本图未示搭板。

图 5-38　桥梁的桥台(柱式桥台)的一般构造图

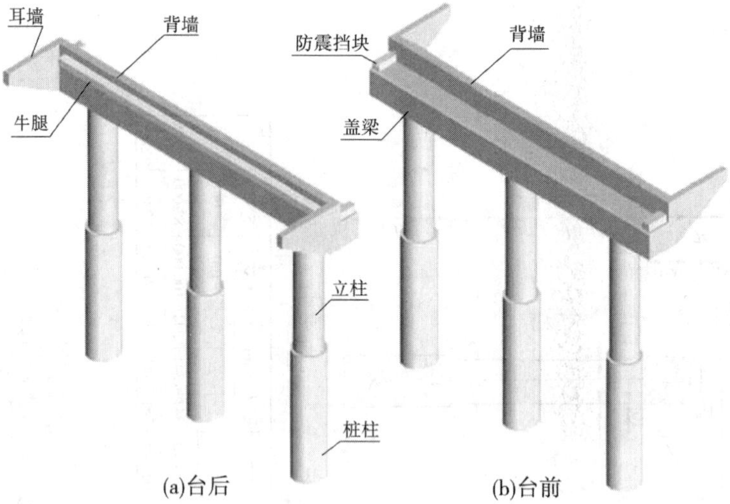

图 5-39　桥台立体示意图

5.4　涵洞工程

5.4.1　涵洞工程结构

5.4.1.1　涵洞与桥梁

涵洞是用于宣泄路堤下水流的工程构筑物,是狭而长的构筑物,它从路面下方横穿过道路,埋置于路基土层中。图 5-40(a)为某段道路上正在施工的盖板涵洞,图 5-40(b)为石拱涵洞。涵洞与桥梁的作用基本相同,主要区别在于跨径的大小和填土的高度。根据《公路工程技术标准》(JTG B01—2014)的规定,凡是单孔跨径小于 5 m,多孔跨径总长小于 8 m,以及圆管涵、箱涵,不论其管径或跨径大小、孔数多少均称为涵洞,涵洞顶上一般都有较厚的填土(洞顶填土大于 50 cm)。

5.4.1.2　涵洞的分类

(1)涵洞按建筑材料分类有钢筋混凝土涵、混凝土涵、砖涵、石涵、木涵、金属涵等。

(2)涵洞按构造形式分类有圆涵、拱涵、框架涵、盖板箱涵等,工程上多用此类分法。如图 5-41 所示为各种构造的涵洞示意图。

(3)涵洞按孔数分有单孔、双孔、多孔等。

(4)涵洞按洞顶有无覆盖土分类有明涵和暗涵(洞顶填土大于 50 cm)等。

5.4.1.3　涵洞的组成

涵洞是由洞口、洞身和基础三部分组成的排水构筑物。如图 5-42 所示为钢筋混凝土圆管涵立体分解图,从图中可以了解涵洞各部分的名称、位置和构造。

5.4.2　涵洞工程图的图示方法

5.4.2.1　涵洞工程图的图示内容

涵洞从路面下方穿过道路,埋置于路基土层中,尽管涵洞的种类很多,但图示方法基本

图 5-40 工程中的涵洞

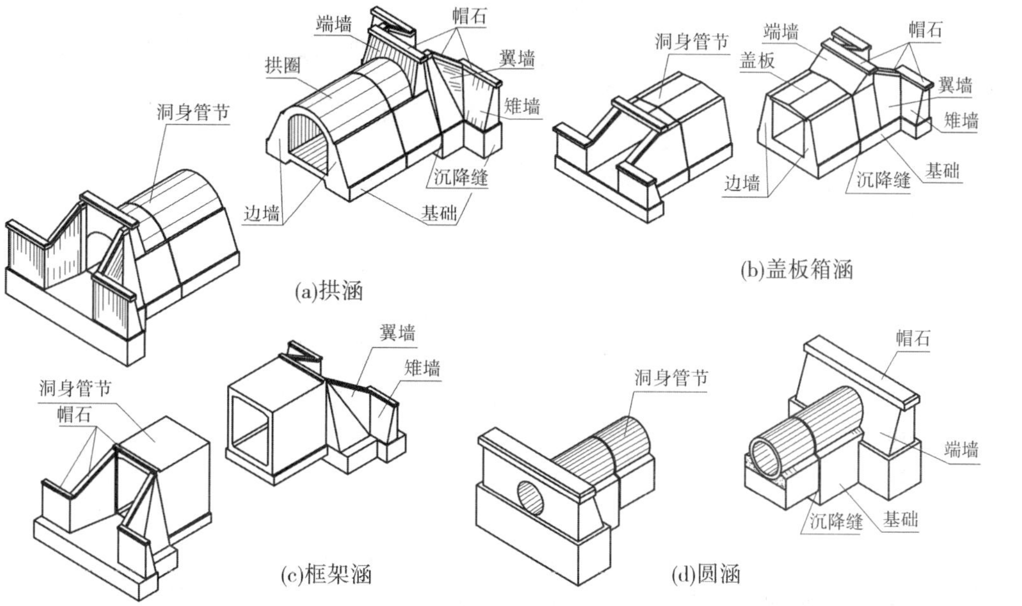

图 5-41 各种构造的涵洞示意图

相同。

涵洞工程图主要由立面图(纵剖面图)、平面图、侧面图和必要的构造详图(如涵身断面图、构件钢筋结构图、翼墙断面图)、工程数量表、附注等组成,各种图形表达涵洞的结构形状及尺寸,工程数量表给出全涵各构件的材料及数量,附注说明一些图中无法表达的内容,如尺寸单位、施工方法和注意事项等。

如图 5-43 所示为图 5-42 所示钢筋混凝土圆管涵洞的工程图。

5.4.2.2 涵洞工程图的图示特点

(1)在图示表达时,涵洞工程图以水流方向为纵向(与路线前进方向垂直布置),并以纵剖面图代替立面图,剖切平面通过涵洞轴线。

(2)平面图一般不考虑涵洞上方的覆土,或假想土层是透明的。平面图上有时不画出洞身基础的投影,而在立面图和断面图中表达。

(3)洞口正面布置图按侧面投影位置作为侧面图,当进、出水洞口形状不一样时,则需

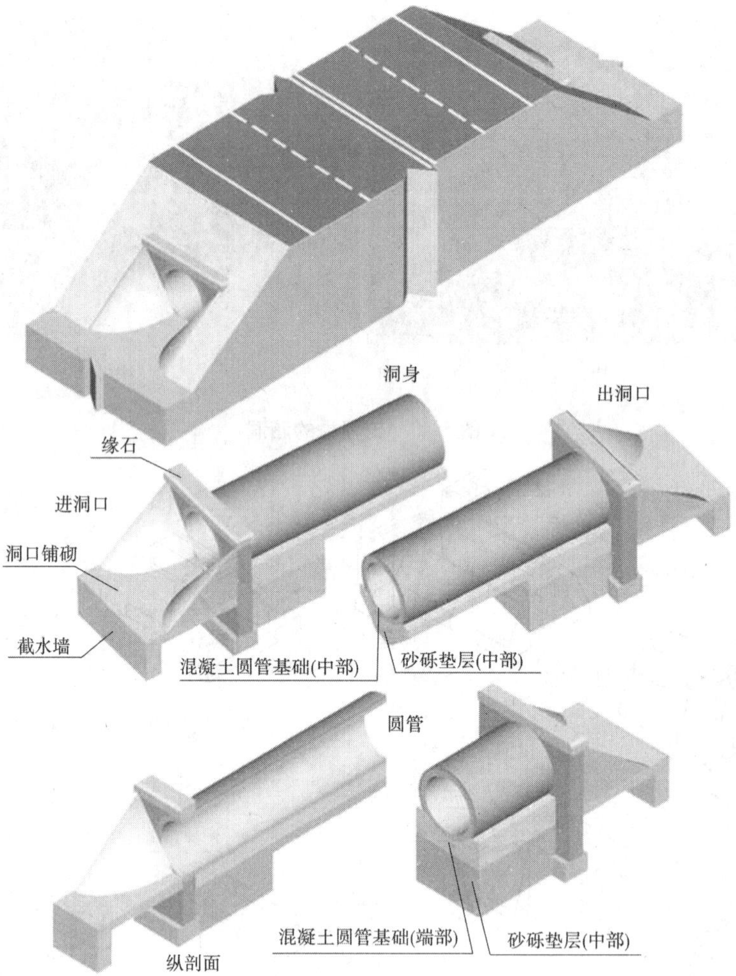

图 5-42　钢筋混凝土圆管涵立体分解图

分别画出其进、出水洞口布置图。如图 5-43 所示,侧面投影是洞口正面图。

(4)洞身断面图、钢筋布置图、翼墙断面图等也可能在另一张图中表达。涵洞体积较桥梁小,故画图所选用的比例较桥梁图稍大。

5.4.3　涵洞工程图识读

5.4.3.1　识读涵洞工程图的方法

阅读涵洞工程图的基本方法是:先概括了解,后深入细读;先整体、后局部,再综合起来想象整体。

1.概括了解

从标题栏、角标及图样上的注释中了解名称、尺寸单位、涵洞所处的位置(里程桩号)及有关要求;了解涵洞采用了哪些基本的表达方法,采用了哪些特殊的表达方法,各剖面图、断面图的剖切位置和投影方向,各投影图的主要作用。

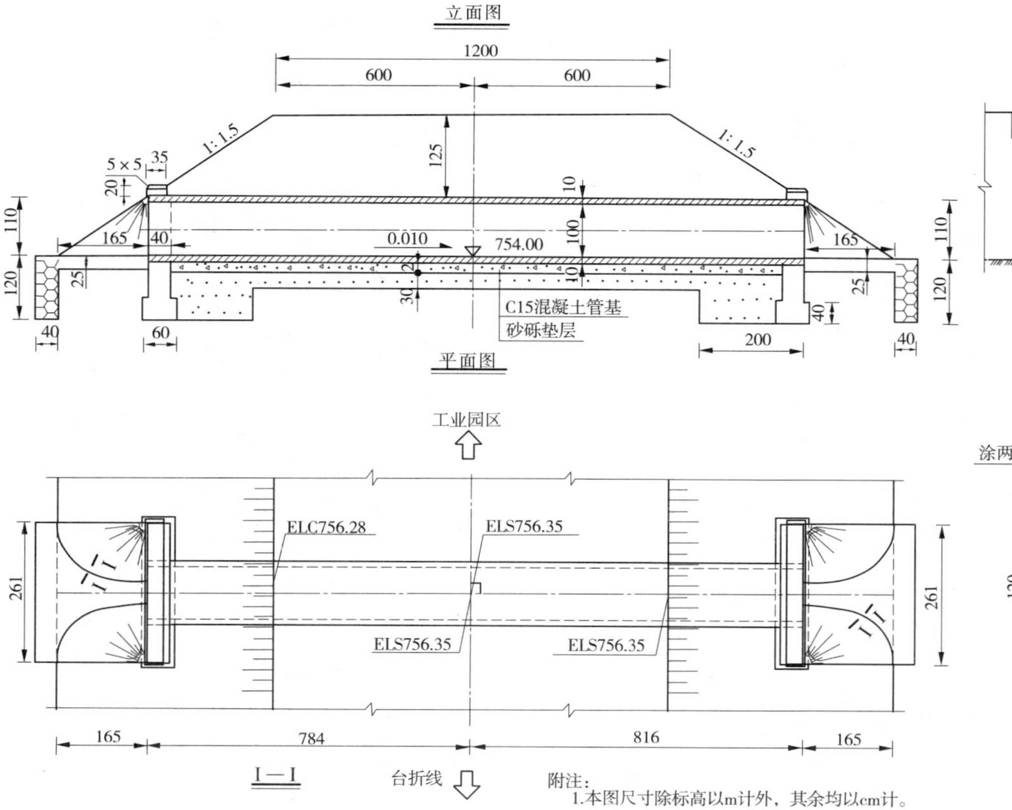

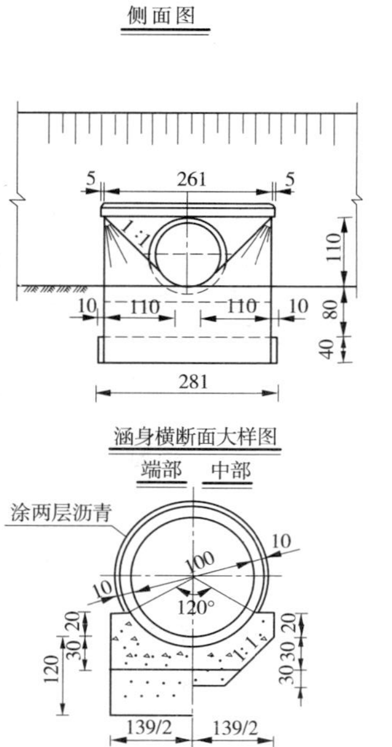

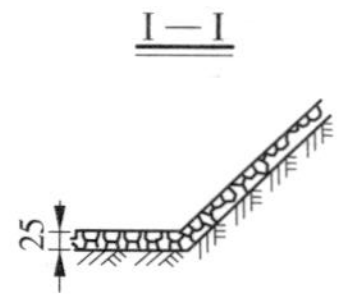

附注：
1.本图尺寸除标高以m计外，其余均以cm计。
2.涵洞全长范围内设沉降缝3~4道，其位置以设在路基中部和行车道外侧为宜。
3.管基混凝土可分两次浇筑，先浇筑底下部分，注意预留管基厚度及安放管节坐浆混凝土2~3 cm，待安放管节后再浇筑管底以上部分。
4.ELS表示道路中心线设计标高，ELC表示路基边缘设计标高。

工程数量表

工程项目名称	单位	数量
C15混凝土端墙墙身	m^3	3.07
C10混凝土端墙基础	m^3	1.35
C15混凝土管基	m^3	6.12
C15混凝土墙帽	m^3	0.38
砂砾垫层	m^3	5.77
7.5号浆砌片石洞口铺砌	m^3	0.73
7.5号浆砌片石隔水墙	m^3	2.51
5号浆砌片石锥坡	m^3	1.37
锥心填土	m^3	0.72
2m管节个数	个	8

图 5-43 钢筋混凝土圆管涵洞的工程图

2.形体分析

根据涵洞各组成部分的构造特点,可先把它沿长度方向分成几段或沿宽度方向分为几部分,然后对每一部分进行分析。

3.综合起来想整体

在分析的基础上,对照涵洞的各投影图、剖面图、断面图、局部放大图等全面综合,明确各组成部分之间的关系,考虑涵洞图的特点,想象出整体。在读图过程中要结合材料表和注释认真阅读。下面以常用的盖板涵为例介绍涵洞一般构造图的识读。

5.4.3.2 识读钢筋混凝土盖板涵一般构造图

钢筋混凝土盖板涵工程图主要有盖板涵一般构造图、构件一般构造图、构件钢筋结构图等。

如图 5-44 所示为钢筋混凝土盖板涵一般构造图。用立面图(纵向剖面图)、平面图和侧面图(洞口正立面图)、八字翼墙大样图、Ⅰ—Ⅰ断面图等来表示。立面图采用了剖面图,由于涵洞较长,采用了折断的画法。由立面图可知洞顶无填土,为明涵。平面图表示出涵洞的洞身、洞口的平面形状及有关尺寸。侧面图反映出洞口的立面形状及有关尺寸。八字翼墙大样图主要表明八字翼墙的形状及各部分的尺寸。为表示洞身、基础的形状、详细尺寸及材料,在洞身的Ⅰ—Ⅰ位置进行了剖切,画出Ⅰ—Ⅰ断面图。由Ⅰ—Ⅰ断面图可看出盖板、台帽、涵台、涵台基础的形状与材料。

由立面图和平面图可将该钢筋混凝土盖板涵沿长度分为进洞口、出洞口及洞身三大部分,其中进、出洞口的结构完全相同,只需分析其中之一,由立面图中坡度符号的方向可知,左侧为进洞口,右侧为出洞口。

综合立面图、平面图、侧面图及八字翼墙大样图,可以看出洞口的结构形状及尺寸。进、出洞口采用了八字翼墙式洞口,翼墙由 7.5 号浆砌片石筑成,八字翼墙内侧面为铅垂面,与涵洞轴线的夹角为 30°,顶面的纵向坡度为 1∶1.5,外侧面为坡度为 3.75 ∶ 1 的一般平面。墙下有 7.5 号浆砌片石筑成的翼墙基础,翼墙基础高度为 60 cm,长度方向与墙身平齐,宽度方向比墙身外侧宽 12.5 cm,内侧宽 11.5 cm。由侧面图中的虚线可知,墙身基础及部分墙身被埋置在土里,从大样图中可以看出墙身的埋置深度为(80-20)cm=60 cm。八字翼墙之间是梯形的洞口铺砌,其中下部是 10 cm 厚的砂砾垫层,上部是 30 cm 厚的 5 号浆砌片石铺砌。在八字墙和洞口铺砌端部是长方体的截水墙,材料为 5 号浆砌片石铺砌。图 5-45 所示为该钢筋混凝土盖板涵的立体图示意图,可以对照构造图和立体图详细阅读。

由立面图可以看出洞身部分长为 2550 cm(路基宽度为 2550 cm),由侧面图(洞口正立面图)可知涵洞净跨径为 140 cm,净高为 115 cm。平面图还表示出该涵洞处道路中心线的设计标高为 814.39 m,路基边缘设计标高为 814.14 m。综合立面图、平面图、侧面图及Ⅰ—Ⅰ断面图,可以看出前后两侧的涵台基础、涵台、台帽的形状及上下关系。

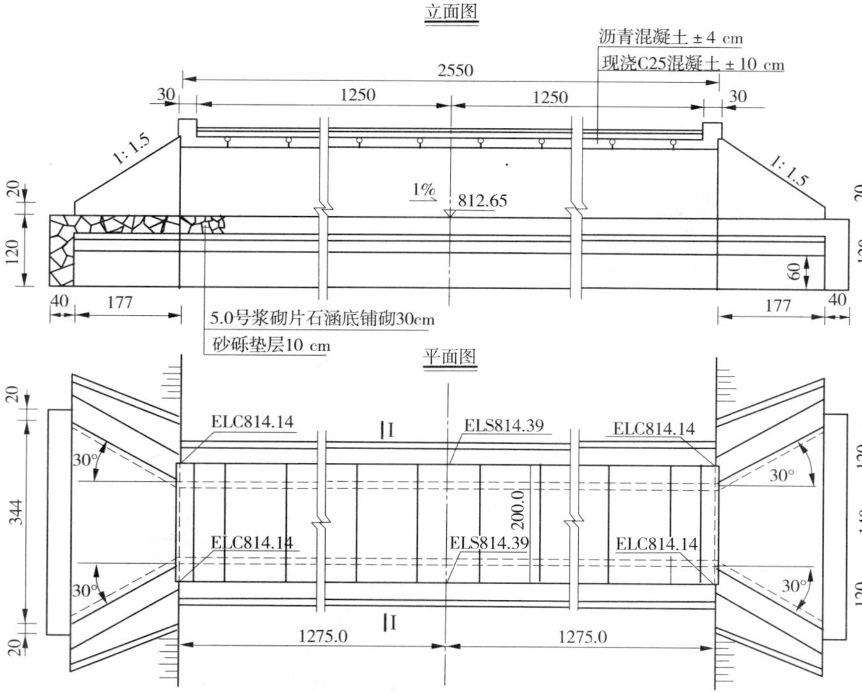

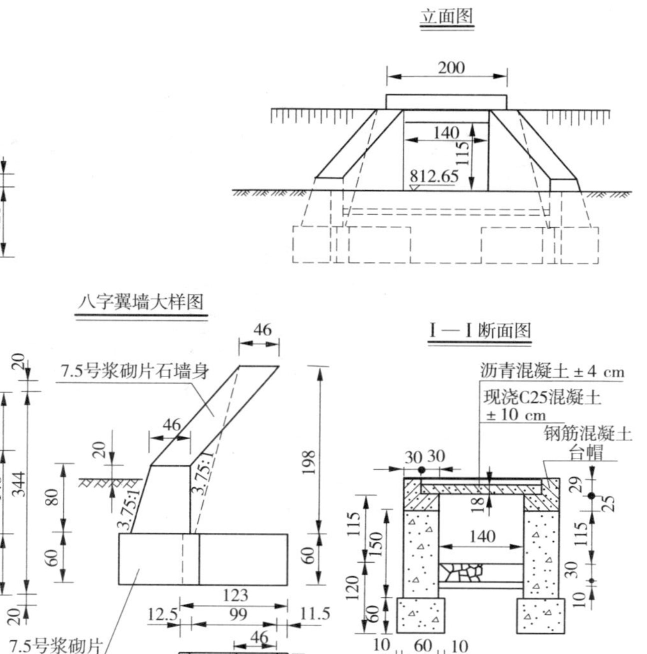

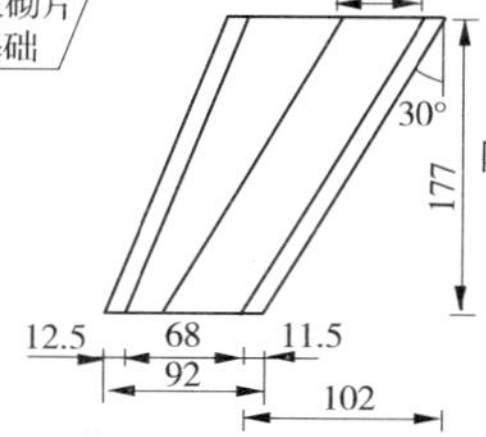

全涵工程数量表

(单位：m^3)

八字翼墙		5.0号浆砌片石洞口铺砌	5.0号浆砌片石涵隔水墙	5.0号浆砌片石涵底铺砌	砂砾垫层	C20混凝土涵台基础	C20混凝土台身
7.5号片石混凝土基础	7.5号浆砌片石墙身						
4.53	7.73	2.55	3.68	10.71	4.42	24.40	46.00

附注：1.本图除标高、桩号以m计外，其余均以cm计。
2.设计荷载：公路Ⅰ级。
3.要求基底土承载力不小于150 kPa。
4.ELS表示道路中心线设计标高，ELC表示路基边缘设计标高。

图 5-44　钢筋混凝土盖板涵一般构造图

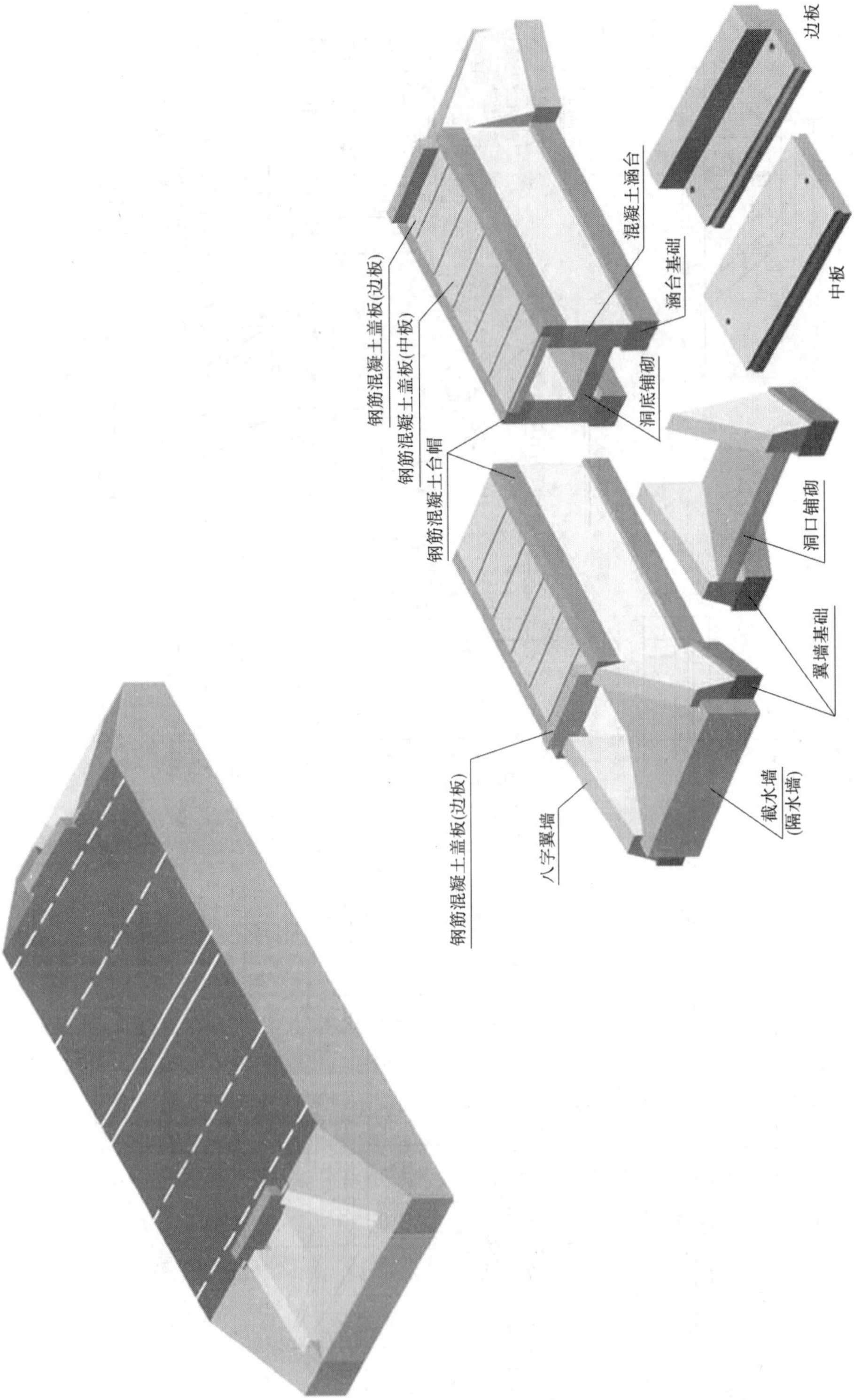

图 5-45 钢筋混凝土盖板涵立体示意图

第6章 地下工程

6.1 地下工程概述

地下工程是指地面以下土层或岩体中修建各种类型的地下建筑物或结构的工程。地下工程包括的类型很多,从不同的角度区分,可得到不同的分类方法。最合理的地下工程分类必须与其周围岩体应有的稳定性、安全程度联系起来,同时取决于地下工程的用途。

6.1.1 按照使用目的分类

(1)交通设施。指运送物资或人员的各种地下铁路、公路、管线等。交通功能是大多数城市开发利用地下空间的主要目的。

(2)功能设施。为改善城市功能的各项设施,包括埋在地下的各类管线、变电站、水厂、污水处理系统、地下垃圾处理系统、管沟等。

(3)公共设施。城市的发展需要开发地下空间,形成商业街、停车场、下沉式广场、地下过街人行道等。

(4)生产设施。地表与矿体之间进行运输、通风、排水和人行等而开掘的巷道。在城市人口密集区,将有噪声污染、振动污染的工业厂房、变电站等迁至地下,改善城市环境、提高市民生活质量。

(5)防灾、人防设施。地下空间对各种自然、人为灾害具有较强的综合防灾能力。

(6)军事设施。指各种永久的和野战的军事、屯兵和作战坑道、指挥所、通信枢纽、掩蔽所、军用油库、军用物资仓库、导弹发射井等。

6.1.2 按照材料分类

按周围环境的材料不同,分为岩石地层中的地下工程和土质地层中的地下工程两大类。岩石地层中地下工程包括人工洞室、改造利用的天然溶洞和废弃坑井,土质地层中的地下工程包括明挖法施工的浅埋式通道和洞室、在深层土体中用暗挖法施工的洞埋式通道和洞室。

6.1.3 按照工程规模分类

按工程规模大小,地下工程又可分为小型地下工程和大型地下工程,小型地下工程指一般性建筑物地下室;大型地下工程指空间开阔的大型地下车库、地铁车站、地下工业厂房等以及影响范围广、涉及面广的各种地下隧道。

下面我们就以隧道工程、地铁工程、采矿工程、管线工程为例来为大家阐述。

6.2 隧道工程

隧道是以某种用途,在地面下用任何方法按规定形状和尺寸修筑的断面积大于2 m^2 的洞室,是一种修建在地下、两端有出入口,供车辆、行人、水流及管线等通过的工程建筑物。

隧道构造由以下几部分组成:

(1)洞门——位于隧道出入口处,用来保护洞口土体和保持边坡稳定,排除仰坡流下的水。它由端墙、翼墙及端墙背部的排水系统组成。

(2)洞身——隧道结构的主体部分,是供通行的通道。

(3)衬砌——承受地层压力,维持岩体稳定,阻止坑道周围地层变形的永久性支撑物。它由拱圈、边墙、托梁和仰拱组成。拱圈位于坑道顶部,呈半圆形,为承受地层压力的主要部分。边墙位于坑道两侧,承受来自拱圈和坑道侧面的土体压力,边墙可分为垂直形和曲线形两种。托梁位于拱墙和边墙之间,为防止拱圈底部挖空时发生松动开裂,用来支承拱圈。仰拱位于坑底,形状与一般拱圈相似,但弯曲方向与拱圈相反,用来抵抗土体滑动和防止底部土体隆起。

(4)附属建筑物——为工作人员、行人及运料小车避让车辆而修建的避人洞和避车洞,为防止和排除隧道漏水或结冰而设置的排水沟和盲沟,为机车排出有害气体的通风设备,电气化铁道的接触网、电缆槽等。

在山区修建铁路或高等级公路时,隧道的比重往往是很大的,因此选择合理的隧道位置不仅是选线的重要组成部分,也关系着施工难易、工期长短、造价大小、运营安全和运输效率。在选择隧道位置时根据社会条件、自然条件并通过进行全面的政治、经济、技术的综合比较来确定。在隧道位置选择时,首先应查清工程地质及水文地质情况,并根据不同地形特点,结合线路技术标准、通车期限、工程造价、施工及运营条件和节省土地等因素来确定隧道位置。隧道洞口位置的选定是隧道勘测设计的重要环节之一。洞口位置选择好坏,将直接影响隧道施工、造价工期和运营安全。选择时要结合洞口的地形、地质条件、施工、运营条件以及洞口的相关工程(桥涵、通风设施)综合考虑。由于沟谷地势狭窄,不利施工、防洪、排水,且洼地一般地质条件较差。洞口应尽可能设在山体稳定、地质较好处,不应设在排水困难的沟谷低洼中心。洞口位置选定的原则是早进洞、晚出洞。隧道洞口的路肩设计标高应高于洪水设计标高。

按照用途分类,可将隧道分为交通隧道、水工隧道等。

6.2.1 交通隧道

交通隧道是应用最为广泛的一种隧道。其作用是提供交通运输和人行的通道,以满足线路畅通的要求。一般分为公路隧道、铁路隧道。

6.2.1.1 公路隧道

随着社会生产的发展、高速公路的出现,要求线路顺直、平缓、路面宽敞,于是在穿越山区时,也常采用隧道方案。此外,在城市附近,为避免平面交叉,利于高速行车,也常采用隧道方式通过。

中国最早用于交通的人工隧道是古褒斜道的石门(隧道),位于今陕西省汉中市境内,长16 m,高宽各约4 m,可通行车马,建于东汉永平九年(公元66年)。古代隧道为了省去衬砌,通常建于较坚硬的岩石中,在施工时采用“火烧水激”的方法,即利用岩石热胀冷缩原理,将岩壁火烧之后迅速浇上冷水,使岩石酥裂,以利开凿。20世纪以来,汽车运输量不断增加,公路路线标准相应提高,公路隧道也逐渐增多。截至2016年,中国最长的公路隧道是秦岭终南山隧道,全长18 020 m(11.20英里),双洞四车道,于2007年1月20日正式通车。其也是世界第三长公路隧道,世界上最长的双洞山岭公路隧道,以及亚洲最长的山岭公路隧道。

1. 公路隧道的设置原则

(1)隧道应根据公路功能和发展的需求,遵照安全、经济、利于保护生态环境的原则,结合隧道所处地区的地形、地质、施工、运营、管理等条件进行综合设计。

(2)隧道选址必须对该区域的自然地理、场地与生态环境、工程地质、水文地质、地震等进行勘察,取得完整勘察基础资料,经技术经济论证后确定。

(3)隧道的标高和平面位置应根据公路等级、路线总体设计方案确定选在地层稳定,利于设置洞口、洞口两端接线、防灾救助系统、管理养护等设施的地段。

(4)在拟订路线设计方案时,应论证采用隧道或深挖等不同方案给生态环境带来的影响。对生态环境脆弱的地带或可能因施工造成生态环境难以恢复的地段,应优先选择对环境影响小的方案,并附以治理措施。

2. 公路隧道的分类

公路隧道根据长度可分为特长隧道、长隧道、中隧道和短隧道4类(见表6-1)。

表6-1　公路隧道按长度分类

分类	特长隧道	长隧道	中隧道	短隧道
隧道长度 L(m)	$L>3000$	$1000<L\leqslant3000$	$500<L\leqslant1000$	$L\leqslant500$

截至2016年底,中国(不含港、澳、台地区)公路隧道为15 181处、14 039.7 km。其中,特长隧道815处、3 622.7 km,长隧道3 520处、6 045.5 km。

按照开挖隧道断面面积的等级,可分为特大断面隧道、大断面隧道、中等断面隧道、小断面隧道和极小断面隧道5类(见表6-2)。

表6-2　公路按开挖隧道断面面积分类

分类	特大断面隧道	大断面隧道	中等断面隧道	小断面隧道	极小断面隧道
断面面积 S(m^2)	$S>100$	$50<S\leqslant100$	$10<S\leqslant50$	$3<S\leqslant10$	$S\leqslant3$

3. 隧道的线形设计

公路隧道的平面线形和一般道路一样,应按照相关公路设计规范进行设计,一般采用直线,如必须采用曲线,应采用大半径曲线,这是为了确保视距。公路隧道的纵断面坡度要根据隧道通风、排水、施工等因素确定,纵坡应大于0.3%,小于3%。

4. 隧道横断面

隧道衬砌的内轮廓线所包围的空间为隧道净空。隧道净空包括公路的建筑界限(见图6-1)、管道、照明、通风等附属设备所需要的断面面积。建筑界限是指任何隧道衬砌等建筑物不得侵入的一种界限,包括车道、路肩、人行道等的宽度和净高。隧道净空断面的形状,就是衬砌的内轮廓形状(见图 6-2)。采用的轮廓形状应使衬砌受力合理、围岩稳定可靠。净空断面的形状根据不同的地质情况可使用圆拱直墙、圆拱曲墙、圆形断面、矩形断面等(见图 6-3)。一般情况下,在地质较好的地层宜采用拱形直墙式断面,反之宜采用圆形断面,因圆形断面利于承受荷载和盾构施工。

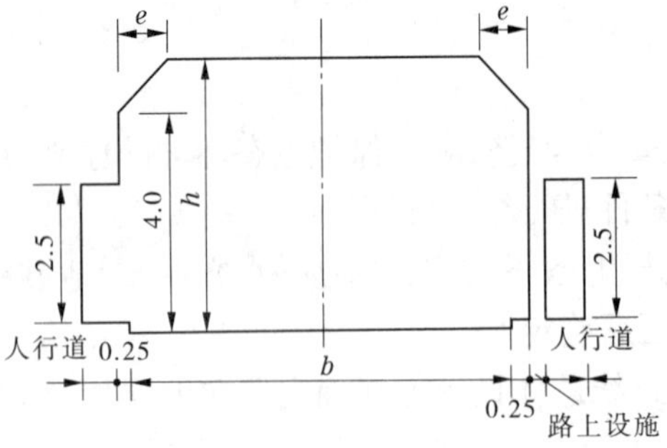

图 6-1　公路建筑限界　(单位:m)

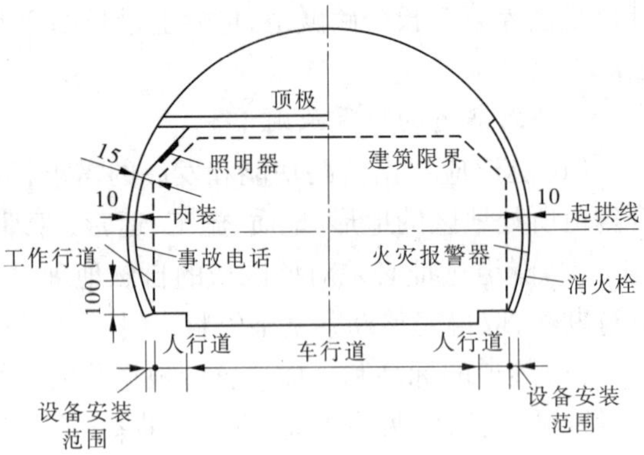

图 6-2　公路隧道横断面净空　(单位:mm)

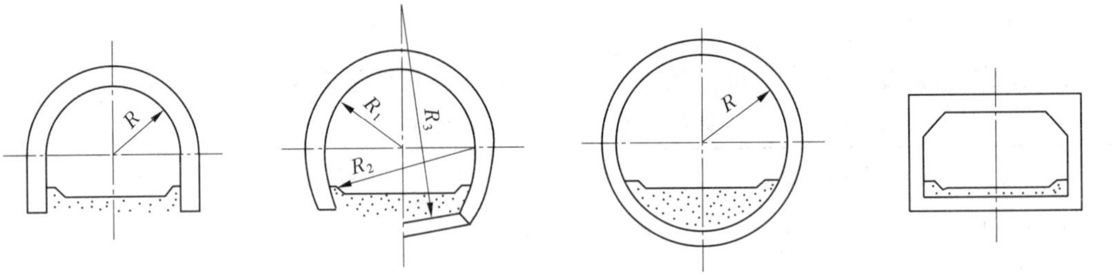

(a)圆拱直墙　(b)圆拱曲墙　(c)圆形断面　(d)矩形断面

图 6-3　公路隧道主要断面形状

5. 公路隧道通风

机动车从隧道通过时,排放出大量的废气和烟尘,由于空气负压的作用,隧道内会聚集大量废气污染物,浓度大时会危及生命,同时严重影响行车视距,因此需要及时引入新鲜空气,以降低废气浓度,直至达到安全标准。隧道通风方式有很多,按送风形态、送风原理可分为自然通风(长度≤2 000 m)和机械通风两大类(见图 6-4),对于机械通风,分为纵向式、半横向式(图 6-5)、横向式(见图 6-6)、混合式通风。纵向式又分为射流式(见图 6-7)、风道式或喷嘴式和竖井式(见图 6-8)。

隧道通风是隧道总体设计的重要组成部分,与隧道长度、纵坡等密切相关,隧道长度增加、纵坡增大会导致通风系统规模增大,运营养护费用相应增加。长、特长隧道涉及的风机房、通风井的设置与隧道地形、地质条件相关,选址不当会使建设费用大幅增加。因此,通风设计应纳入总体设计,由路线、结构、地质、通风等多专业工程师共同进行方案比选,使工程总体造价与风险最小化,并降低后期运营费用。

- 通风方式
  - 自然通风
  - 机械通风
    - 纵向式
      - 射流式
      - 风道式或喷嘴式
      - 竖井式
    - 半横向式
    - 横向式
    - 混合式

图 6-4 隧道的通风方式分类

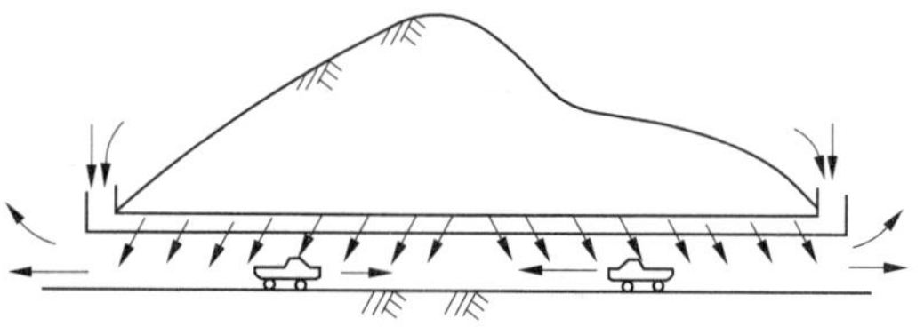

图 6-5 半横向式

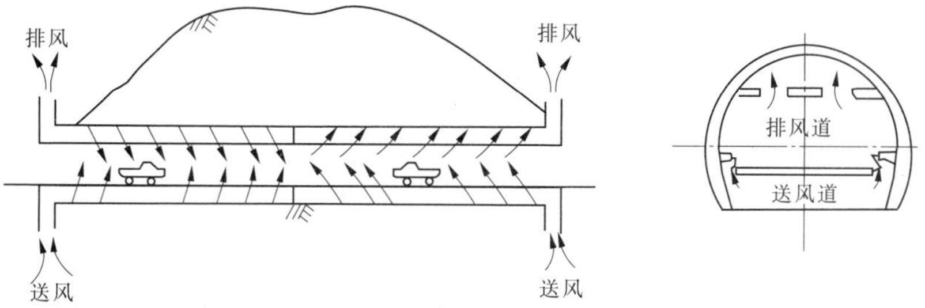

图 6-6 横向式

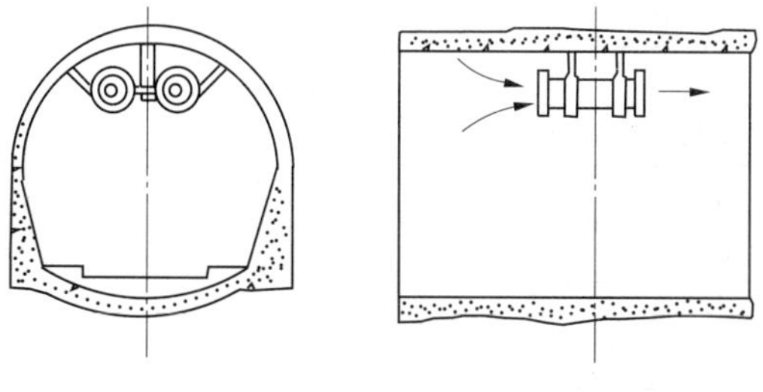

图 6-7 射流式

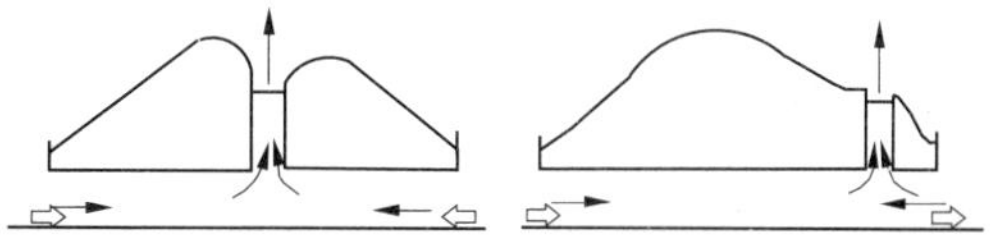

图 6-8 竖井式

交通量及其交通组成是隧道通风设计的重要基础数据之一。公路隧道通风设计应根据公路等级、隧道长度、设计速度、设计交通量、车道数、平纵线形、地形地质、隧道高程、隧址区域自然条件等因素，进行技术经济综合比较，确定合理的通风方案。

公路隧道通风设计应按下列步骤实施：

(1)收集隧道所在路段平面、纵断面，隧道地形、地物、地质等路线资料。

(2)收集隧道所在路段的公路等级、隧道断面、交通量，所在区域的气象和环境条件，以及隧址区域的环保要求等技术资料。

(3)根据收集的资料进行隧道需风量的初步计算及通风方案比选；当因路线方案使各

通风方案均不满足运营安全、经济、环保要求时，则应重新论证路线方案、隧道长度、纵坡等。

(4)根据比选确定的通风方案详细计算需风量，确定设计风量，并详细计算通风系统阻力。

(5)根据通风系统阻力详细计算风机风压、风量、功率等进行风机选型及配置。

(6)通风设备安装前，应针对隧道土建施工、通风设备参数变更情况复核通风系统是否满足隧道运营需求。

通风设计的一般流程，如图 6-9 所示。各步骤之间互相关联，必要时，其中一个步骤的分析结果，还需反馈到之前的分析之中。具体的公路隧道通风设计要求须按照《公路隧道通风设计细则》(JTG/T D70/2－02—2014)中的相关规定执行。

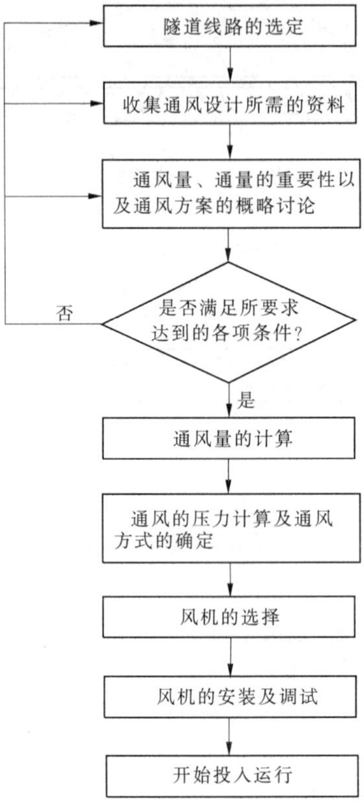

图 6-9　通风设计的一般流程

6. 公路隧道照明

与普通部位的道路照明不同，公路隧道照明的特点是昼夜均需要照明，分为一般照明和应急照明两部分。《民用建筑电气设计规范》(JGJ 16—2008)第 10.7.5 条要求：特别重要的照明负荷，宜在负荷末级配电盘采用自动切换电源的方式，也可采用由两个专用回路各带约 50% 的照明灯具的配电方式。”这样即使在有一路电源或一台变压器检修或故障的情况下，也能保证隧道内最少有一半灯具正常点亮，不会引起整个隧道一般照明灯具全部熄灭而对高速行驶的车辆造成危险。

(1)一般照明。包括保证隧道内机动车辆正常行驶和所必需的基本照明和消除出入口“白洞”和“黑洞”效应的加强照明。根据《公路隧道照明设计细则》(JTG/T D70/2－01—2014)要求“入口段加强照明白天分晴天、云天、阴天、重阴 4 级控制，基本照明分夜晚交通量大、交通量小2级控制,出口段加强照明分白天、夜晚2级控制”。

(2)应急照明。当一般照明断电时,设置一部分应急照明灯具继续工作,虽然亮度较一般照明低,但是足以使司机采取一系列的安全驾驶措施(开启车灯、减速)。《公路隧道照明设计细则》(JTG/T D70/2－01—2014)要求“长度大于1 000 m的隧道应设置应急照明系统,并保证照明中断时间不超过0.3 s。”从布灯方式上分应急照明分为利用基本照明灯作为应急的方案和单独设置应急灯的方案两种。

7.公路隧道常用施工方法

隧道的施工方法因地质条件、水文条件、隧洞长度、隧洞截面尺寸和形状,开挖设备型式以及隧洞的用途不同而异,在各种影响因素中,岩土的地质条件和断面尺寸是决定隧道施工方法的主要因素,隧道施工方法可分为两大类:机械方法(使用TBM开挖地层)和传统方法(使用炸药或机械工具开挖地层)。

但根据隧道穿越地层的不同情况和目前隧道施工方法的发展,隧道施工方法可按以图6-10方式分类。

- 隧道施工方法
  - 山岭隧道施工方法
    - 矿山法(钻爆法)
      - 传统矿山法
      - 新奥法
    - 掘进机法
  - 浅埋及软土隧道施工方法
    - 明挖法
    - 地下连续墙法
    - 盖挖法
    - 浅埋暗挖法
    - 盾构法
  - 水底隧道施工方法
    - 沉埋法
    - 盾构法

图6-10　隧道施工方法

(1)矿山法(钻爆法)。是一种传统的方法,在隧道岩面上钻眼,并装填炸药爆破,用全断面开挖或分部开挖等将隧道开挖成型的施工方法。其开挖作业程序包括钻孔、装药、爆破、通风、支护、装渣、运输等。

(2)隧道掘进机法(TBM)。在整个隧道断面上,用连续掘进的联动机施工的方法。早在19世纪50年代初,美国胡萨克隧道就试用过掘进机,但未成功。直到20世纪50年代以后才逐渐发展起来。掘进机是一种用强力切割地层的圆形钢结构机械,有多种类型。普通型掘进机的前端是一个金属圆盘,以强大的旋转和推进力驱动旋转,圆盘上装有数十把特制刀具,切割地层,圆盘周边装有若干铲斗将切割的碎石倾入皮带运输机,自后部运出。机身中部有数对可伸缩的支撑机构,当刀具切割地层时,它先外伸撑紧在周围岩壁上,以平衡强大的扭矩和推力。掘进机法的优点是对围岩扰动小、控制断面准确、无超挖、速度快、操作人员少。

掘进机开挖法正在不断研究改进,并生产出各种新机械,其应用有广阔前景。液压凿岩机不断更新完善,使隧道开挖进度大大提高。光电测量仪器和激光导向设备的使用,使长隧道施工精确程度有所提高。目前,航空勘测、遥感技术、物探技术、岩层中应力应变的量测技术、电子计算机技术等的广泛应用,使隧道勘测设计技术水平也有很大提高。水平钻探技术和预灌浆技术的不断提高,有可能提高隧道开挖过程的安全性,并能保证隧道工程的质量。

(3)新奥法(New Austrian Tunnelling Method,简称 NATM)。是由奥地利学者于 1948 年提出的,其基本观点是根据岩体力学理论,着眼于隧道开挖后形成的岩体的二次应力重分布,而不拘泥于传统的荷载观念。主要是利用围岩本身所具有的承载能力,采用合适的爆破技术,进行全断面开挖施工,并以形成复合式内外两层衬砌来修建隧道的洞身,即以喷射混凝土、锚杆、钢筋网、钢支撑等为外层支护形式,进行外围初次柔性支护。山体中的地应力由于开挖成洞而产生再分配,隧道空间得以保持稳定,也就是说,承载地应力的主要是围岩体本身,而采用初次喷锚柔性支护的作用,是使围岩体自身的承载能力得到最大限度的发挥,确定断面的第二次衬砌主要是提高安全储备和装饰美化作用。

(4)挪威法(简称 NMT),即挪威隧道施工法。是 20 世纪末在北欧隧道工程中发展起来的一种方法,该法主要是对地质调查进行技术分析,根据隧道质量指标 Q 值进行围岩分类并选定支护,如岩石支护中的锚杆、钢纤维喷混凝土及湿喷工艺等,这种方法是新奥法的完善、补充和发展。

6.2.1.2 铁路隧道

铁路隧道是修建在地下或水下并铺设铁路供机车车辆通行的建筑物。根据其所在位置可分为三大类:为缩短距离和避免大坡道而从山岭或丘陵下穿越的称为山岭隧道;为穿越河流或海峡而从河下或海底通过的称为水下隧道。

中国历史上的第一座铁路隧道是位于台湾基隆的狮球岭隧道,于清光绪十四年(1888年)动工,光绪十六年(1890 年)建成,全长 261 m(0.16 英里)。而完全由中国人自行设计和修建的第一座铁路隧道是京张铁路(今京包铁路)的八达岭隧道,位于北京延庆,全长 1 091 m(0.68 英里),由中国铁路工程师詹天佑主持设计和修建,于 1908 年建成。中华人民共和国成立后建成的第一座铁路隧道是成渝铁路的柏树坳隧道,位于四川成都,全长 622 m(0.39 英里),于 1952 年竣工。

截至 2017 年底,中国(不含港、澳、台地区)国家铁路的运营隧道为 14547 座,总长度 15326 km(9523 英里);在建隧道为 3825 座,总长度8125 km(5049 英里),其中在建特长隧道约 156 座,总长 2115 km(1314 英里);设计和规划隧道为 5596 座,总长度 13331 km(8283 英里),其中规划特长隧道约 270 座,总长 3834 km(2382 英里)。预计到 2020 年底,中国投入运营的铁路隧道总量将达到 17000 座,总长度突破 20000 km(12427 英里)。广惠城际线松山湖隧道是中国已建成的最长铁路隧道,全长38813 m(24.12 英里),于 2017 年 12 月 28 日通车。规划建设的烟大海底隧道(又称渤海海峡跨海通道),全长 123 km(76.43 英里),采用铁路运输方式,建成后将成为世界最长的海底隧道和铁路隧道。

铁路隧道结构由主体建筑物和附属建筑物两大部分构成。主体建筑是为了保证隧道的稳定和正常使用而修建的,主要由洞身衬砌和洞门组成,也包括必要时在洞口上加筑的明洞。附属建筑物是为了保证隧道正常使用、方便养护、维修作业以及满足供电、通信等各方面需要的各种辅助设施,如隧道防排水设施、避车洞、电缆槽,运营通风设施、下锚段衬砌及洞口缓冲结构等。铁路隧道的基本构造可分为衬砌、洞门、明洞、防排水设施、避车洞、电缆槽、通风设施等,和前面所述的公路隧道有很多相似之处。

1. 铁路隧道主要设计原则

1)单洞双线隧道和两个单线隧道的选择原则

(1)钻爆法施工时,有轨运输独头通风最大长度 7 ~ 8 km;无轨运输独头通风最大长度

3.5 km。

(2)施工通风有两种方式:洞口压入式管道通风(传统方式)可单洞压入,但费电、通风长度短;洞内射流巷道式通风必须有两个平行洞,省电、效率高,可实现独头10 km以上通风,这是隧道施工通风的优秀成果。

(3)从设备投入和快速施工考虑,有轨运输设备投入大,管理复杂,充电电池满足不了长距离运输;无轨运输设备投入少,配合洞内射流巷道通风,是快速施工的最好模式。

综上所述,优先选用两个单线隧道设计方案。不要任何斜竖井可实现特长、长隧道的安全、快速施工,也不破坏山体。该方案会给建设过程和建成后使用带来很大方便,尤其在软弱、岩溶、煤系、浅埋、大变形地层使用更会减少风险和工程投资。

2)铁路隧道纵坡设置原则

(1)应高位选线(如南昆线),可避免许多灾害。

(2)禁止在岩层交界面上选线,如深圳福田车站上软下硬,很难施工。

(3)富水地区必须采用人字坡,以利于防灾和排水。关于富水的定义:水量>2台最大抽水泵的排水量。

(4)铁路进城市应按深埋选线,减少对环境的破坏。石家庄市客运专线的选择就是一成功范例。

3)隧道辅助导洞设置原则

(1)利用平导增设工作面、解决施工通风是最好的方法。不设斜竖井施工,可增设多条平导和横洞。如终南山隧道、瑞士阿尔卑斯山隧道等。

(2)深层岩溶及富水地区,必须根据环境评价增设泄水洞与大流水溶洞相连,释能减压,以利于营运安全。

(3)利用射流巷道式通风方式,可改变辅助坑道的理念和长大隧道设计的方法。采用平行双洞射流通风模型,可解决长大隧道施工通风难题。

(4)施工分段应考虑施工通风的方式,从隧道中部分段优点很多,不允许采用像TBM施工中的单条分割法。

4)支护结构设计原则

(1)初期支护是保证施工安全的关键,要有足够的刚度和强度,承受二次衬砌施作前施工期间的全部土压力荷载,不计水压力。

(2)软弱、破碎围岩(Ⅴ、Ⅵ级)按普氏拱理论计算压力;Ⅰ、Ⅱ、Ⅲ、Ⅳ级围岩按爆破松动圈2~2.5 m厚计算压力。

(3)初期支护由喷网、网构钢拱架、锁脚锚管、纵向连接筋组成,形成永久承载结构,二次混凝土衬砌作为安全储备。

(4)不同围岩的稳定由初期支护进行调整,可加强或减弱,当在5~6倍洞径处通过量测证明已稳定的情况下,方可进行二次衬砌拱墙的混凝土灌注。二次衬砌分三次施工:一是底层混凝土和仰拱可以跟在工作面1倍洞径以外;二是衬砌边墙基础紧跟,目的是增加一次支护的安全系数;三是拱墙模板台车衬砌。

(5)二次衬砌作为安全储备,从有利百年大计出发可不设钢筋(当断面轮廓为小偏心受压时,衬砌厚度一般定为30~40 cm,不随围岩改变而改变)。

(6)必须取消拱部锚杆;必须采用网构钢拱架;软弱地层不提倡湿喷混凝土;必须取消

中部排水沟;有钢拱架的地方可不设系统锚杆,而在接头处设置锁脚锚管。

(7)暗挖隧道不设变形缝:防水隔离层背后设系统盲管,防水隔离层不允许全包,只包到边墙底基础上,和两侧排水沟形成排水系统;取消止水板,施工缝处设置 BW 防水条。

(8)在二次衬砌及防水板铺设前应进行初期支护,背后充填灌浆,确保二次衬砌在无水下施工。

(9)高地应力、大变形地段采用圆形轮廓断面衬砌是最简单有效的方法。

5)快速施工原则

(1)隧道的出路在于机械化。

(2)应配置钻孔作业线、装渣运输作业线、一次衬砌作业线、防水及二次衬砌作业线等 4 条主线。应配置施工通风作业线、注浆防排水作业线 2 条辅助线。

(3)采用光面爆破工艺、导洞超前、全断面扩大,可实现减震、光爆、快速施工。全断面开挖改为小 TBM 超前打通,后部用钻爆法扩大的优点是:可以进行超前地质预报;爆破振动减少 30%,炸药比全断面爆破减少 5% ~10%;扩大爆破孔的炮眼利用率为 100%,所以提高开挖速度 2 ~3 倍;炮眼半孔保存率 80%,线形超挖小于 10 cm;爆破渣堆、渣块均匀、集中,便于快速出渣;纵向爆破冲击波小,对后部工序影响小。

(4)按无轨运输、双洞、射流巷道式通风实现特长隧道无斜井设计和施工。

2. 铁路隧道的分类

铁路隧道根据长度可分为特长隧道、长隧道、中隧道和短隧道 4 类(见表 6-3)。

表 6-3 铁路隧道按长度分类

分类	特长隧道	长隧道	中隧道	短隧道
隧道长度 L(m)	$L>10000$	$3000<L\leqslant 10000$	$500<L\leqslant 3000$	$L\leqslant 500$

按照开挖隧道断面面积的等级,可分为特大断面隧道、大断面隧道、中等断面隧道、小断面隧道和极小断面隧道 5 类(见表 6-2)。

另外,铁路隧道的施工方法和前面所述的公路隧道的施工方法有很多相同之处,此处不再赘述。

6.2.2 水工隧道

水工隧道是水利工程和水电发电枢纽的一个重要组成部分,可用于灌溉、发电、供水、泄水、输水、施工导流和通航。

(1)引水隧洞。是引水式水电站引水建筑物的一部分,它将河段上游水流引到发电厂房附近,再用压力管道引水至水轮发电机组发电。引水隧道作为引水的建筑工程,一般要求内壁承压,分有压隧道和无压隧道两种。引水以供发电、灌溉或工业和生活之用。

(2)导流、泄洪隧洞。导流隧洞指在施工基坑的上下游修筑围堰挡水,使河水通过岸边导流隧洞导向下游的施工导流。泄洪隧洞在兴建水利工程时用以运行时泄洪。

(3)尾水隧洞。是将发电尾水从尾水管或下游调压室的出口排至下游河道的隧洞,排走水电站发电后的尾水。

(4)排沙隧洞。用于排冲水库淤积的泥沙或放空库水以备防空或检修水工建筑物。能够有延长水库使用年限,有利于水电站的正常运行。

6.3 地铁工程

6.3.1 地铁发展概况

随着城市建设的飞速发展,城市人口越来越集中,20 世纪中期发达国家开始了地下工程的开发。1863 年 1 月 10 日,世界上第一条地铁——伦敦地铁即“伦敦大都会铁路”(Metropolitan Railway)运行,是为了解决当时伦敦的交通堵塞问题。当时,电力尚未普及,所以即使是地下铁路也只能用蒸汽机车。由于机车释放出的废气对人体有害,所以当时的隧道每隔一段距离便要有和地面打通的通风槽。到 1870 年,伦敦开办了第一条客运的钻挖式地铁,在伦敦塔附近越过泰晤士河,但这条铁路并不算成功,在数月后便关闭。现存最早的钻挖式地下铁路则在 1890 年开通,亦位于伦敦,连接市中心与南部地区。最初铁路的建造者计划使用类似缆车的推动方法,但最后用了电力机车,使其成为第一条运行电动机车地下铁路。早期在伦敦市内开通的地下铁亦于 1906 年全数电气化。1896 年,当时奥匈帝国的城市布达佩斯开通了欧洲大陆的第一条地铁,共有 5 km,11 站,至今仍在使用。伦敦、纽约、莫斯科、东京等都在 20 世纪完成了地铁工程的建设,世界上发达国家城市公共交通主要靠地铁来完成,在城市建设的同时,发达国家同时建设了配套的城市地下管廊,形成了完善的城市市政服务系统,另外,为了保证城市的综合服务和安全,发达国家城市地下同时拥有大量地下商业、生活服务和防空系统。我国地下工程的开发利用起步较晚,近几年随着我国城市化的加快、地下工程开发,特别是地铁和综合管廊建设的速度迅猛。我国第一条地铁线路始建于 1965 年 7 月 1 日,1969 年 10 月 1 日建成通车,使北京成为中国第一个拥有地铁的城市。我国地铁交通主要经历了三个发展阶段:

起步阶段(1965 ~ 1997 年):城市化率处于较低水平,国家经济实力有限,地铁建设基本限于核心城市北京和上海,此外,仅有天津建成地铁 1 号线,截至 1997 年 7 月,全国共建成运营线路 4 条。

发展阶段(1997 ~ 2004 年):城市化进程加快,主要城市规模增长、经济实力增强;城市地面交通问题逐步显现、环境污染日益严重。地铁作为缓解城市交通压力、降低运输能耗、减少环境污染的国际通行手段,已具备内在需求和外部经济实力保障,发展步伐开始加快。截至 2004 年底,拥有地铁的城市增加到 7 个,北京、上海在这一时期继续进行新线和老线延伸建设。

提速阶段(2005 年至今):城市化率显著提高,经济实力进一步提升,地铁成为经济发展较快的大城市公共交通建设的重要内容,地铁运营网络初具规模,运量和网络密度仍远低于世界主要大城市。截至 2008 年底,我国已有北京、上海、广州、深圳等 10 个城市拥有地铁交通线路 31 条,运营总里程 835 km。由此可见,我国地铁运营里程正处于快速增长期,按照发达国家的建设经验,这一阶段将伴随整个城市化进程持续存在。

有关轨道交通行业发展现状统计数据显示,截至 2014 年底,我国内地已有北京、上海、广州、天津、重庆、南京、武汉、长春、深圳、大连、杭州、沈阳、成都、哈尔滨、西安、厦门、苏州、青岛、东莞、宁波、佛山、石家庄、郑州、长沙等 20 余个城市先后建成并开通运营城轨交通线路，总里程达 3137 km。2014 年，全国城轨交通客运总量达 126 亿人次，北京和上海分列世界城轨交通客运量的第一和第二，到 2015 年，我国有 38 座城市拥有 158 条线路，运营里程共计 4190 km。此外，我国还有城轨交通在建城市 40 个，在建线路 4073 km。伴随着中国经济的腾飞，中国城市轨道交通产业正式步入了高速发展时期，同时，我国城市商业开发、服务设施和防控设施建设也在同步进行。“十二五”期间，轨道交通建设投资额为 1.2 万亿元，国家三年规划已超“十二五”总额 30%。“十三五”期间，城轨投资规模预计 3 万亿元左右。2016 年 5 月，国家发展和改革委员会与交通运输部联合发文《交通基础设施重大工程建设三年行动计划》，在城市轨道交通建设中，加强规划管理建设，有序推进城市轨道交通建设，逐步优化大城市轨道交通结构，重点推进 103 个项目前期工作，新建城市轨道交通 2000 km 以上，涉及投资约 1.6 万亿元。按照我们国家和地方城市轨道交通规划，2016 年城轨新增里程 535 km，2017 ~ 2022 年新增营业里程将超过 6000 km。“十三五”期间，国家确立的“七大城市群”之间的城际铁路至少新增 10000 km；城市轨道交通建设至少翻倍，交通装备需求规模随之提高，未来城轨建设前景看好。截至 2018 年 10 月，中国已开通的城市地铁（以首条轨道交通开通时间排序）有 36 个，分别是北京地铁、港铁、天津轨道交通、上海轨道交通、台北捷运、广州地铁、长春轨道交通、大连地铁、武汉轨道交通、深圳地铁、南京地铁、高雄捷运、成都地铁、沈阳地铁、佛山地铁、重庆轨道交通、西安地铁、苏州轨道交通、昆明轨道交通、杭州地铁、哈尔滨地铁、郑州地铁、长沙地铁、宁波轨道交通、无锡地铁、青岛地铁、南昌地铁、福州地铁、东莞轨道交通、南宁轨道交通、合肥轨道交通、桃园捷运、石家庄地铁、贵阳轨道交通、厦门地铁、乌鲁木齐地铁。

6.3.2 城市轨道交通施工方法

在整个城市轨道交通工程施工中，主要包含了车站和区间隧道施工，而这就要求施工企业必须切实掌握其施工技术要点，才能更好地强化工程质量。但是在车站和区间隧道施工中十分复杂，各施工技术要点较多，下面主要就城市轨道交通施工中最为重要的施工技术要点进行了简单的介绍。

6.3.2.1 城市轨道交通施工中的车站施工方法

在对枢纽站进行施工时，主要是掌握换乘枢纽共建技术。这就需要严格按照人本原则和换乘便捷的原则，加强对枢纽站的建设施工管理。在实际施工中，主要应结合枢纽站设计确定的施工方案进行施工，并在整个施工中紧密结合实际需要制订针对性的施工技术方案，在确保枢纽站施工质量到位的同时完全满足其功能的发挥。对施工中出现的个别问题，进行针对性的处理，以保证施工安全进度质量。例如，在某城市轨道交通工程的 3 号线车站的东侧墙面由于需要大面积的凿除，导致其结构整体的刚度被大幅度降低，因而在实际施工中就需要采取先撑后凿的技术措施对其进行施工作业，并在凿除过程中采取化整为零的方式方法，做到随凿随建，才能更好地确保其整体刚度，保证其整体稳定性。而在 4 号线车站进行开挖时，由于施工控制不当，导致基坑变形，该施工企业又采取化整为零的方式进行基坑开挖，并设置了 4 道墙壁用于封堵，有效确保了施工的安全和质量。

1. 盖挖施工

在城市轨道交通工程中，为了更好地解决施工现场和道路交通之间的矛盾，传统的盖挖施工技术已经难以满足实际需要，而如果采取新型的盖挖施工技术，其施工流程是通过盖挖进行逆作一体化技术,并建立标准化和模数化的临时路面体系,从而形成如下图所示的盖挖逆作一体化路面体系。

2. 深层地基的加固方法

在深层地基加固过程中,传统的加固技术已经难以满足实际需要,因而本书列举几种新型的深层地基加固技术:一是双高压施工法,其加固深度和直径最大可以达到 50 m 和 2.4 m,不仅加固范围较大,而且单桩能大直径和大深度地加固土体,因而在诸多工程中得到了广泛的应用;二是 MJS 高压旋喷法,该技术主要是以全方位的平衡压力进行高压和旋喷的施工方法。

6.3.2.2 区间隧道施工方法

1. 盾构始发接收施工工艺

该施工工艺包含了诸多流程,例如处理地基、拆除洞门、安装止水装置和拼装负环、掘进盾构和封堵洞门等,且在这些施工环节中均包含了工程质量和安全的影响因素。尤其是在进行盾构隧道施工时,盾构始发接收事故发生率往往高达 70%。而究其根源,主要就是因为施工情况越来越复杂,影响施工安全的因素较多,所以传统的盾构始发接收施工工艺已经难以满足实际需要,加强新型技术的应用,这就需要应用上述的双高压旋喷和 MJS 施工技术,并在确定加固范围的基础上,紧密结合多种加固工艺的优点,对加固方案进行科学的确定。而在此基础上,就应对盾构接收流程进行优化,采取多层进洞接收的工艺,才能更好地确保施工效果,在降低渗漏风险的同时确保隧道施工安全。

2. 障碍物正面切削技术

当盾构需要从既有工作井穿越时,就应采取切削技术将障碍清除,但是施工人员必须在穿越盾构前进行地下墙的爆破,并确保其带来的振动和破裂不会对现有的隧道结构带来影响,且爆破之后的墙能及时进行盾构切削,从而及时将障碍物清除。

3. 盾构穿越技术

在实际施工中,由于某些轨道交通已经建成,而此时新建的隧道工程需要盾构穿越已经运行的轨道交通线路,这就需要应用盾构穿越技术,采取超大直径的平衡盾构,并采取近距离的方式从运行中的轨道交通线路中穿越。但是为了避免对已经运行的轨道交通线路带来影响,首先就应切实加强工程监测工作的开展,采取沉降自动检测系统实时监控已经运行的轨道交通线路;其次就是在穿越区段划分时,就应严格控制穿越时的推进速度,速度一般应控制在 20 mm/min 左右,以确保整个盾构施工的均衡,从而尽可能地将对周边土地带来的扰动和影响降到最低;最后就是控制土体的卸载数量,同时应进行结构同步施工,才能提高管片的整体强度。

4. DOT 双圆盾构施工技术

该技术主要是在同一平面上配置双圆形的刀盘两个,并与泥土压平衡盾构机同时施工,且与圆形断面相切的位置进行连接,设置海鸥形的接头管片,构筑双圆形的隧道。采取这一技术能替代传统的地铁隧道和地下高速公路等采用的传统技术,不仅能促进断面形式的优化,还能将断面面积减小,实现地下资源利用的最合理化。例如,在某城市轨道交通工程中,通过采取这一技术,建筑物的最终变形最大沉降量仅为 -4.07 mm,最大隆起量仅为 4.63 mm。管线共同沟的最终变形最大沉降量仅为 -7.80 mm,最大隆起量仅为 0.75 mm。该工程中总结和运用的新技术代表了当前双圆盾构隧道施工上的最高水平。

6.4 采矿工程

我国矿产资源的种类丰富,数量较多,属于矿产资源强国,然而,由于国家人口数量巨大,导致人均矿产资源拥有量较低。现如今,随着我们国家经济社会的不断发展,人们对于矿产资源的需求量也在迅速增加,可是同不断增长的矿产需求相比,我国的采矿工程技术远远落后于某些发达国家,采矿工程发生安全事故的概率也处于逐年上升的过程,这不仅损失了国家大量的经济财产,还严重威胁着采矿工程施工人员的人身安全。与此同时,虽然我们国家的矿产资源总额较大,但由于采矿工程的技术效果不佳,使得国家矿产资源的开发使用率极低,造成了极大的资源浪费现象。

矿山开采是从地壳中将人们所需要的矿产资源挖掘出来,并运输到指定地点的一个环节,在矿山开采过程中,通过井巷掘进的方式进行,从而构成运输通道好开挖体的安全设施,为矿山的开采提供支持。下面我们介绍一下矿山巷道的一些基本知识。

6.4.1 地下巷道的作用

井巷工程是为采矿或其他目的在地下开掘的井筒、巷道和洞室等工程的总称。主要任务是在地下建筑所需的空间结构,并保持其稳定性,以达到开采地下矿产所需要的条件。井巷工程贯穿着地下采矿的始终。

地下开采离不开井巷工程。就如同人的生命离不开人体内的各个循环系统和相应的内脏器官一样,巷道就是地下采矿各个循环的通路,而洞室就是主要的运转枢纽所在地。矿山的生产、运输、排水、通风等都离不开地下井巷的支持。所以,井巷是地下矿山正常有序生产的前提和保障。

6.4.2 矿井巷道的命名和分类

矿井巷道在不同的岩石中沿不同的方向、以不同的倾角、按不同的断面和长度以及作用范围与用途的不同有不同的命名方式和分类。矿体按空间尺寸、倾角、方向、位置和服务范围及用途分类,常用的分类方法见表6-4。

矿井巷道按服务范围可分为开拓巷道、采准巷道、回采巷道三类。开拓巷道是为全井田或者一个或多个第一级划分单位服务的巷道;回采巷道是直接为一个或者多个回采单元服务的巷道,这两类之间的巷道称为采准巷道。这种划分也反映了巷道的掘进顺序,且与矿床的开采步骤一致。

6.4.3 常见的矿井巷道

6.4.3.1 **井筒**

井筒通常也叫作竖井,由地表进入地下,或由地下一个水平进入另一个水平的巷道。按照轴线的倾角大小以及倾角与方位是否变化井筒可以分为平硐、斜井、竖井和斜坡道4种。

表6-4 矿井巷道常用的分类和命名方法

<table>
<tr><td>分类方法</td><td colspan="10">命名方式</td></tr>
<tr><td>按空间尺寸</td><td colspan="9">巷道</td><td>洞室</td></tr>
<tr><td>按倾角</td><td colspan="4">水平布置</td><td colspan="2" rowspan="2">顺层</td><td rowspan="2">穿层</td><td colspan="2">垂直</td><td rowspan="5">多按用途分类</td></tr>
<tr><td>按方向</td><td colspan="2">巷道轴线和矿体走向平行</td><td colspan="2">巷道轴线和矿体走向相交</td><td>顺层</td><td>穿层</td></tr>
<tr><td>按位置</td><td>在矿体中</td><td>在矿体外</td><td>在矿体中</td><td>在矿体外</td><td>在矿体中</td><td>在矿体外</td><td></td><td>上盘</td><td>下盘</td></tr>
<tr><td>按用途及运输方式</td><td colspan="9">上述每一种巷道都可分别用作运输、通风、行人及联络等用途，可以采用不同的运输方式、可以根据用途和运输方式命名</td></tr>
<tr><td>按开凿顺序和服务范围</td><td colspan="9">上述每一种巷道都可分别服务于全矿井、一个水平或任意划分一个单元，可根据服务范围命名</td></tr>
</table>

6.4.3.2 为开采单元服务的巷道

1. 水平巷道

巷道轴线与矿体走向一致的水平巷道叫作平巷，矿体使用最多的巷道就是水平巷道。水平巷道可以根据服务范围和用途进一步命名。服务于阶段的水平巷道叫阶段水平巷道和阶段大巷道。通常一个阶段都有一个运输大巷道，用于矿石、材料、废石的运输，同时也是行人、通风、排水的通道。在运输大巷道里一般布置有人行道、电缆还有有轨运输的轨道，可以说他是一个阶段最重要的巷道，也是最先开掘的巷道。

2. 倾斜巷道

在开采水平以上(下)一个采区服务的倾斜巷道叫采区上(下)山，简称上(下)山。

3. 垂直巷道

垂直巷道的应用较少，主要有用于通风和行人的盲竖井和用于向下运输矿石的溜井。

6.4.3.3 联络巷道

联络巷道是用来连接各种不同的巷道以形成矿井完整的运输、通风、行人等系统的短巷道，如进风行人斜巷，回风巷等。

6.4.3.4 洞室

洞室是轴线长度较短，用于专门用途的一些巷道。一般集中于井底采区中央和矿山附近，如水仓、水泵房、变电所、井底车场、材料库、矿仓等。

6.4.4 井巷掘进方法

通过实际开采情况分析，如果在地下矿山开采过程中合理地应用爆破技术，可以使矿山开采达到事半功倍的效果，但是在应用过程中存在一定的问题，因此需要对井巷掘进爆破技术进行分析。

6.4.4.1 井巷掘进爆破技术

井巷掘进爆破技术主要包括天井、隧道、平巷等地点的爆破，并且在这些地点进行的爆破都要在自由条件下开展，在实际应用过程中，会受到掘进断面的影响，通常情况下，爆破的进尺应当在 1 ~ 3 m。井巷掘进爆破一定要严格依照规格进行，必须要满足爆堆集中、块度均匀的要求。在进行井巷爆破实施过程中，涉及的参数有孔深、孔距、装药量等多项内容。

6.4.4.2　井巷掘进爆破过程中的掏槽方式

在井巷掘进爆时，掏槽是其中一项非常重要的工作，掏槽需要综合考虑岩石性质、井巷断面等因素。掏槽方式主要包括以下几种：

(1)楔形掏槽。该方式下，炮孔的数量超过两排，爆破时将会形成楔形空间，主要用于断面超过 4 m^2、岩质均匀但硬度在中度以上的巷道掘进中，为了确保爆破的合理性，炮孔孔底的距离取值应当在 10 ~ 20 cm。

(2)桶形掏槽。是一种垂直掏槽方式，比较常用于中硬以上的岩石中。采取该种方式进行掏槽，掏槽的宽度较大，掏槽腔体积也较大，对爆破的开展比较有利。在掏槽过程中，需要注意槽的直径不能小于装药炮孔的直径，一些工程在采取桶形掏槽时，会适当加大掏槽直径，从而预留一些补偿空间，为工作人员保留一定的自由面。

(3)螺旋掏槽。采用该方式进行掏槽，各装药炮孔同空孔之间的距离依次增加。装药炮孔在爆炸过程中依次起爆，槽腔内的体积会随着爆破的进行依次变大。在实际爆破过程中，如果遇到特别难爆的岩石，在掏槽过程中可以适当增加补偿空间和自由面，从而提高爆破效果。在掏槽过程中，空孔的位置、数量以及对垂直掏槽的作用都会造成一定程度的影响。

6.4.4.3　井巷掘进爆破中的重要参数

井巷掘进爆破过程中会涉及许多参数，这些参数会对爆破效果造成一定影响，爆破参数内容如下。

1. 炮孔深度

所谓炮孔深度指的就是由工作面到孔底的垂直距离，从爆破综合角度对问题进行分析，炮孔深度这一项参数对与爆破效果有着重要影响，这主要因为深度会对掘进中的每一个环节造成影响，尤其是会影响爆破效果和掘进速度。在爆破过程中，为了加快掘进速度，使掘进技术和机械化程度得到提高，应适当增加每一次的循环次数。

2. 炮孔直径

炮孔直径大小会对装药数量造成直接影响，炮孔直径较大时，炮孔中的装药量也会有所增加，从而实现集中爆破，爆破的稳定性和速度都会有一定程度的提高，但是，如果一味追求大直径炮孔，直径过大，凿岩的速度将会有所下降，同时使爆孔的数量有所减少，在爆破时，也会使爆破效果降低。依据凿岩工具、设备，炸药性能，掘进的具体情况进行综合分析，通过试验对比，选取最佳的爆孔直径。

3. 爆孔距离

在确定了井巷断面和岩石性质的情况下，再确定炮孔的深度、直径、消耗量等内容后，辅助爆破孔的布置必须要均匀，依据经验，通过实际分析，确定爆破中涉及的各项参数，并通过多方面调整，最终确定爆孔距离。通过对多次爆破案例进行分析，辅助孔的最佳孔距通常在 40. 0 ~ 60. 0 cm；周边孔距一般在 60. 0 ~ 70. 0 cm，同时周边孔与巷道之间的最佳距离应当为 10. 0 ~ 15. 0 cm。如果在爆破过程中，涉及软岩石，可以适当加大轮廓线，需要注意，不论通过什么经验获取到的参数都不是一成不变的，如果爆破条件十分特殊，应当依据情况进行针对性调整，确保爆破能够达到人们所期望的效果。

6.4.4.4 矿山工程开采工程实例

某矿在某石门穿越煤层过程中,因为岩体过于破碎,虽然在实际爆破过程中对爆眼的使用率超过了90%,但是在实际爆破后,出现了较为严重的超挖现象,掘进断面超过了1 m^2,爆破效果不理想,不仅给支护带来了较大麻烦,而且导致大量资源浪费。通过对爆破效果进行分析,不难发现,炮眼的利用率较高,表示在爆破过程中采用掏槽的方式是可行的,出现较为严重的超挖现象主要是装药量过大、周边眼间距偏大导致的。发现原因后,对底爆破图标进行了及时修改,将周边眼间距从60 cm缩小到了40 cm,装药量也从每炮眼450 g,缩小到150 g,不仅减少了炸药的使用量、获得了较高的爆破效率,并且也为规整成型、控制超挖等操作提供了支持。

由爆破实例可知,在爆破过程中为了保证掘进爆破效果需要注意以下两点内容:一是掘进爆破技术人员在工作中必须严格依据爆破现场的具体情况,完成爆破图标的编制工作,例如巷道需要穿过多种岩层,则在爆破图标编制过程中需要选择不少于两种的主要岩层进行编制,同时需要在爆破现场进行指导,通过多次爆破实践,然后依据爆破获取的参数,对编制的图标进行完善,使其符合爆破标准。二是所有参加掘进爆破的工人在具体施工过程中,都必须严格参照爆破图标和煤矿安全规程中的规定进行作业,注意消除随意装药、随意打眼等现象的发生,确保施工的快速和安全。

综上所述,矿山井巷掘进爆破技术处于快速发展阶段,在施工过程中,为了确保爆破效果,需要对矿井的设计要求和地质条件进行综合分析,对各项技术进行合理应用,降低工作人员的劳动量,提高掘进质量,加快掘进速度,保证施工的安全性和合理性。

6.5 管线工程

地下管线是城市基础设施的重要组成部分,是城市规划建设管理的重要基础信息。它就像人体的神经和血管,日夜担负着传输信息和输送能量的工作,是城市赖以生存和发展的必要保障,被称为城市的"生命线"。

随着时代的发展,我国城市建设也快速发展,随之而来的是我国地下管线越来越庞大、密集,其种类也越来越复杂,由此带来的施工难度,也是越来越大。据统计,截至2012年,各类地下管线长度就已超过187万km,是1990年的8.63倍。同时,我国正处于新一轮地下管线建设高峰期,有相当比例的管线进入"老龄化",管线施工、运营和维护等正面临前所未有的机遇和挑战。

但是,我国城市地下管线管理却滞后于城市建设的发展,例如,地下管线现状普遍不详,大多数城市没有对地下管线进行普查和建档工作,由于管线不详,在建设施工中不断发生管线被压埋和破坏的情况,停水、停电、停气、通信中段,甚至火灾和爆炸事故频繁发生,为此造成的人民生命财产损失难以估算。另外,由于各类管线的所属单位不同,实施时间不同,造成埋设混乱,如把居民楼和厂房建在煤气管道上,煤气管道爆炸造成楼塌人亡;输油管道与自来水管道交叉埋设造成水污染等,给城市的发展埋下祸患。地下管线的这种滞后现象,已成为我国城市建设和国民经济发展的瓶颈。

目前,在36个大中城市开展地下综合管廊试点工程,探索投融资、建设维护、定价收费、运营管理等模式,提高综合管廊建设管理水平。通过试点示范效应,带动具备条件的城市结合新区建设、旧城改造、道路新(改、扩)建,在重要地段和管线密集区建设综合管廊。城市地下综合管廊应统一规划、建设和管理,满足管线单位的使用和运行维护要求,同步配套消防、供电、照明、监控与报警、通风、排水、标识等设施。鼓励管线单位入股组成股份制公司,联合投资建设综合管廊,或在城市人民政府指导下组成地下综合管廊业主委员会,招标选择建设、运营管理单位。建成综合管廊的区域,凡已在管廊中预留管线位置的,不得再另行安排管廊以外的管线位置。要统筹考虑综合管廊建设运行费用、投资回报和管线单位的使用成本,合理确定管廊租售价格标准。有关部门要及时总结试点经验,加强对各地综合管廊建设的指导。

6.5.1 地下管线的种类及编号

城市地下管线的种类繁多,结构复杂,而且分属各个不同的专业部门管理。因此,要做好地下管线探测和普查工作,必须先弄清地下管线的种类及结构,才能采用相应的探测技术和方法,高效率、高质量地完成地下管线的探测任务。因各个城市地下管线探测技术规程中对管线的分类略有不同,现以郑州市地下管线探测规程中的分类为例进行说明。共分为八大类:给水管道、排水管道、燃气管道、工业管道、热力管道、电力管道、通信管道、人防管道,其中每个大类又分不同子类,如图 6-11 所示,括号中为各管线的编号,大部分是以汉语拼音首字母进行编号的。

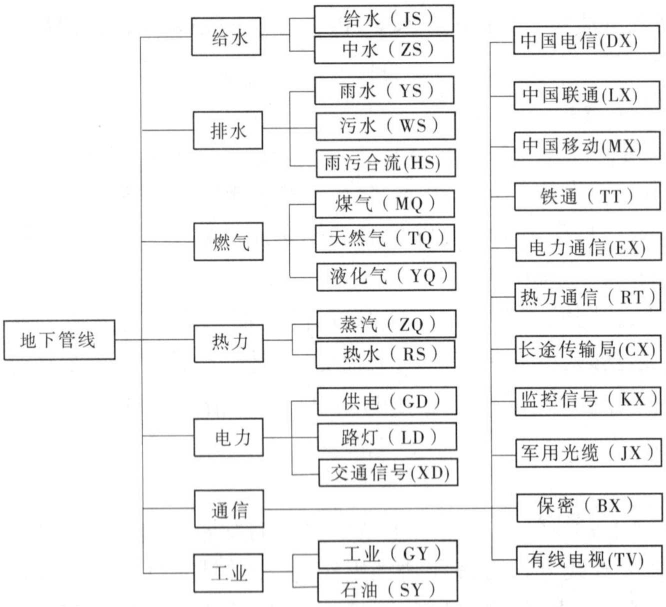

图 6-11 地下管线的种类及编号

6.5.1.1 给水管道

给水管道包括生活用水管道、消防用水管道和工业输配水管道等。

子类:给水(JS)、中水(ZS)。

中水又名“再生水”,是指废水或雨水经适当处理后,达到一定的水质指标,满足某种使用要求,可以进行有益使用的水。通常人们把自来水叫作“上水”,把污水叫作“下水”,而再生水的水质介于上水和下水之间，故名“中水”。中水虽不能饮用，但它可以用于一些水质要求不高的场合，如冲洗厕所、冲洗汽车、喷洒道路、绿化等。

给水和中水的区别：使用上，给水可以直接饮用，中水不能；外观上，中水管道外表常涂白色，并标有“中水”字样。

6.5.1.2 排水管道

排水管道指汇集和排放污水、废水与雨水的管渠及其附属设施所组成的系统。包括干管、支管以及通往处理厂的管道，特殊地区还包括与其工程衔接的明沟（渠）、盖板河等。无论修建在街道上或其他任何地方，只要是起排水作用的管道，都应作为排水管道统计。

子类：雨水（YS）、污水（WS）、雨污合流（HS）。

雨水管道较浅，郑州的一般为 1.6 m；而排水管道一般较深，一般 3 m 以上，有的十几米。

6.5.1.3 燃气管道

输送燃气的专用管道，为人们生产和生活提供能量，根据管道内输送的燃气介质不同来划分子类。

子类：煤气（MQ）、天然气（TQ）、液化气（YQ）。

煤气主要成分是一氧化碳、甲烷、氢气；天然气主要成分是甲烷；液化气主要成分是丙烷、丁烷、丙烯、丁烯等。

6.5.1.4 热力管道

从锅炉房、直燃机房、供热中心等出发，从热源通往建筑物热力入口，从而为人们生产和生活提供热量，同样根据管道内输送的介质来划分子类。

子类：蒸汽（ZQ）、热水（RS）。

热力管道外围通常包有一层保温材料，蒸汽管道多用于企业供热，热水管道多用于居民供热。

6.5.1.5 电力管道

电力管道从变电站、配电站等出发，通过各种输电线到达用电单位或设施，为其提供电力。

子类：供电（GD）、路灯（LD）、交通信号（XD）。

各种电力管道电压：供电，常见的有 220 V、380 V、1 kV、10 kV、110 kV；路灯为 380 V；交通信号为 220 V。

6.5.1.6 通信管道

通信管道从站点、机房等公共资源出发，通过各种传输介质到达用户，为用户提供通话、网络等通信服务。按照权属单位划分子类。

子类：中国电信（DX）、中国联通（LX）、中国移动（MX）、铁通（TT）、电力通信（EX）、热力通信（RT）、长途传输局（CX）、监控信号（KX）、军用光缆（JX）、保密（BX）、有线电视（TV）。

6.5.1.7 工业管道

工业管道指为工矿企业、事业单位运输各种原料、产品的管道。广泛应用于石油、天然气、化工、市政、冶金、有色金属、动力、机械、航天航空、轻工等各行各业中，是输送的介质种类最多的管道。

子类:工业(GY)、石油(SY)。

工业管道的介质有很多:压缩空气、氮气、硫酸、硝酸、盐酸、苛性碱、氯化物、沥青、硫黄、尿素溶液等。

6.5.2 各类地下管线的结构

6.5.2.1 给水管道结构

(1)系统组成。给水管网系统一般是由输水管(渠)、配水管网、水压调节设施(泵站、减压阀)及水量调节设施(清水池、水塔、高位水池)等构成(见图6-12)。

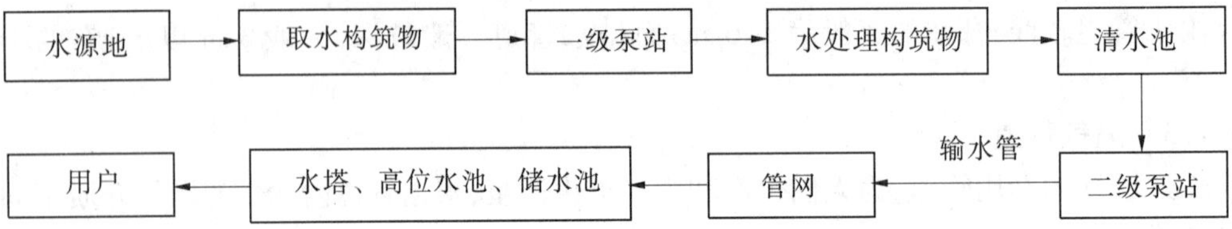

图6-12　给水管道系统组成

(2)管材。铸铁管使用最为广泛;钢管口径150 mm以下多用;其他管材有钢筋混凝土管、石棉水泥管等。

(3)现场照片见图6-13、图6-14。

图6-13　给水管道施工

图6-14　给水管道

6.5.2.2 排水管道结构

(1)系统组成。排水管道是接收、输送和净化城市、工厂以及生活区的各种污水的管道。排水管道系统一般由废水收集设施、排水管道、水量调节池、提升泵站、废水输水管(渠)和排放口等组成(见图6-15)。

(2)管材。排水管道管材有钢筋混凝土管、混凝土管、铸铁管、石棉水泥管、陶瓷管以及砖石沟等。我国的排水管道管材主要是钢筋混凝土管。

(3)现场照片见图6-16。

6.5.2.3 燃气管道结构

(1)系统组成。城镇燃气输配系统一般由门站、储配站、输配管网、调压站以及运行管理操作和控制设施等共同组成(见图6-17)。

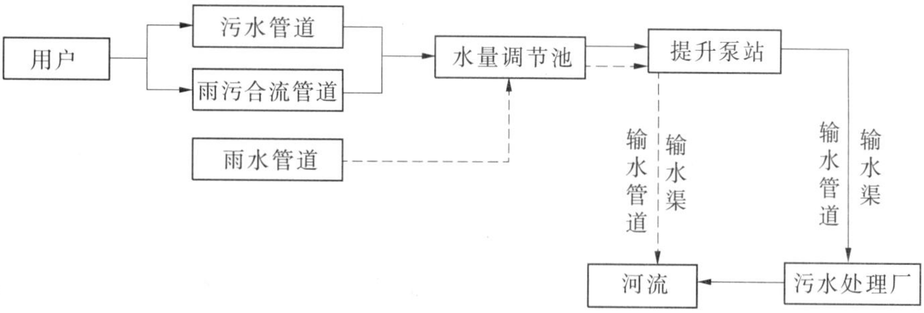

图6-15　排水管道系统组成

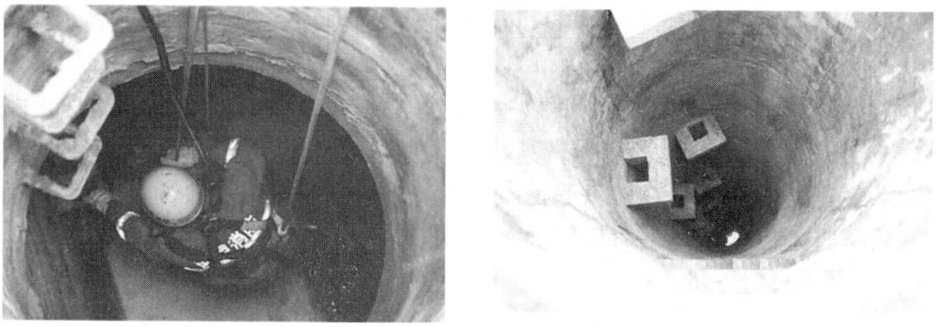

(a)　　(b)

图6-16　污水管道

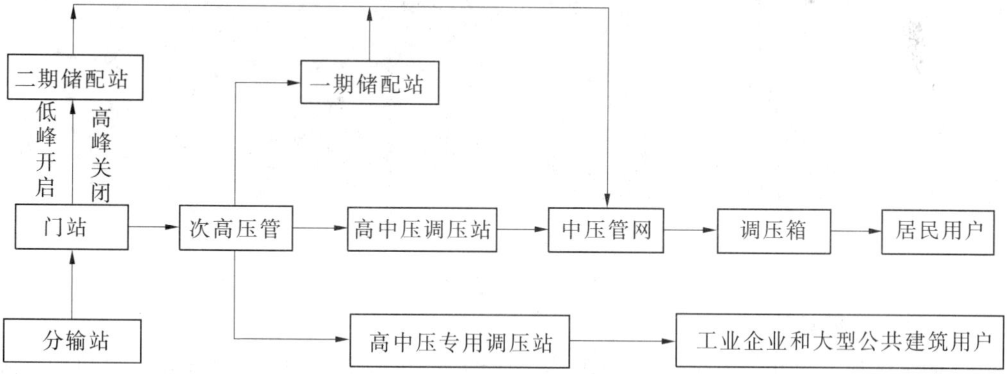

图6-17　燃气管道系统组成

①门站。负责接收气源(包括煤制气厂、天然气、煤层气及有余气可供应用的工厂等)供城镇使用的燃气,进行计量、质量检测,按城镇供气的输配要求,控制并调节向城镇供应的燃气流量与压力,必要时还需对燃气进行净化、加臭。

②储配站。储存一定量的燃气以供用气高峰时调整;当上游输气设施发生故障或维修管道时,保证一定程度的供气,对使用的多种燃气进行混合,使其组分均匀;将燃气加压(或降压)以保证输配管网或用户燃具前燃气的压力。

③输配管网。是将储配站(包括门站)的燃气输送至各储气点、调压站及燃气用户,并保证输气安全可靠。管网布置应尽量靠近用户,以保证用最短的线路长度,达到同样的供气

效果。

④调压站。是将输气管网的压力调压至下一级管网或用户所需的压力,并使调节后的燃气压力保持稳定。城镇燃气调压设施的布局,应根据管网布置及调压站的作用半径确定,包括用户调压箱和专用调压站。

a. 用户调压箱。通常与中压管网或低压管网相连,直接供应居民用户用气。

b. 专用调压站。在调压设置入口可直接连接较高压力的输气管线,适用于气量较大的工业企业和大型公共建筑用户。

⑤监控及数据采集系统。该系统具有数据采集、生产调度自动化、营业收费自动化及决策支持等功能。

⑥维护与管理中心。主要负责燃气管网系统的日常运行、维护以及收费,一般燃气企业需要设置燃气维修所。维护与管理中心的布局,应满足其服务半径的需要,保障燃气输配系统正常运行。

(2)管材。燃气管道常用的管材有以下几种:钢管:承载应力大、可塑性好、便于焊接、管壁薄、施工技术成熟,耐腐蚀性差;铸铁管:抗拉、抗弯曲、抗冲击能力差、耐腐蚀;球墨铸铁管:阻力小,易连接,具有钢管和铸铁管的共同优势;塑料(PE)管:无腐蚀、质轻、流动阻力小、抗拉、抗弯曲性能好,使用寿命长,施工速度快。

(3)现场照片见图6-18。

(a)　　(b)

图6-18　燃气管道现场照片

6.5.2.4　**热力管道结构**

(1)系统组成。城市供热系统是由供热企业经营,对多个用户进行供热的,自热源至城市供热站(或热用户)输送热水或水蒸气的管道系统。主要由管道、管路附件和安全计量表等组成。

按照输送介质不同,分为热水管道和蒸汽管道。

①热水管道系统组成见图6-19。

②蒸汽管道系统组成见图6-20。

(2)管材。焊接钢管,又称有缝钢管。分为低压流体输送钢管及电焊钢管两大类。

①低压流体输送钢管,常用来输送水和煤气,俗称为水煤气管。

②电焊钢管,一般用于压力不高或无严格要求的管路。

无缝钢管:是由圆钢坯加热后,经穿管机穿孔轧制(热轧)而成的,或者再经过冷拔而成

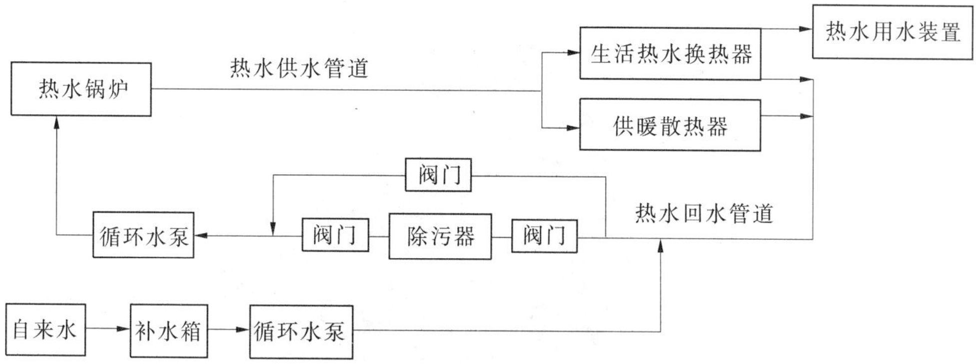

图6-19 热水管道系统组成

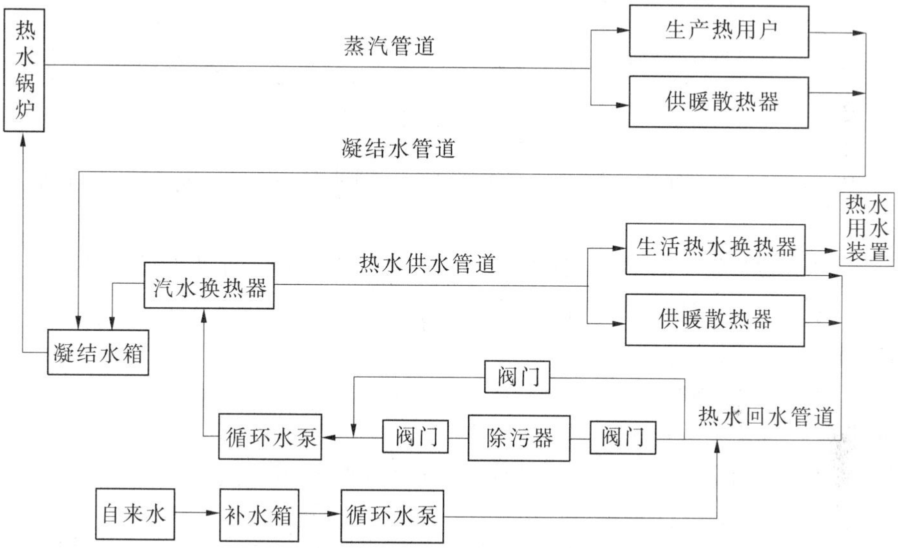

图6-20 蒸汽管道系统组成

为外径较小的管子,因为它没有接缝,所以称为无缝钢管。它强度高,可用在重要管路上,如高压蒸汽和过热蒸汽的管路、高压水和过热水管路、高压气体和液体管路等。各种热交换器的管子大都采用无缝钢管。

(3)现场照片见图6-21。

6.5.2.5 电力管道结构

(1)系统组成。电力系统是由发电厂、输电网、配电网和电力用户组成的整体(见图6-22),是将一次能源转换成电能并输送和分配到用户的系统。

①发电厂:是实现把其他形式的能源转化成电能的场所。现在我国的发电厂主要有火力发电厂、水力发电厂、核能发电厂等。此外,还有利用地热能源、再生能源(太阳能、风力、潮汐、波浪、海流)等其他形式的能源进行发电的。

②变电站:改变电压的场所,分为升压变电站和降压变电站。为了把发电厂发出来的电能输送到较远的地方,必须把电压升高,变为高压电,到用户附近再按需要把电压降低,这种升降电压的工作靠变电站来完成。

图 6-21　蒸汽管道现场照片

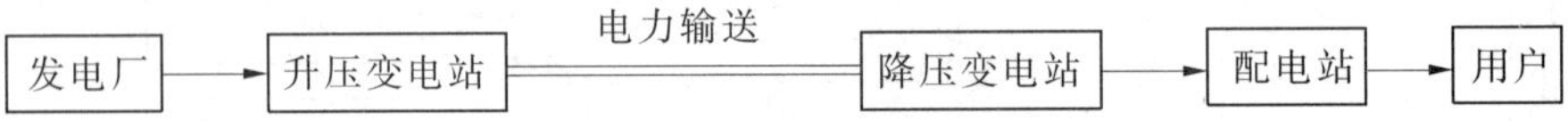

图 6-22　电力管道系统组成

③配电站：是将电送到用电设备或用户的地方，是电网的未端，其上连变电站，下连各用电设备。

(2)管材。电缆按芯线材料可分为一芯、二芯、三芯、四芯、五芯电缆。电力电缆埋在地下，对电缆保护管的要求较高，常用的有以下几种：

①有机高分子材料：如碳素波纹管、PVC 管等。

②金属材料：如涂塑钢管、镀锌钢管等。

③树脂基纤维增强复合材料：如玻璃钢管等。

④水泥基纤维增强复合材料：如低摩擦纤维水泥管、维纶水泥管等。

(3)现场照片见图 6-23、图 6-24。

图 6-23　电力管道检修井

图 6-24　电力管道施工照片

6.5.2.6　通信管道结构

(1)系统组成。通信管道按布设形式可分为单局制通信电缆管道系统(见图 6-25)和多局制通信电缆管道系统(见图 6-26)。电信管道按其在通信网络中所处位置、布放电缆的性质、所用的管材和建设的结构不同，可分为出进局管道、主干管道、中继管道、分支电缆、用户管道。

(2)管材。

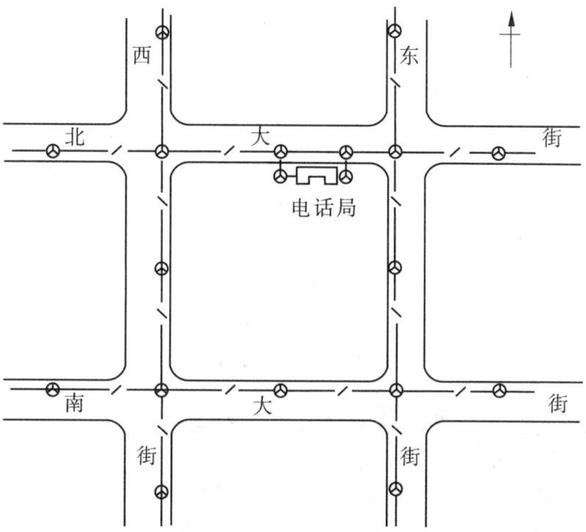

图6-25 单局制通信电缆管道系统的布设

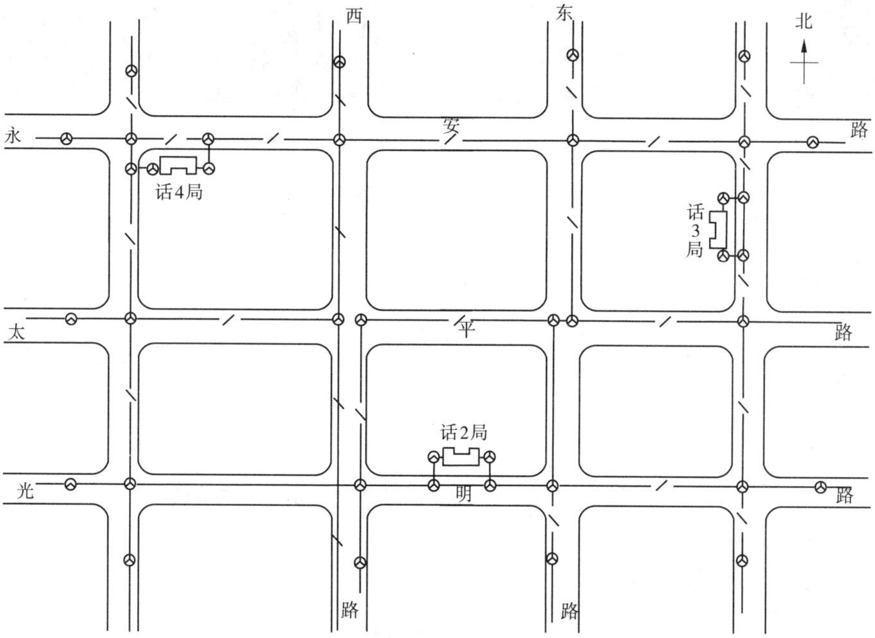

图6-26 多局制通信电缆管道系统的布设

①水泥管:为最普通的、使用最多的通信管道的管材,是一种多管孔组合式结构的管材。有单孔、双孔、三孔、四孔、六孔、九孔、十二孔、二十四孔等如图6-27所示。

②钢管:单孔,按照一定的组合结构方式建成。

③聚氯乙烯塑料管:热塑性聚氯乙烯塑料,经过挤压成型的单孔硬性塑料管。

④其他管材:石棉水泥管道、陶瓷电信管道等。

(3)现场照片见图6-28。

6.5.2.7 **工业管道结构**

(1)系统组成。工业管道种类很多,下面以输油管道为例进行介绍。

输油管道由输油站和管线两部分组成(见图6-29)。

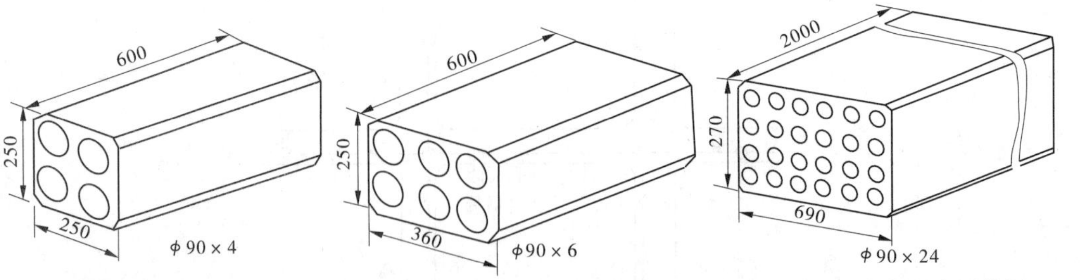

(a)四孔水泥管图　　(b)六孔水泥管图　　(c)24孔大型水泥管图

图 6-27　水泥管电信管材　(mm)

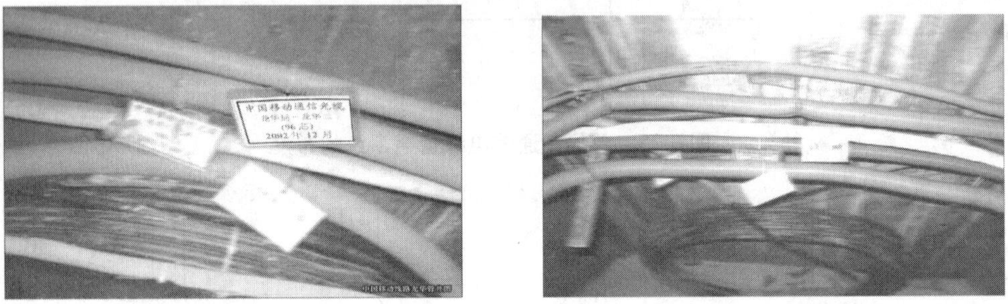

(a)　　(b)

图 6-28　通信管道检修井内部

①输油站:包括首站、末站、中间输油站等。

②管线:包括管道、沿线阀室、穿越江河、山谷和管道阴极防腐保护设施等。

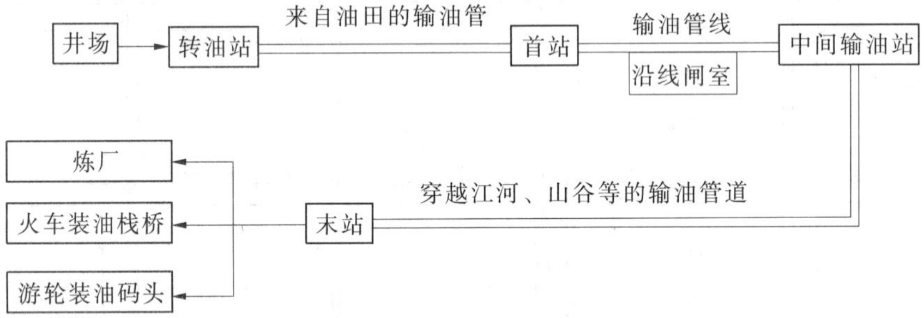

图 6-29　石油管道系统组成

(2)管材。工业管道因输送的介质种类较多,因此管材也较多,选取常见的几种介绍。

①无缝钢管。输送燃烧性、爆炸性和有毒害性的介质。

②硅铁管。铸铁管的一种,分为高硅铸铁管和抗氯硅铸铁管两种。高硅铸铁管能抵抗多种强酸的腐蚀,而含钼的抗氯硅铸铁管可抵抗各种浓度和温度的盐酸,因此是很好的耐腐蚀性管材。

③铝管。是拔制而成的无缝管,主要用来输送浓硝酸、醋酸、甲酸以及其他介质,但不能抗碱液。

④铅管。对硫酸具有良好的耐蚀性,因此广泛应用于硫酸工业中,但由于铅管有强度低、密度大、抗热性能差等缺点,故近年来已逐渐被各种耐酸合金管与塑料管所代替。

⑤不锈钢管。具有良好的耐腐蚀性能,广泛用于化学工业、化肥工业、石油工业、医药工

业等领域。

⑥塑料管。具有优良的化学稳定性，耐腐蚀，不受酸、碱、盐、油类介质的侵蚀。塑料管管壁光滑，容易切割，并可制成各种颜色，广泛用于化工管路中。

(3)现场照片见图6-30、图6-31。

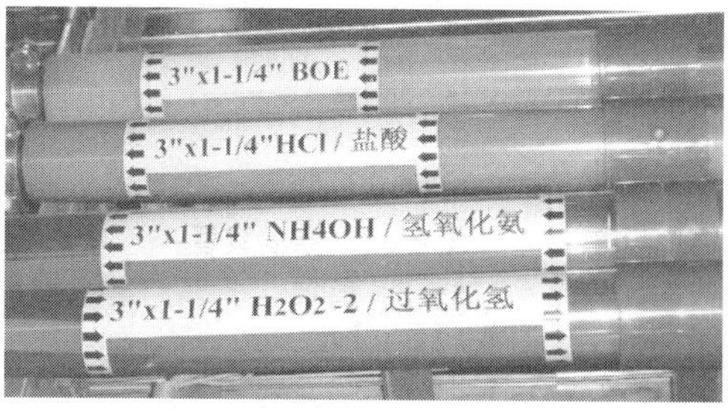

图6-30 工业管道标识

图6-31 工业管道现场照片

6.5.2.8 各类管件

管件是管道系统中起连接、控制、变向、分流、密封、支撑等作用的零部件的统称。

丁字管(见图6-32)、叉管(见图6-33)、弯管(见图6-34～图6-36)、穿墙套管(见图6-37)常用在给水管道中。

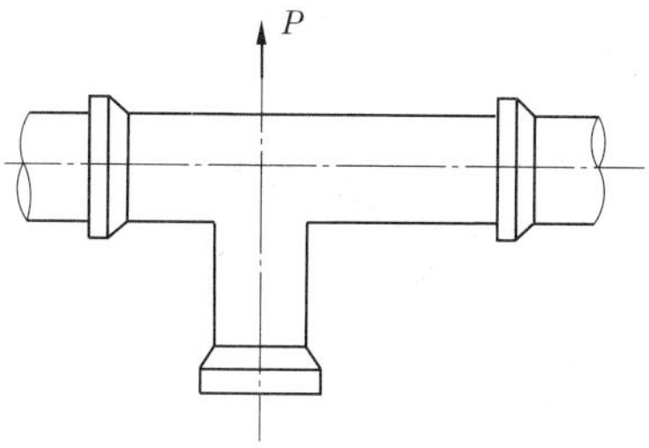

图6-32 丁字管

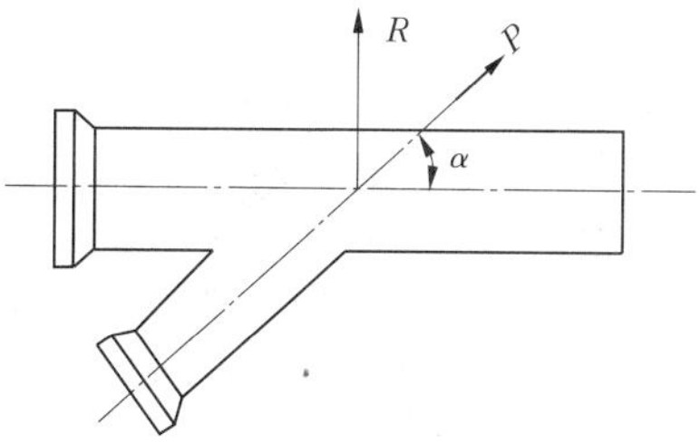

图6-33 叉管

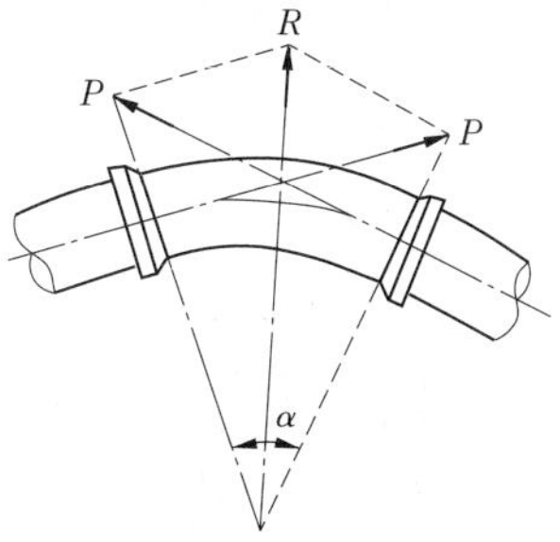

图6-34 弯管

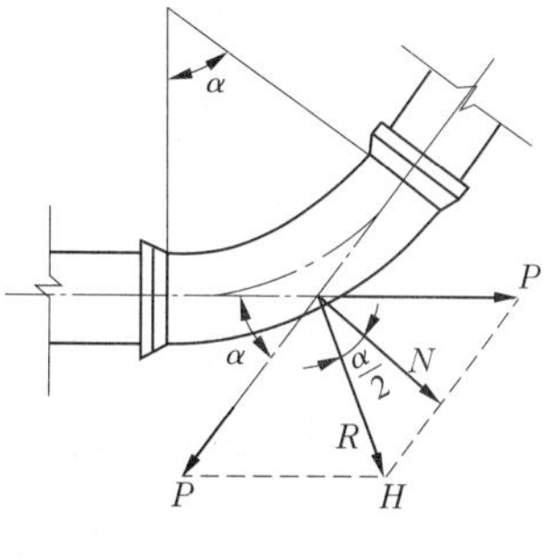

图6-35 垂直向上弯管

全承丁字管(见图6-38)、全承十字管(见图6-39)、45°双盘弯管(见图6-40)、90°承插弯管(见图6-41)、插承减缩管(见图6-42)，常用在燃气、工业、热力等管道中。

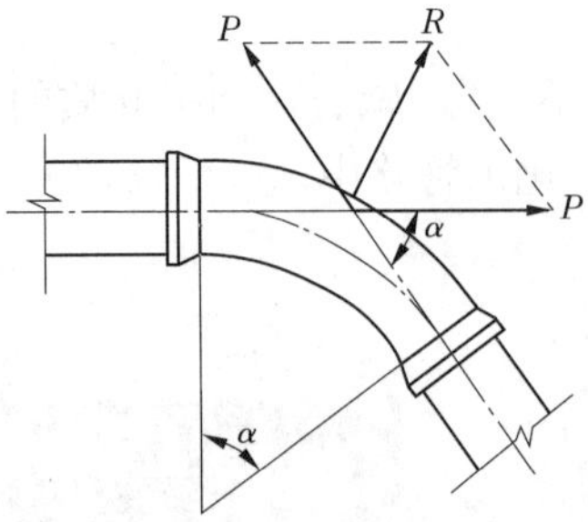

图 6-36　垂直向下弯管

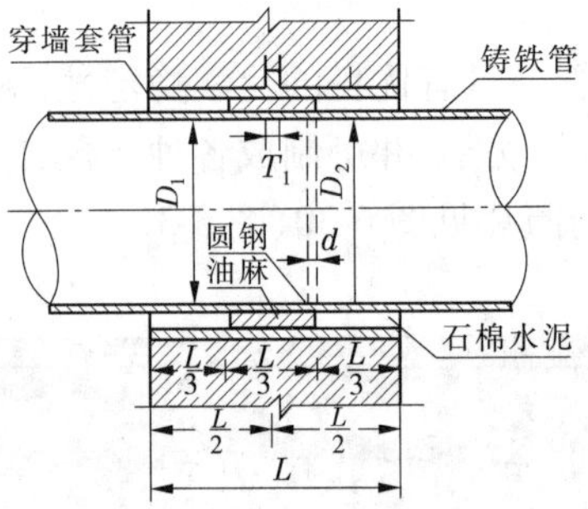

图 6-37　穿墙套管

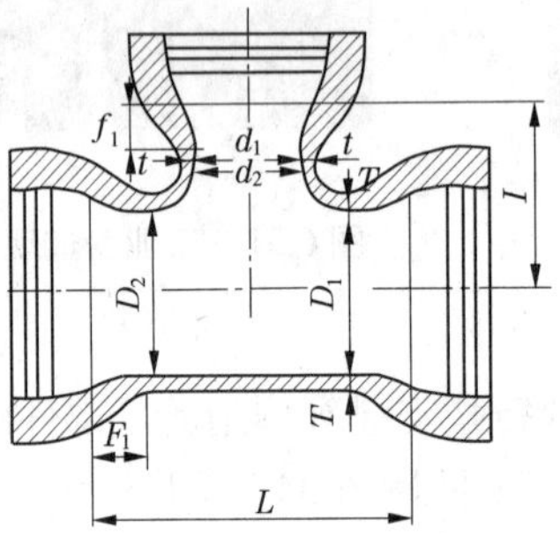

图 6-38　全承丁字管

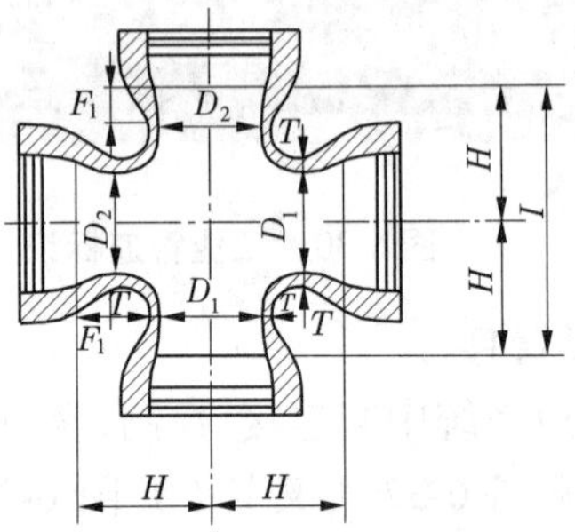

图 6-39　全承十字管

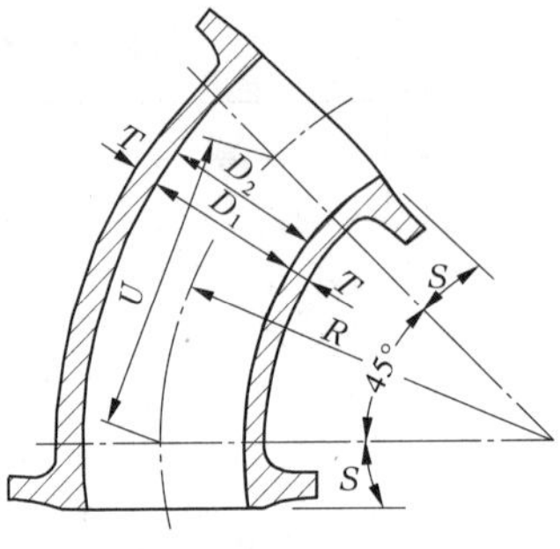

图 6-40　45°双盘弯管

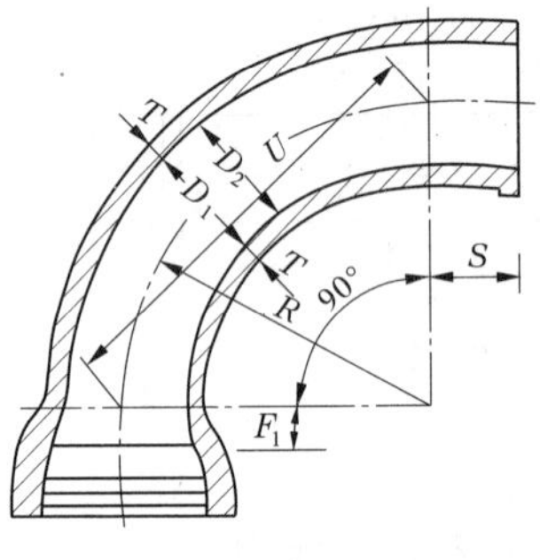

图 6-41　90°承插弯管

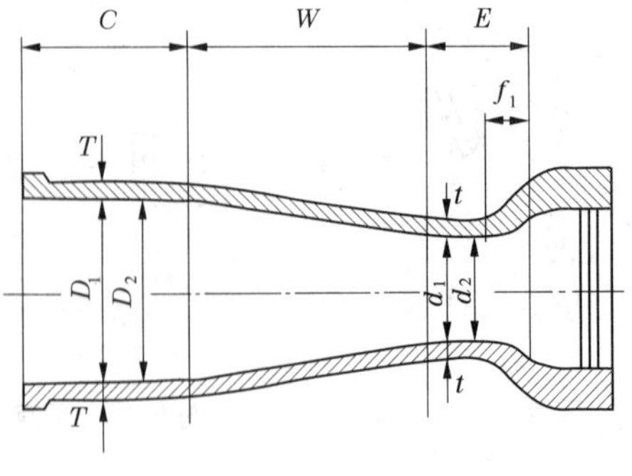

图 6-42　插承渐缩管

钢管管箍接口(见图6-43)、钢管套管接口(见图6-44)、钢管焊缝接口(见图6-45)、塑料管粘胶接口(见图6-46)、塑料管套管接口(见图6-47)常用在电力、通信管道中。

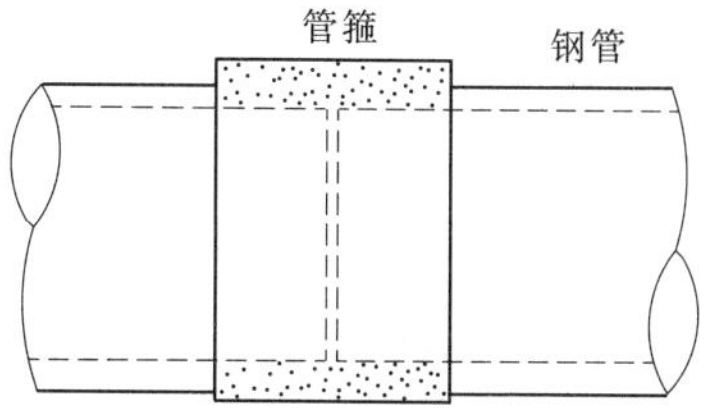

图6-43　钢管管箍接口

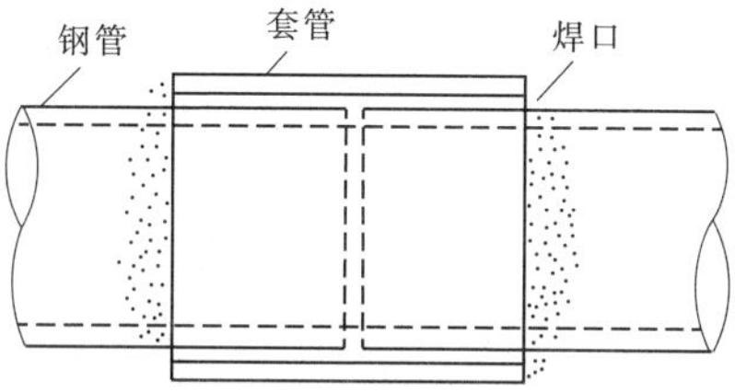

图6-44　钢管套管接口

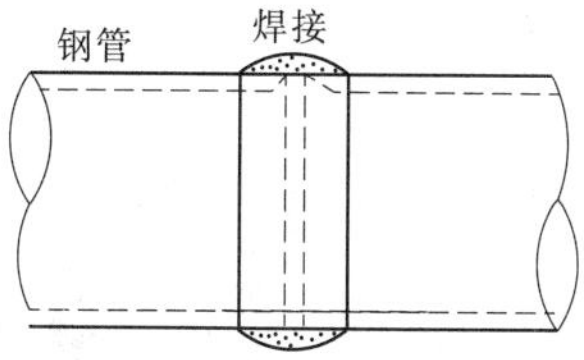

图6-45　钢管焊缝接口

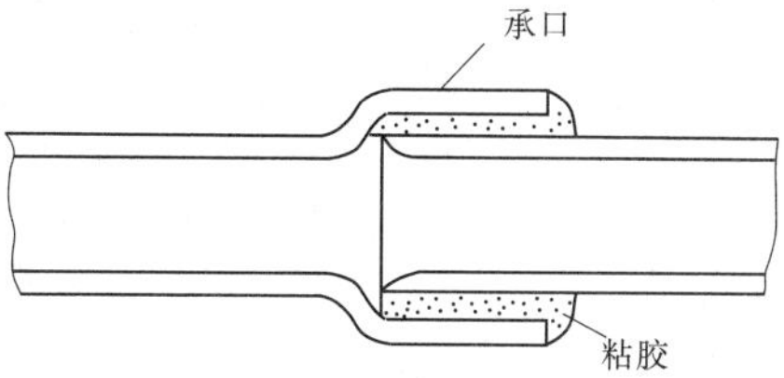

图6-46　塑料管粘胶接口

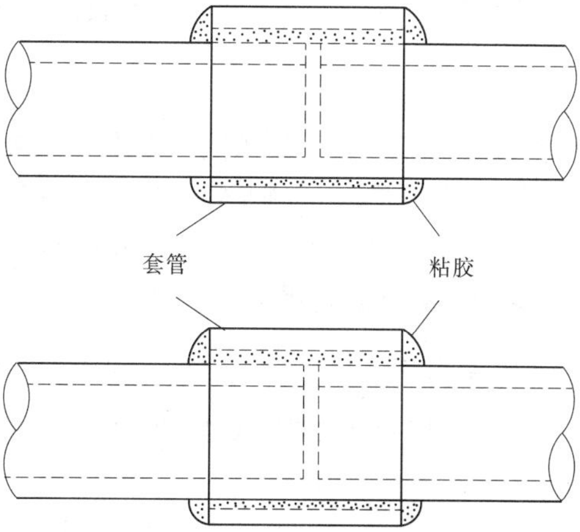

图6-47　塑料管套管接口

6.6　地下工程图识读

6.6.1　隧道工程图

隧道工程图主要包括隧道平面图、纵断面图、进(出)口断面图、隧道衬砌设计图、辅助坑道及运营通风结构设计图等。

6.6.1.1　隧道施工平面图

如图 6-48 所示，主要表示地质平面、隧道平面位置及线路里程，进、出口里程及辅助坑道的平面位置。

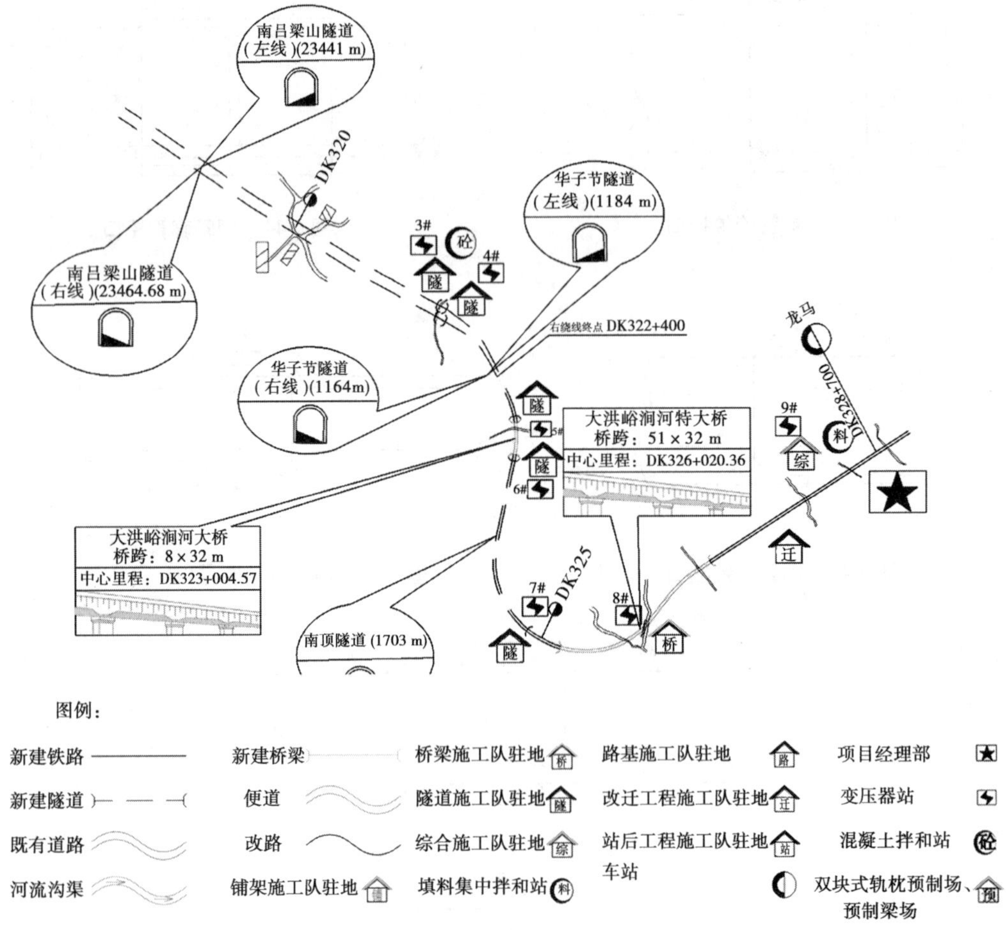

图 6-48　隧道施工总平面图

6.6.1.2　隧道纵断面图

如图 6-49 所示，主要表示隧道地质概况、衬砌类型(含曲线加宽)、防排水及避车洞等的位置；还要表示隧道埋置深度、轨道标高、设计坡度、地面标高及里程等。

6.6.1.3　隧道进(出)口断面图

隧道进(出)口断面图包括隧道地质横断面图如图 6-50 所示、进(出)口放大断面图及分界断面路基横断面图，它们主要表示洞门的构造、类型及具体尺寸，采用的建筑材料，洞门处的地形、地质情况、边坡、仰坡开挖坡度及高度等。

洞门位于隧道的进、出口，是隧道的唯一暴露部分。洞门的形式有端墙式、柱式和翼墙式，如图 6-51 所示。

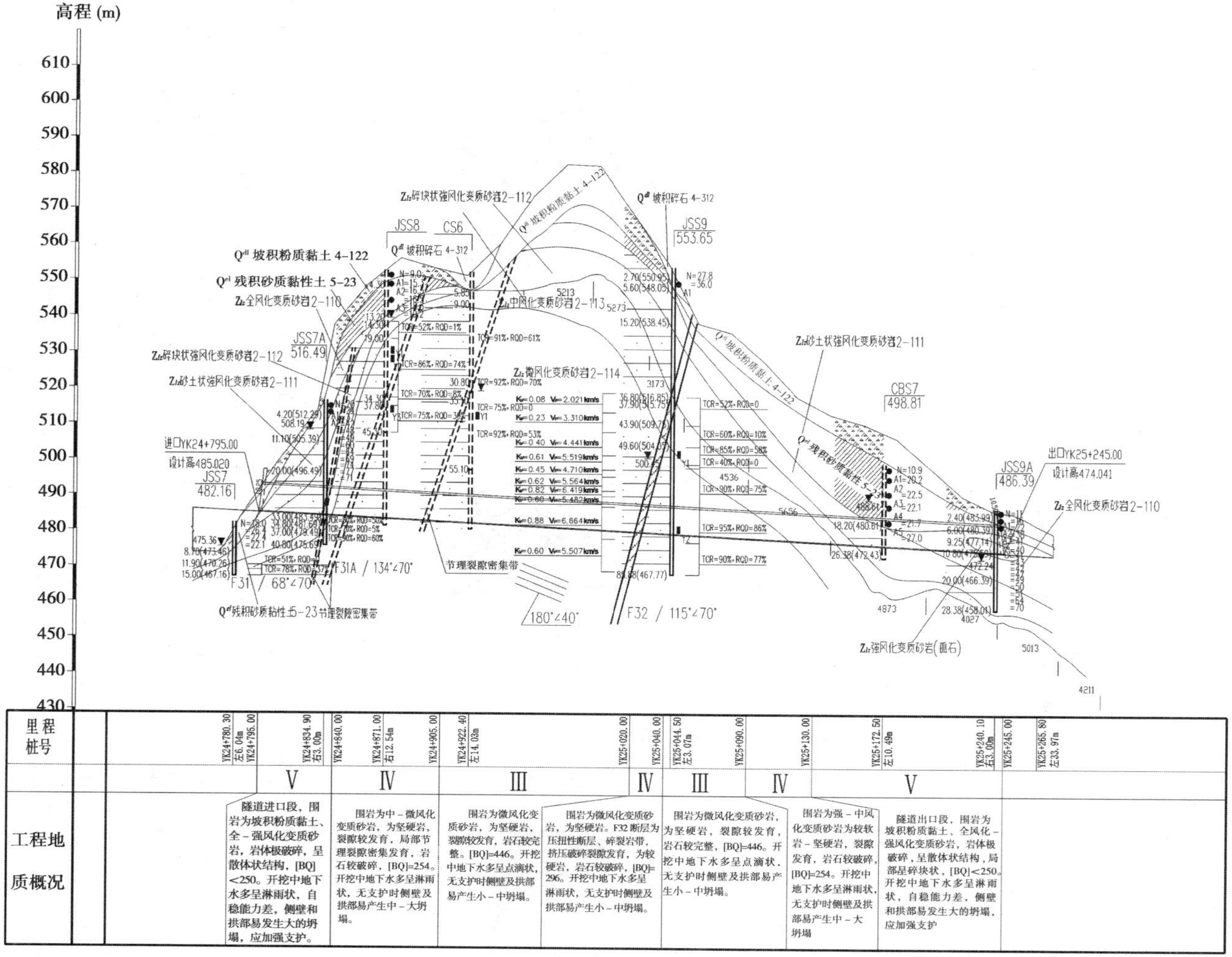

图 6-49　隧道地质纵断面图

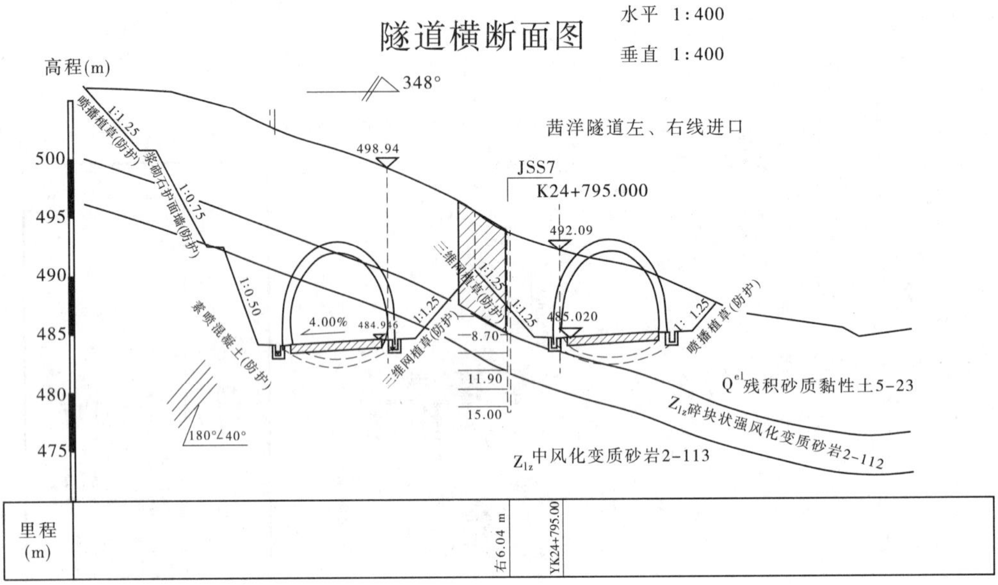

图 6-50　隧道地质横断面图

(a) 端墙式　　(b) 柱式　　(c) 翼墙式

图 6-51　隧道洞门的形式

以翼墙式洞门为例说明隧道洞门的构造。翼墙式洞门主要由端墙、翼墙和排水系统组成。如图 6-51(c)所示,该隧道洞门为翼墙式单线直边墙的铁路隧道洞门,绘图比例为 1:100。尺寸标注单位为 mm, 顺着线路正对洞门的方向,确定为隧道洞门正面图的投影方向,则该翼墙式单线直边墙隧道洞门图如图 6-52 所示,采用两个基本投影图(正面图、平面图)。

正面图正对洞门,表达洞门衬砌的形状和尺寸:端墙的高度为 7180 mm + 3620 mm 和长度为 10260 mm,端墙顶水沟的坡为 5%,端墙与衬砌的相对位置;翼墙倾斜情况,端墙顶水沟与翼墙排水沟的连接情况,洞内排水沟的位置,以及轨顶的标高等。

平面图主要表达端墙及其顶顺帽、顶水沟、挡水短墙,翼墙及其排水沟等的平面形状,以及洞门处各排水沟走向及连接情况。

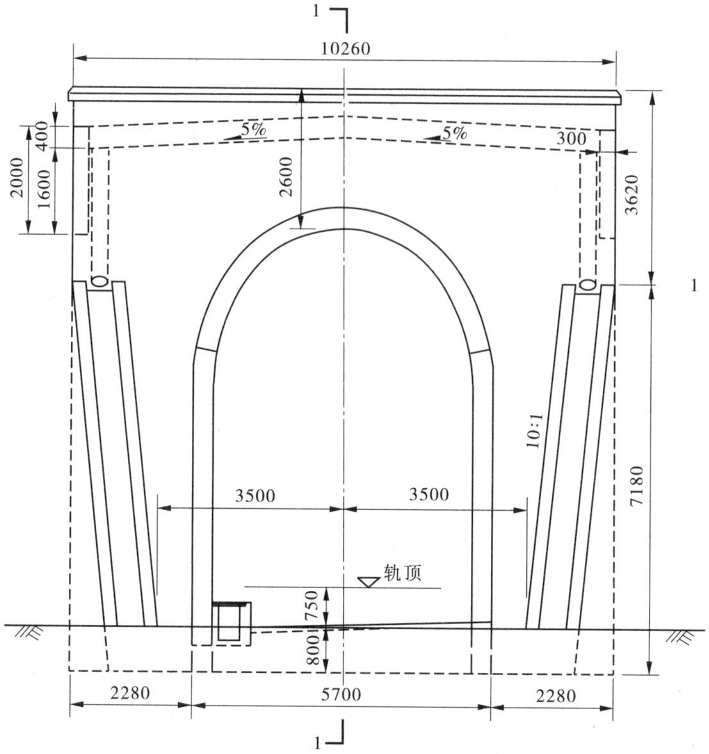

正面图

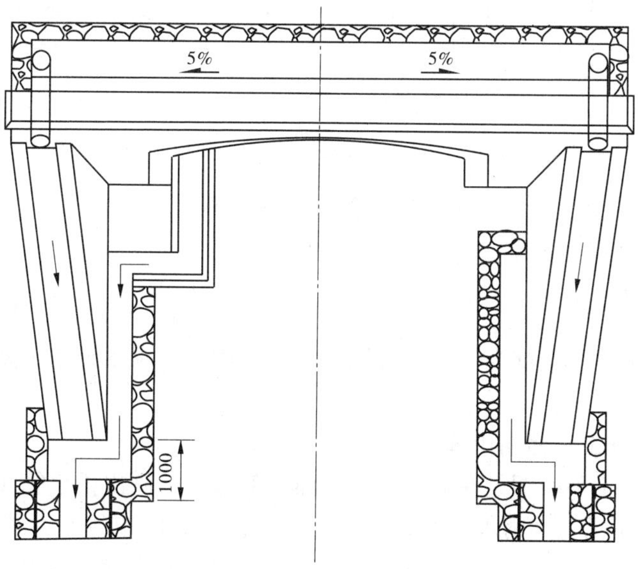

平面图

图 6-52　翼墙式单线直边墙隧道洞门图

6.6.1.4　**洞身衬砌断面图**

如图 6-53 所示,用来表示隧道洞身不同形式和大小的横断面图。

在图 6-53 中,衬砌断面总宽为 5700 mm,总高为 8130 mm。隧道衬砌两侧边墙基本是长方形,墙厚 400 mm,左边墙高为 1080 mm + 4350 mm = 5430 mm,右边墙高为 700 mm + 4430 mm = 5130 mm。拱圈由三段圆弧组成,起拱线坡度为 1∶5.08。顶部拱圈 *R* 2220 mm 在 90°范围内,两侧拱圈 *R* 3210 mm 在圆心角为 33°51′范围内。圆心分别在离中心线两侧 700 mm,高度离钢轨顶面 3730 mm 处。钢轨以下部分是线路道床,其底面坡度为 3%,以便排水。底部左侧有排水沟,右侧为电缆沟。

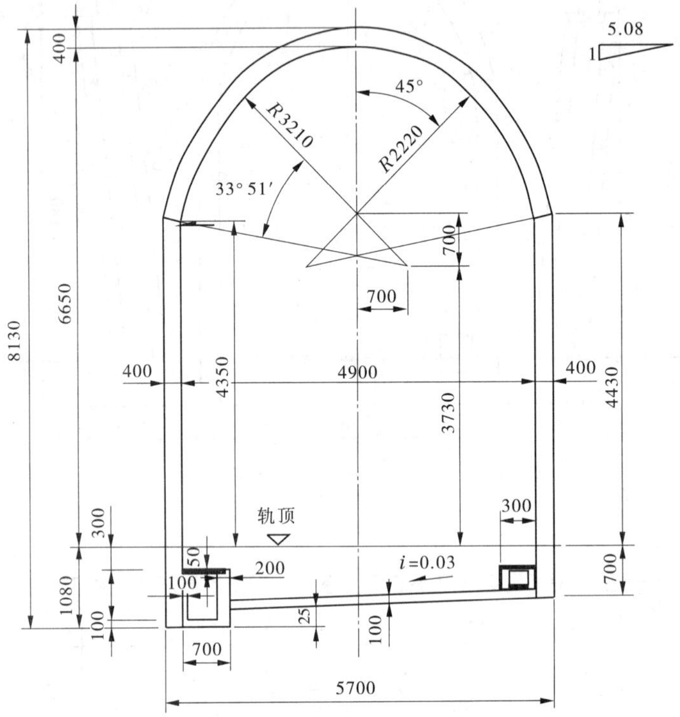

图 6-53　洞身衬砌断面图

6.6.2　管线施工图

本节我们以雨水排除系统为例介绍管线施工图识读。排水系统施工图通常包括施工平面图、施工纵断面图。

6.6.2.1　**排水系统施工平面图识读**

城市排水系统施工平面图是在城市线路平面图的基础上画出排水管线及其构造物的布置情况。如图 6-54 所示为某雨水排水管道施工平面图。在城市排水系统施工平面图中为突出管线的布置情况,路基边缘线可用细实线表示,图中原有管线应采用细实线表示,设计管线应采用粗实线表示,规划管线应采用虚线表示。

(1)地形地物部分(同城市道路平面图)。该图比例为 1∶5000,其地形由散点高程反映出该路段的坡度平缓,由西向东呈微倾之势,地面高程在 4.2 ~4.4 m。

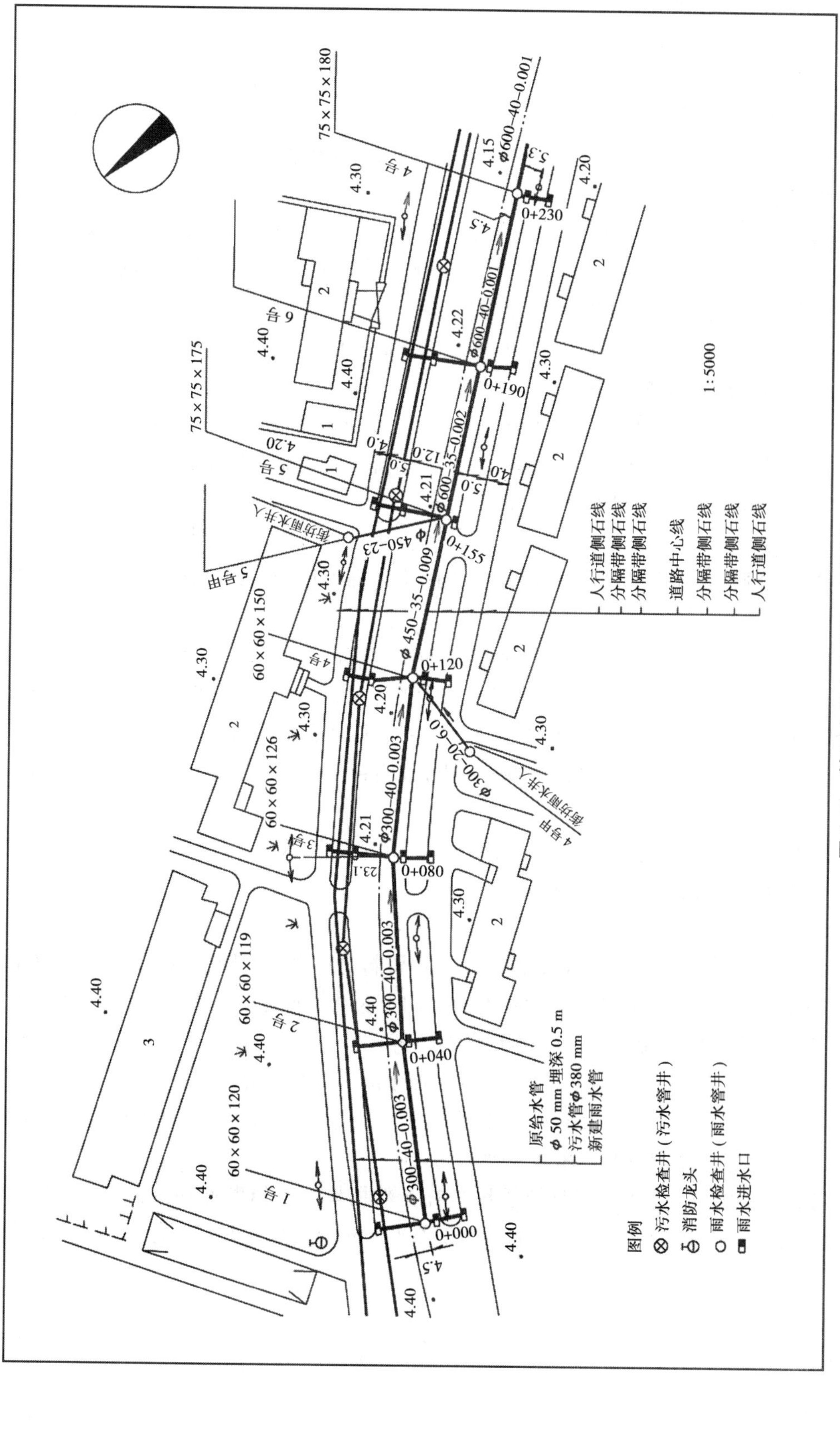

图 6-54 某雨水排水管道施工平面图

路西北有较大绿化地块，靠近人行道有一条低压电力线路，路南沿分隔带也有一条低压线路，西路口设有水准点标志，路北地下管线有一条 ϕ150 mm 的自来水管，埋设深度为 0.5 m；有一条管径为 Φ 380 mm 污水管道。消防龙头及污水窨井，图上已标明它们所在位置。街坊内雨水系统由支管汇集输送至路口窨井 4 号甲及 5 号甲，以便接入新建雨水管道。

(2)管道设计部分。拟建雨水管道位于该路段南侧，靠近道路中线距离为 4.5 m。管道起点位于西端，桩号为 0 + 000。

每一管段均标明其管径、长度、坡度。每个窨井均标明其编号、窨井尺寸及深度。如图 6-54 中，在 0 + 000 桩号至 0 + 040 桩号段，ϕ300 - 40 - 0.003 表示此段排水管直径为 300 mm，长为 40 m，方向由 0 + 000 桩号流向 0 + 040 桩号，坡度为 0.3%，1 号窨井的尺寸为 60 cm × 60 cm × 120 cm，表示窨井长、宽尺寸为 60 cm、60 cm，深度为 120 cm。

6.6.2.2　排水系统施工纵断面图

排水系统的施工纵断面图与平面图须对照使用。施工纵断面图是按实地定线后进行水准测量的资料绘制而成的。如图 6-55 所示为某雨水排水管道施工纵断面图。通常选用的比例横向为 1∶1000，纵向为 1∶100 或 1∶50。

1. 图形部分

(1)按比例画出高程标尺，根据地面高程点画出地面坡度变化线。该图的横向比例为 1∶1000；纵向比例为 1∶100。

(2)各管段间画出的两根平行竖线(其间距为夸大了的窨井尺寸)，表示每座窨井所在位置，由指示线标明各窨井的设计尺寸和接入支管的管径大小。如图 6-55 中，4 号窨井设计尺寸为 60 cm × 60 cm × 152 cm，接街坊窨井 4 号甲连管，连管直径为 300 mm，长度为 20 m。

(3)根据管底标高按比例画出管道的纵断面，表明管段的衔接情况。图中管段的衔接，均采用管顶平接。

(4)接入雨水干管的支管，其管径、长度、管底标高均表示在纵断面上。图 6-55 中的 4 号及 5 号窨井，均有街坊雨水支管接入。

2. 资料部分

(1)窨井编号及转向点、桩号、窨井间距。该项资料是取自平面图上标出的资料。管道在窨井位置如果改向，应标明转折方向符号，必要时还须注明转折角大小。图中的 2 号、3 号、4 号窨井位置画出的箭头，表明管道均向右转折。

(2)窨井深度、各窨井处的管道的管底标高、覆土厚度、地面标高。其中，覆土厚度等于地面标高减去管顶标高。如图 6-55 中，4 号窨井深度 1.52 m，左侧管底标高 2.82 m，右侧管底标高 2.67 m，地面标高 4.19 m，覆土厚度 1.07 m。

(3)各管段的管径、设计纵坡及管段长等有关数据均列于纵断面图下的表格中。如图 6-55 中，桩号 0 + 000 到 0 + 120 的管段管径为 300 mm，设计纵坡坡度 i 为 0.3%，管段长为 120 m。

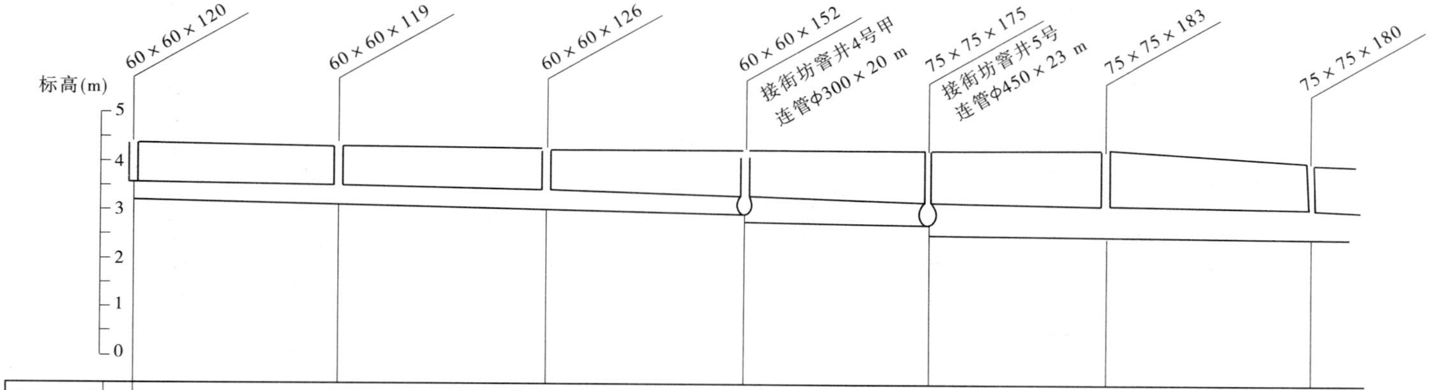

管径、坡度及管段长	d=Φ300 mm, i=0.3%, l=120 m			d=Φ450 mm, i=0.2%, l=35 m	d=Φ600 mm, i=0.1%, l=115 m		
地面标高(m)	4.38	4.25	4.20	4.19	4.20	4.21	4.14
管底标高(m)	3.18	3.06	2.94	2.82 / 2.67	2.60 / 2.45	2.38	2.34
覆土厚度(m)	0.90	0.89	0.96	1.07 / 1.07	1.15 / 1.15	1.23	1.20
窨井深度(m)	1.20	1.19	1.26	1.52	1.75	1.83	1.80
窨井间距(m)		40	40	40	35	35	40
桩号	0+000	0+040	0+080	0+120	0+155	0+190	0+230
窨井编号及转向点	1号	2号	3号	4号	5号	6号	7号

纵1:100 横1:1000

图6-55 某雨水排水管道施工纵断面图

第 7 章　水利工程

7.1　水利工程概述

人类的发展历史也是伴随着对水的认识、利用、治理的历史,我国古代的都江堰、京杭大运河、灵渠等都是著名的水利工程,“大禹治水”的故事更是在民间世代传颂,当代我们又建设了很多水利工程,像葛洲坝水利枢纽、三峡工程、小浪底水利枢纽等都是规模宏大的水利工程,可以毫不夸张地说开发、利用、管理好水资源是人类永恒的任务。

水利工程的基本任务是防治水患、兴修水利,开发、利用和保护好水资源,为人类生产和生活服务,因此水利工程主要包括防洪治河工程、农田水利工程和蓄水(水库)枢纽工程水力发电工程等。

水利工程中常采用单个或若干个不同作用、不同类型的建筑物来调控水流,以满足不同部门对水资源的需求。这些为兴水利、除水害而修建的建筑物称水工建筑物。控制和调节水流,防治水害,开发利用水资源的建筑物。实现各项水利工程目标的重要组成部分。水工建筑物涉及许多学科领域,除基础学科外,还与水力学、水文学、工程力学、土力学、岩石力学、工程结构、工程地质、建筑材料以及水利勘测、水利规划、水利工程施工、水利工程管理等密切相关。它的设计和研究方法,主要有理论分析、试验研究、原型观测和工程类比等。

本章主要讲述的是水利工程中水工建筑物的分类和常见水工建筑物的结构以及水工图的识读。

7.2　水工建筑物的分类和特点

7.2.1　按功能划分

水工建筑物按功能可分为通用性水工建筑物和专门性水工建筑物两大类。

7.2.1.1　通用性水工建筑物

1. 挡水建筑物

(1)坝。是一种在垂直于水流方向拦挡水流的建筑物,因此也称为拦河坝,它是水利工程中用的最多、造价也较高的一种建筑物。

(2)水闸。是一种靠闸门来挡水的建筑物,简称闸。

(3)堤。是指平行于水流方向的一种建筑物,如河堤、湖堤等。

2. 泄水建筑物

泄水建筑物是来宣泄水库、渠道中的多余水量,以保证其安全的一类建筑物,如河岸式溢洪道、泄洪隧洞、溢流坝、分洪闸等。

3. 输水建筑物

输水建筑物是把水从一处引到另一处的一类建筑物,如引水隧洞、涵管、渠道输水渡槽及渠系建筑物等。

4. 取水建筑物

取水建筑物也称引水建筑物。因其常位于渠道的首部,故也称渠首建筑物或进水口。它是把水库、湖泊、河渠与输水建筑物相联系的一类建筑物,例如水塔、渠首进水闸、水泵站等。

5. 整治建筑物

整治建筑物是以改善水流条件、保护岸坡及其他建筑物安全的一类建筑物,例如顺坝、丁坝、护底、导流堤等。

7.2.1.2 专门性水工建筑物

(1)水力发电专用建筑物,如前池、调压室、压力水管、水电站厂房。

(2)灌溉和供水专用建筑物,如节制闸、沉沙池、冲沙闸。

(3)港口专用建筑物,如防波堤、码头、船坞、船台。

(4)过坝专用建筑物及设施,如船闸、升船机、筏道及鱼道等。

当然,有些水工建筑物的功能并非单一的,难以严格区分其类型,如各种溢流坝,既是挡水建筑物,又是泄水建筑物;水闸既可以挡水又可以泄水,还可以用作取水;有时施工导流隧洞可以改建成永久性的泄水或引水隧洞等。

7.2.2 按使用期限划分

水工建筑物按使用期限可分为永久性水工建筑物和临时性水工建筑物。

在通用性水工建筑物和专门性水工建筑物中,属于长期使用的建筑物,称为永久性水工建筑物;另有一些仅在施工期短时间内发挥作用的建筑物,如围堰、导流隧洞、导流明渠等,称为临时性水工建筑物。

7.2.3 水工建筑物的特点

水工建筑物的主要特点是:

(1)受自然条件制约大,地形、地质、水文、气象等对工程选址、建筑物选型、施工、枢纽布置和工程投资影响很大。

(2)工作条件复杂,如挡水建筑物要承受相当大的水压力,由渗流产生的渗透压力对建筑物的强度和稳定不利;泄水建筑物泄水时,对河床和岸坡具有强烈的冲刷作用等。

(3)施工难度大 ,在江河中兴建水利工程,需要妥善解决施工导流、截流和施工期度汛,此外,复杂地基的处理以及地下工程 、水下工程等的施工技术都较复杂。

(4)大型水利工程的挡水建筑物失事,将会给下游带来巨大损失和灾难。

7.3 常见水工建筑物结构

7.3.1 坝

坝是水利枢纽工程中的主体建筑,坝按筑坝材料可分为土石坝、混凝土坝和浆砌石坝等;而混凝土坝和浆砌石坝按结构特点又可分为重力坝、拱坝和支墩坝等。

一般大坝除坝体外,还应具有泄水建筑物,如溢洪道、消力池、取水(放水)建筑物。图 7-1 为葛洲坝水利枢纽工程平面布置示意图。

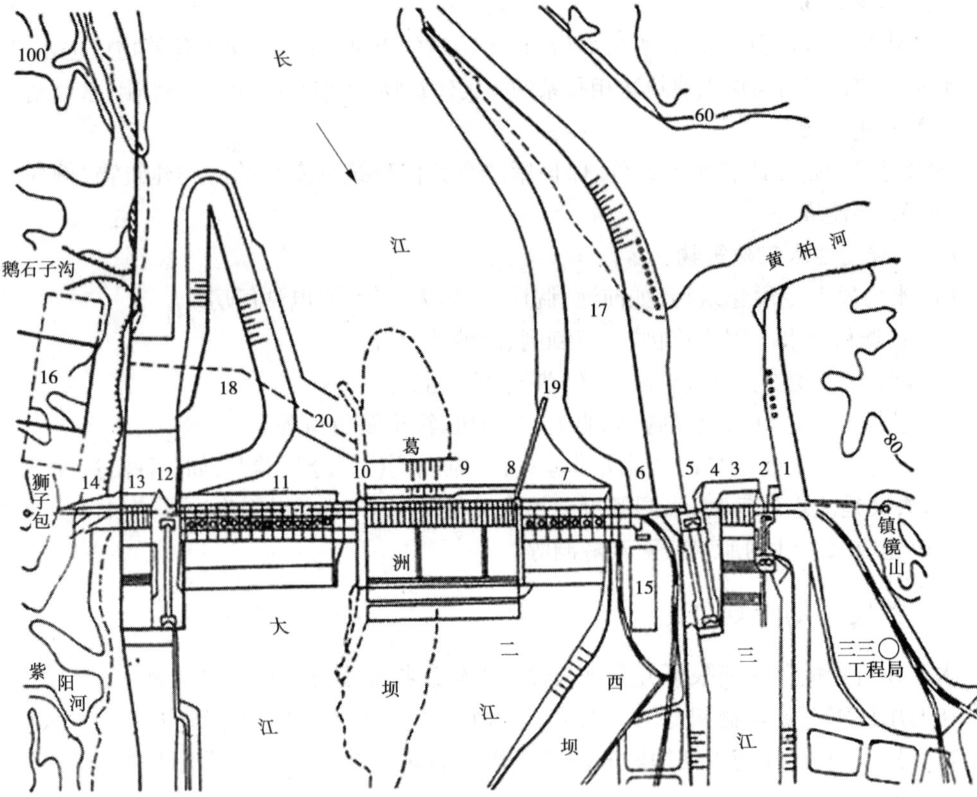

图 7-1 葛洲坝水利枢纽工程平面布置示意图

7.3.1.1 土石坝

土石坝是泛指用当地土料、石料或混合料填筑而成的挡水坝。这是一种古老的坝型,也是世界上应用最广泛、发展最快的一种坝型。土石坝一般由坝身、防渗设施、排水设施和护坡等部分组成。

土石坝分为土坝和堆石坝两大类。土坝按土料又分为均质土坝、多种土质坝、心墙土坝、斜墙土坝等。

1. 土坝

土坝指用土、砂、砂砾为主筑成的坝。为挡水、防止大量渗漏,在坝体内设有防渗体。建防渗体多用黏土,也可用混凝土、钢筋混凝土或沥青混凝土等。为排除渗水和增加稳定,在坝体的下游侧部分建有排水设施。为防止风浪和雨水冲刷,上游面多用块石或混凝土板护坡,下游面多用碎石或草皮等护坡。

土坝按施工方法分为:①碾压土坝,分层铺土,逐层碾压建成;②水力冲填坝,利用水力将泥沙输送至坝址,经沉淀固结建成;③水中填土坝,将土倒入分层设置的畦块静水中,借助运土机械碾压和土体自重压实而建成。

按坝体土料的配置和结构分为:①均质土坝,用单一土料填筑;②多种土质坝,由几种不同土料筑成；③心墙土坝，防渗体位于坝体中部；④斜墙土坝，防渗体靠近坝体上游坡；⑤斜心墙土坝，防渗体介于心墙和斜墙位置之间；⑥人工材料（混凝土）心墙坝；⑦人工材料（混凝土）面板坝。碾压式土石坝类型示意见图7-2。

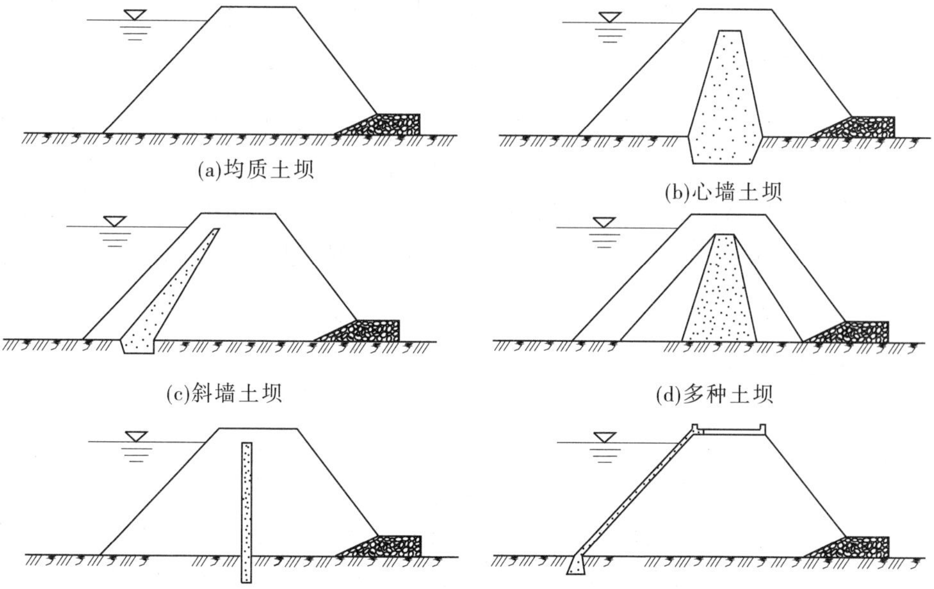

(a)均质土坝　(b)心墙土坝　(c)斜墙土坝　(d)多种土坝　(e)混凝土心墙坝　(f)混凝土面板坝

图7-2　碾压式土石坝类型示意图

2. 堆石坝

堆石坝指以石渣、卵石、块石等石料为主，经碾压、抛填或干砌建成的坝。按施工方法分为碾压式堆石坝、抛填式堆石坝、定向爆破堆石坝和干砌石坝。堆石坝设有防渗体，按防渗体位置分为心墙堆石坝、斜墙堆石坝或面板堆石坝、斜心墙堆石坝。

3. 土石坝的特点

土石坝被广泛采用，是因为它具有与其他坝型不同的特点。

1）优点

（1）取材容易，利用当地资源，就地取材（土石料），节省钢材、水泥、木材等重要建筑材料，同时减少了建坝过程中的材料远途运输等工作量。

（2）结构简单，工作可靠稳定，便于管理、维修和加高、扩建，还具有一定的抗震性能。

（3）坝身是土石散粒体结构，因此有适应变形的良好性能，同时对地基的要求较低。

（4）施工技术简单，只有开采、运送、填铺、碾压等几道工序，施工技术容易掌握，便于组织机械化施工。

2）缺点

坝身一般不能溢流，施工导流不如混凝土坝方便；在雨季和冬季黏性土料填筑时，受气候条件影响较大等。

7.3.1.2　重力坝

重力坝指用混凝土或浆砌石等修建的主要靠自重维持稳定的挡水坝，坝体断面大致呈三角形。为减小温度应力，适应地基变形和便于施工，常将重力坝垂直于坝轴线分割为若干坝段。相邻坝段的接触面称横缝。为减小渗水对坝体的不利影响和满足施工与运行的需要，在坝的上游侧设置排水管网，在坝体内设置廊道系统。常对地基进行处理，使满足承载力 、稳定和防渗等要求。重力坝的优点是：安全可靠、对地形和地质条件适应性强，坝身可溢流，便于施工导流，施工方便。重力坝的缺点是：坝体积大，耗用水泥多，材料强度未充分发挥，施工期对混凝土的温度控制要求较高。

1. 重力坝的分类

(1)重力坝按结构不同分为实体重力坝、宽缝重力坝(将实体重力坝的各横缝的中间部分扩宽而成)、空腹重力坝(沿坝轴线设有大型纵向空腔)。

(2)重力坝按坝顶是否溢流分为溢流重力坝、非溢流重力坝，如图 7-3、图 7-4 所示。

(3)重力坝按筑坝材料的不同分为混凝土重力坝、浆砌石重力坝。

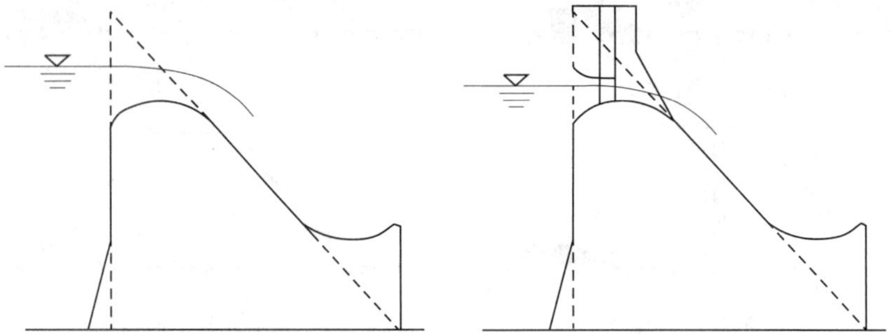

(a)堰流式溢流坝　　(b)孔口射流式溢流坝

图 7-3　溢流重力坝的断面形式

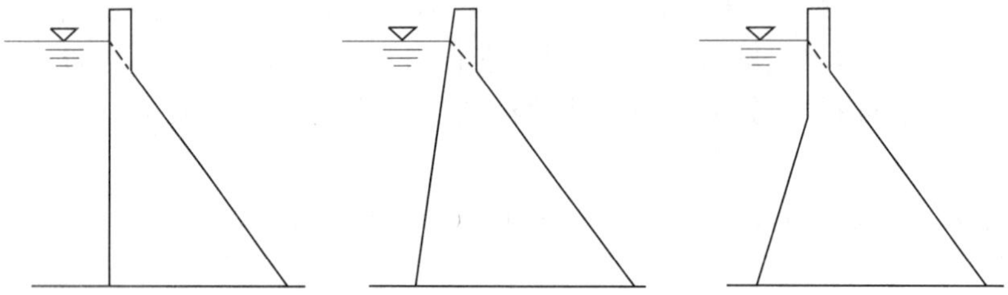

(a)　　(b)　　(c)

图 7-4　非溢流重力坝的断面形式

2. 重力坝工作原理

重力坝在水压力及其他荷载作用下，主要依靠坝体自重产生的抗滑力来满足稳定要求，同时依靠坝体自重产生的压力来抵消由雨水压力所引起的拉应力以满足强度要求。重力坝在水压力及其他荷载作用下必须满足：①稳定要求(主要依靠坝体自重产生的抗滑力来满足)；②强度要求(依靠坝体自重产生的压应力来抵消由于水压力所引起的拉应力来满足)。

3. 重力坝的特点

重力坝也是应用较多的一种坝型，一般情况下，大中型重力坝多用混凝土浇筑，中小型重力坝会用浆砌石修筑，重力坝结构简单、施工方便。

重力坝的优点：①相对安全可靠、耐久性好，抵抗渗漏、洪水漫溢、地震破坏能力都比较强；②设计、施工技术简单，易于机械化施工；③对不同的地形和地质条件适应性强，几乎任何形状的河谷都能修建重力坝，对地基条件要求不高，重力坝一般修建在岩层地基上，为了避免温度胀缩影响，常用横缝将坝体分成若干个独立的坝段，这样可以很好地适应岩石地基情况；④重力坝断面较大，所用材料抗冲能力强，可以布置成溢流坝，也可以在坝体中布置引水、泄水孔口，解决发电、泄洪和施工导流等问题。

重力坝的缺点：①坝体内的压应力较低，材料强度不能充分发挥；②坝体体积大，耗用水泥材料较多；施工期间混凝土水化热较大，这也是影响工程质量的主要技术问题，因为大量的发热和散热，致使混凝土硬化后体积收缩，坝体内会产生较大的温度应力和收缩应力，可能导致坝体产生裂缝，因此施工期内应严格采取温控散热措施。

7.3.1.3 拱坝

拱坝是通过拱的作用将大部分水平方向的荷载传给两岸岩体，并主要依靠拱端反力维持稳定的坝。拱坝在空间呈壳体状，在平面上呈凸向上游的拱形；在垂直断面上是比重力坝薄的悬臂梁，而且经常是凸向上游的弯曲形状，一部分荷载要通过悬臂梁传给坝底河床岩基，如图7-5所示。

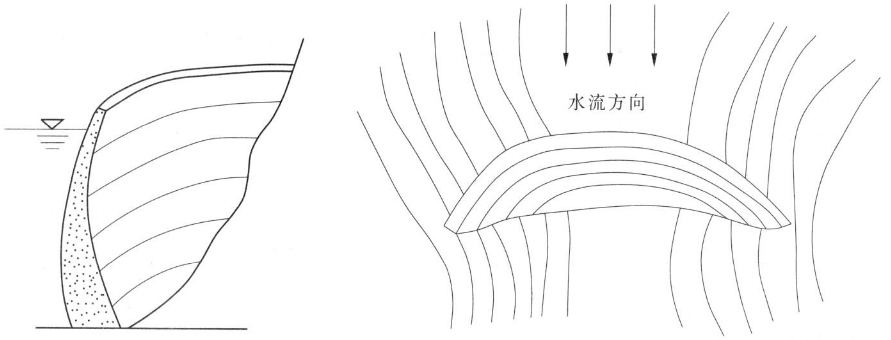

(a)拱坝垂直断面　　(b)拱坝平面形状

图7-5　拱坝形状示意图

1. 拱坝的分类

拱坝的结构作用可视为两个系统，即水平拱系统和竖直梁系统。水平荷载和温度荷载由这两个系统共同承担。拱坝按结构作用可分为纯拱坝、拱坝和重力拱坝；按体型可分为双曲拱坝、单曲拱坝和空腹拱坝；按坝底厚度与坝高之比分为薄拱坝（比值小于0.2）和厚拱坝（比值大于0.35）等；按筑坝材料可分为混凝土拱坝和浆砌石拱坝。目前，世界上最高的拱坝是我国于2014年建成的锦屏水电站拱坝，高305 m。

2. 拱坝的特点

拱坝是很优越的一种坝型，拱坝具有利于发挥混凝土或石料抗压强度高的特点。坝体厚度减薄，坝的体积相应减小，可以减少工程量，一般情况下，拱坝体积比同样体积的重力坝可节约1/3以上的工程量。另外，拱坝超载能力强、抗震性能好、坝身可以泄流。拱坝的缺点是对坝址河谷形状及地基要求较高。

7.3.2 水闸

7.3.2.1 水闸的类型

1. 按水闸所承担的任务分类

水闸包括节制闸、进水闸、分洪闸、排水闸、挡潮闸、排沙闸、排冰闸、排污闸等。如

图 7-6所示为水闸类型及其位置示意图。

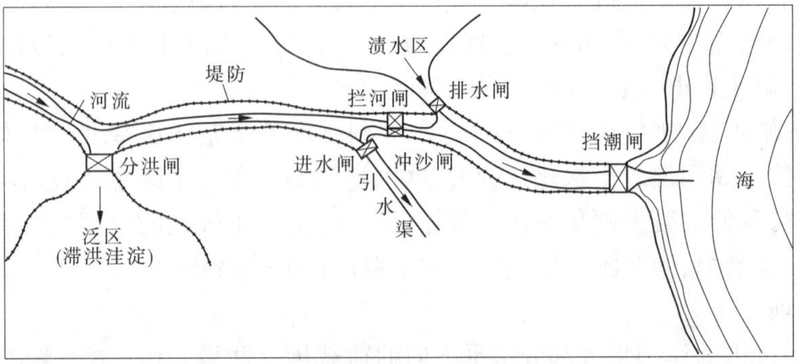

图 7-6　水闸的类型及其位置示意图

(1)节制闸(或拦河闸):拦河或在渠道上建造。枯水期用以拦截河道,抬高水位,以利于上游取水或航运要求;洪水期则开闸泄洪,控制下泄流量。位于河道上的节制闸称为拦河闸。

(2)进水闸:建在河道、水库或湖泊的岸边,用来控制引水流量,以满足灌溉、发电或供水的需要。进水闸又称取水闸或渠首闸。

(3)分洪闸:常建于河道的一侧,用来将超过下游河道安全泄量的洪水泄入预定的湖泊、洼地,及时削减洪峰,保证下游河道的安全。

(4)排水闸:常建于江河沿岸,外河水位上涨时关闸以防外水倒灌,外河水位下降时开闸排水,排除两岸低洼地区的涝渍。该闸具有双向挡水、有时双向过流的特点。

(5)挡潮闸:建在入海河口附近,涨潮时关闸不使海水沿河上溯,退潮时开闸泄水。挡潮闸具有双向挡水的特点。

(6)排沙闸、排冰闸、排污闸:是为排除泥沙、冰块、漂浮物等而设置的。

2. 按闸室结构形式分类

(1)开敞式水闸:指闸室上面不填土封闭的水闸。一般有泄洪、排水、过木等要求时,多采用不带胸墙的开敞式水闸,多用于拦河闸、排冰闸等;当上游水位变幅大,而下泄流量又有限制时,为避免闸门过高,常采用带胸墙的开敞式水闸,如进水闸、排水闸、挡潮闸多用这种形式。

(2)涵洞式水闸:指闸(洞)身上面填土封闭的水闸,又称封闭式水闸。涵洞式水闸常用于穿堤取水或排水的水闸。洞内水流可以是有压的也可以是无压的。

7.3.2.2　水闸的工作特点

(1)关门挡水时,水闸上、下游较大的水头差形成较大的水平推力,使水闸有可能沿基面产生向下游的滑动,为此,水闸必须具有足够的重力,以维持自身的稳定。

(2)由于上下游水位差的作用,水将通过地基和两岸向下游渗流。渗流会引起水量损失,同时地基土在渗流作用下,容易产生渗透变形。严重时闸基和两岸的土壤会被淘空,危及水闸安全。渗流对闸室和两岸连接建筑物的稳定不利。因此,应妥善进行防渗设计。

(3)水闸开闸泄水时,在上、下游水位差的作用下,过闸水流往往具有较大的动能,流态也较复杂,而土质河床的抗冲能力较低,可能引起冲刷。此外,水闸下游常出现波状水跃和折冲水流,会进一步加剧对河床和两岸的淘刷。因此,设计水闸除应保证闸室具有足够的过水能力外，还必须采取有效的消能防冲措施，以防止河道产生有害的冲刷。

(4)土基上建闸，由于土基的压缩性大，抗剪强度低，在闸室的重力和外部荷载作用下，可能产生较大的沉降影响正常使用，尤其是不均匀沉降会导致水闸倾斜，甚至断裂。在水闸设计时，必须合理地选择闸型、构造，安排好施工程序，采取必要的地基处理等措施，以减少过大的地基沉降和不均匀沉降。

7.3.2.3 水闸的组成

水闸由上游连接段、闸室段和下游连接段三部分组成，如图7-7所示。

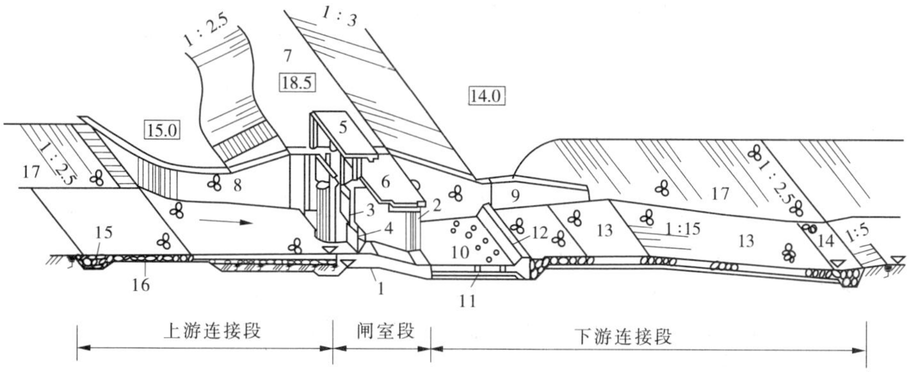

1—闸室底板;2—闸墩;3—胸墙;4—闸门;5—工作桥;6—交通桥;7—堤顶;8—上游翼墙;9—下游翼墙;10—护坦;11—排水孔;12—消力坎;13—海漫;14—下游防冲槽;15—上游防冲槽;16—上游护底;17—上、下游护坡

图7-7 水闸的组成

(1)上游连接段。主要作用是引导水流平稳地进入闸室，同时起防冲、防渗、挡土等作用。一般包括上游翼墙、铺盖、护底、两岸护坡及上游防冲槽等。上游翼墙的作用是引导水流平顺地进入闸孔并起侧向防渗作用。铺盖主要起防渗作用，其表面应满足抗冲要求。护坡、护底和上游防冲槽(齿墙)保护两岸土质、河床及铺盖头部不受冲刷。

(2)闸室段。是水闸的主体部分，通常包括底板 、闸墩、闸门、胸墙、工作桥及交通桥等。底板是闸室的基础，承受闸室全部荷载，并较均匀地传给地基，此外 ，还有防冲、防渗等作用。闸墩的作用是分隔闸孔并支承闸门、工作桥等上部结构。闸门的作用是挡水和控制下泄水流。工作桥供安置启闭机和工作人员操作用。交通桥的作用是连接两岸交通。

(3)下游连接段。具有消能和扩散水流的作用。一般包括护坦、海漫、下游防冲槽、下游翼墙具有及护坡等。下游翼墙具有引导水流均匀扩散和防冲及侧向防渗等作用。护坦具有消能防冲作用。海漫的作用是进一步消除护坦出流的剩余动能、扩散水流、调整流速分布、防止河床受冲。下游防冲槽是海漫末端的防护设施，作用是避免冲刷向上游扩展。

7.3.2.4 水闸设计

水闸设计的内容包括闸址选择，确定孔口形式和尺寸，防渗、排水设计，消能防冲设计，稳定计算，沉降校核和地基处理，选择两岸连接建筑物的型式和尺寸，结构设计等。

1. 闸址选择

选择闸址应考虑河势、河岸 、地势、岸线、岸坡、淤积、材料来源、对外交通、施工导流、场地布置、基坑排水、施工水电供应、水闸建成后工程管理维修和防汛抢险等条件，并应考虑下列要求：占用土地及拆迁房屋少；尽量利用周围已有公路、航运、动力、通信等公用设施；有利于绿化、净化、美化环境和生态环境保护;有利于开展综合经营等。

2. 水闸等级划分及洪水标准

1) 工程等别及建筑物级别

平原区水闸枢纽工程应根据水闸最大过闸流量及其防护对象的重要性划分等别,规模巨大或在国民经济中占有特殊重要地位的水闸枢纽工程,其等别应经论证后报主管部门批准确定。

山区、丘陵区水利水电枢纽中的水闸,其级别可根据所属枢纽工程的等别及水闸自身的重要性确定。枢纽工程等别应按国家现行的有关规范确定。

对失事后造成巨大损失或严重影响,或采用实践经验较少的新型结构的 2 ~ 5 级主要建筑物,经论证并报主管部门批准后可提高一级设计;对失事后造成损失不大或影响较小的 1 ~ 4 级主要建筑物,经论证并报主管部门批准后可降低一级设计。

2) 洪水标准

平原区水闸的洪水标准应根据所在河流流域防洪规划规定的防洪任务,以近期防洪目标为主,并考虑远景发展要求,综合分析确定。

山区、丘陵区水利水电枢纽中的水闸,其洪水标准应与所属枢纽中永久性建筑物的洪水标准一致。永久性建筑物的洪水标准应按国家现行《水利水电工程等级划分及洪水标准》(SL 252—2017)的规定确定。

3. 闸孔型式的选择

闸孔型式有宽顶堰型、低实用堰型、胸墙孔口型三种。

(1) 宽顶堰型是水闸最常用的底板结构形式。其主要优点是结构简单、施工方便、泄流能力比较稳定,有利于泄洪、冲沙、排淤、通航等;其缺点是自由泄流时流量系数小,容易产生波状水。常用于平原地区,自由泄流范围大且稳定,施工简单,流量比较小,易产生波状水跃。

(2) 低实用堰型有梯形、曲线型和驼峰型三种。实用堰型自由泄流时,流量系数较大,水流条件较好,选用适宜的堰面形式可以消除波状水。但泄流能力受尾水位变化的影响较为明显,不稳定。常用于上游水位允许有较大高山区,自由泄流时流量比较大,流量受下游水位影响相对较大。

(3) 胸墙孔口型可以减小闸门高度和启门力,也可降低工作桥高和工程造价。

4. 闸底板高程的确定

底板高程与水闸承担的任务、泄流或引水流量、上下游水位、泥沙及河床地质条件等因素有关。闸底板应置于较为坚实的土层上,并应尽量利用天然地基。在地基强度能够满足要求的条件下,底板高程定得高些,闸室宽度大,两岸连接建筑物相对较低。对于小型水闸,由于两岸建筑物在整个工程中所占比重较大,因而适当降低底板高程,常常是有利的。当然,底板高程也不能定得太低,否则,由于单宽流量加大,将会增加下游消能防冲的工程量,闸门增高,启闭设备的容量也随之增大。另外,基坑开挖也较困难。

选择底板高程前,首先要确定合适的允许最大过闸单宽流量。它取决于闸下游河渠的允许最大单宽流量。允许最大过闸单宽流量可按下游河床允许最大单宽流量的 1.2 ~ 1.5 倍确定。根据工程实践经验,一般在细粉质河床及淤泥河床上,单宽流量取 5 ~ 10 $m^3/(s \cdot m)$;在沙壤土地基上取 10 ~ 15 $m^3/(s \cdot m)$;在壤土地基上取 15 ~ 20 $m^3/(s \cdot m)$;在黏土地基上取 20 ~ 25 $m^3/(s \cdot m)$。下游水深较深，上、下游水位差较小和闸后出流扩散条件较好时，宜选用较大值。

一般情况下，拦河闸的底板顶面与河床齐平，即闸底板高程为 30.0 m。

5. 计算闸孔总净宽

闸孔总净宽应根据泄流特点、下游河床地质条件和安全泄流的要求，结合闸孔孔径和孔数的选用，经技术经济比较后确定。计算时分别对不同的水流情况，根据给定的设计流量、上下游水位和初拟的底板高程及堰型来确定。

6. 确定闸室单孔宽度和闸室总宽度

闸孔孔径应根据闸的地基条件、运用要求、闸门结构型式、启闭机容量，以及闸门的制作、运输、安装等因素，进行综合分析确定。选用的闸孔孔径应符合《水利水电工程钢闸门设计规范》(SL 74—2013)所规定的闸门孔口尺寸系列标准。

闸室总宽度与上、下游河道或渠道宽度相适应。孔宽、孔数和闸室总宽度拟订后，再考虑闸墩等的影响，进一步验算水闸的过水能力。

7. 水闸的消能防冲设计

水闸泄水时，部分势能转为动能，流速增大，具有较强的冲刷能力，而土质河床一般抗冲能力较低。因此，为了保证水闸的安全运行，必须采取适当的消能防冲措施。要设计好水闸的消能防冲措施，应先了解过闸水流的特点，进而采取妥善的防范措施。

8. 水闸的防渗排水设计

水闸的防渗排水设计任务在于经济合理地拟订闸的地下(及两岸)轮廓线型式和尺寸，以消除和减小渗流对水闸产生的不利影响，防止闸基和两岸产生渗透破坏。

9. 闸室的布置和构造

闸室是水闸的主体部分。开敞式水闸闸室由底板、闸墩、闸门、工作桥和交通桥等组成，有的还设有胸墙。闸室的结构形式、布置和构造，应在保证稳定的前提下，尽量做到轻型化、整体性好、刚性大、布置匀称，并进行合理的分缝分块(如图 7-8 所示为闸底板分缝型式示意图)，使作用在地基单位面积上的荷载较小、较均匀，并能适应地基可能的沉降变形。

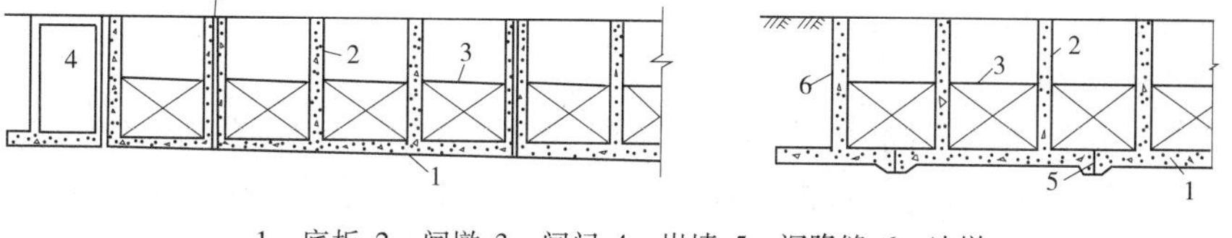

1—底板；2—闸墩；3—闸门；4—岸墙；5—沉降缝；6—边墩

图 7-8 闸底板分缝型式示意图

10. 水闸的稳定分析及地基处理

水闸竣工时，地基所受的压力最大，沉降也较大。过大的沉降，特别是不均匀沉降，会使闸室倾斜，影响水闸的正常运行。当地基承受的荷载过大，超过其容许承载力时，将使地基整体发生破坏。如图 7-9 所示为水闸挡水情况荷载示意图。水闸在运用期间，受水平推力的作用，有可能沿地基面滑动或深层滑动。因此，必须分别验算水闸在不同工作情况下的稳定性。

水闸承受的主要荷载主要包括自重、水重、水平水压力、扬压力、浪压力、泥沙压力、土压力及地震荷载等。

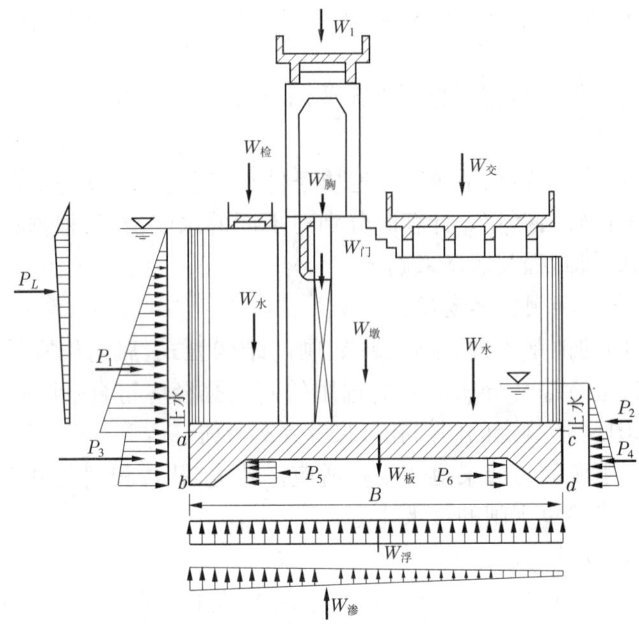

图 7-9　水闸挡水情况荷载示意图

11. 闸室的结构设计

闸室为一受力比较复杂的空间结构。一般都将它分解为若干部件(如闸墩、底板、胸墙、工作桥、交通桥等)分别进行结构计算,同时考虑相互之间的连接作用。

12. 水闸的两岸连接建筑物

水闸与河岸或堤、坝等连接时,必须设置连接建筑物。如图 7-10 所示为护坡连接形式。水闸多建在软土地基上,由于基础压缩性大,承载力低故沉陷量较大,轻则影响使用,重则危及水闸安全;且由于水闸水头变幅大,过闸水流往往消能不充分,加上土基抗冲能力低,所以下游冲刷较普遍;此外,闸基和两岸渗流对水闸的稳定不利,容易引起渗透变形。

7.3.2.5　闸门

1. 闸门的类型

1)按工作性质分类

闸门按其工作性质的不同,可分为工作闸门、事故闸门和检修闸门等。①工作闸门又称主闸门,是水工建筑物正常运行情况下使用的闸门。②事故闸门是在水工建筑物或机械设备出现事故时,在动水中快速关闭孔口的闸门,又称快速闸门。事故排除后充水平压,在静水中开启。③检修闸门用以临时挡水,一般在静水中启闭。

2)按门体的材料分类

闸门按门体的材料可分为钢闸门、钢筋混凝土或钢丝网水泥闸门、木闸门及铸铁闸门等。①钢闸门门体较轻,一般用于大、中型水闸。②钢筋混凝土或钢丝网水泥闸门可以节省钢材,不需除锈但前者较笨重,启闭设备容量大;后者容易剥蚀,耐久性差,一般用于渠系小型水闸。③铸铁门抗锈蚀、抗磨性能好、止水效果也好,但由于材料抗弯强度较低,性能又脆,故仅在低水头、小孔径水闸中使用。④木闸门耐久性差,已日趋不用。

3)按结构形式分类

闸门按其结构形式可分为平面闸门、弧形闸门等。弧形闸门与平面闸门比较,其主要优

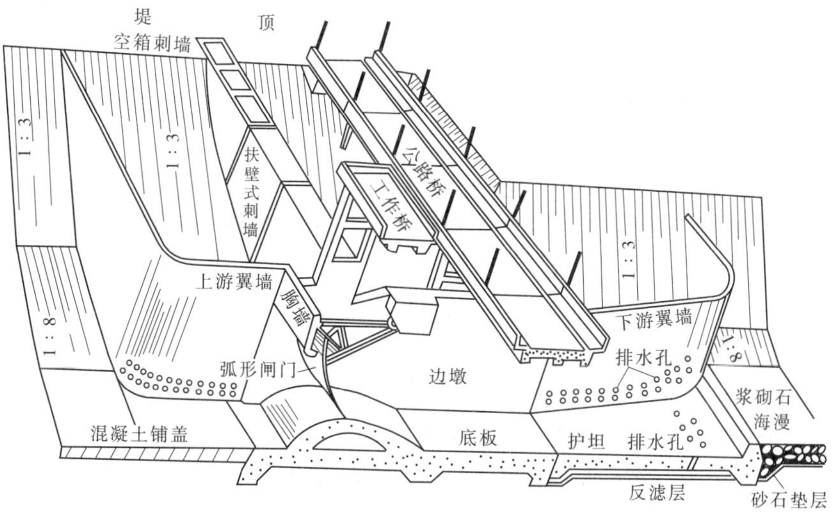

图7-10 护坡连接形式

点是启门力小,可以封闭相当大面积的孔口;无影响水流态的门槽,闸墩厚度较薄,机架桥的高度较低,埋件少。它的缺点是需要的闸墩较长;不能提出孔口进行检修维护,也不能在孔口之间互换;总水压力集中于支铰处,闸墩受力复杂。

2. 平面闸门的构造

平面闸门由活动部分(门叶)、埋固部分和启闭设备三部分组成。其中,门叶由承重结构(包括面板、梁格、竖向连结系或隔板、门背(纵向)连接系和支承边梁等)、支承行走部件、止水装置和吊耳等组成。埋固部分一般包括行走埋固件和止水埋固体等。启闭设备一般由动力装置、传动和制动装置以及连接装置等组成。

平面闸门的基本尺寸根据孔口尺寸确定,孔口尺寸应优先采用钢闸门设计规范中推荐的系列尺寸。

露顶式闸门顶部应在可能出现的最高挡水位以上有0.3~0.5 m的超高。

7.3.2.6 启闭机

闸门启闭机可分为固定式和移动式两种。启闭机型式可根据门型、尺寸及其运用条件等因素选定。选用启闭机的启闭力应等于或大于计算启闭力,同时应符合国家现行《水利水电工程启闭机设计规范》(SL 41—2018)所规定的启闭机系列标准。

当多孔闸门启闭频繁或要求短时间内全部均匀开启时,每孔应设一台固定式启闭机。常用的固定式启闭机有卷扬式、螺杆式、油压式。

1. 卷扬式启闭机

卷扬式启闭机主要由电动机、减速箱、传动轴和绳鼓组成。绳鼓固定在传动轴上,围绕钢丝绳,钢丝绳连接在闸门吊耳上。启闭闸门时,通过电动机、减速箱和传动轴使绳鼓转动,带动闸门升降。为了防备停电或电器设备发生故障,可同时使用人工操作,通过手摇箱进行人力启闭。卷扬式启闭机启闭能力较大,操作灵便,启闭速度快,但造价较高,适用于弧形闸门。某些平面闸门能靠自重(或加重)关闭,且启闭力较大时,也可采用卷扬式启闭机。

2. 螺杆式启闭机

当闸门尺寸和启闭力都很小时,常用简便、廉价的单吊点螺杆式启闭机。螺杆与闸门连接,用机械或人力转动主机,迫使螺杆连同闸门上下移动。当水压力较大,门重不足时,为使闸门关闭到底,可通过螺杆对闸门施加压力。当螺杆长度较大(如大于3 m)时,可在胸墙上每隔一定距离设支撑套环,以防止螺杆受压失稳。其启闭力一般为3~100 kN。

3. 油压式启闭机

油压式启闭机的主体为油缸和活塞。活塞经活塞杆或连杆和闸门连接。改变油管中的压力即可使活塞带动闸门升降。其优点是利用油泵产生的液压传动,可用较小的动力获得很大的启重力;液压传动比较平稳和安全;较易实行遥控和自动化等。其主要缺点是缸体内圆镗的加工受到各地条件的限制,质量不易保证,造价也较高。

7.3.2.7 水闸的检查与养护

为了确保水闸正常运用,应对各部分进行检查,包括经常性检查、定期检查和特殊检查。如土方工程、石方工程、混凝土和钢筋混凝土工程、闸门和起闭设备及其他附属设施等,注意有无异常现象,是否完好,要求认真检查,并做好记录,发现问题及时处理。水闸的日常养护工作应注意以下几方面要求:

(1)杂物清理。要定期清理、打捞积聚在闸底板上、门槽和消力池内的砂石和杂物;防止出现表面磨损、卡塞等不利现象。

(2)严禁超载。水闸上增设交通桥或堆放重物都会引起地基不均匀沉陷、闸身变形或裂缝。

(3)防止冲刷。对岸坡、海漫等部位的冲刷破坏要及时填补,加固维修。

(4)启闭灵活。如闸门的防锈、防腐,局部损坏的修补,变形、断裂、螺栓松动的修复;启闭机械经常保养,定期检修,以确保闸门的启闭灵活和安全可靠。

(5)防蚀防腐。主要是指沿海地区或水中含有侵蚀物质的水闸,由于水的侵蚀作用,使钢筋锈蚀、混凝土产生顺筋裂缝,钢闸门穿孔和剥落,严重影响结构的使用寿命。因此,对易受侵蚀部位要予以保护,已顺筋开裂但不严重的构件,应及时修理。

7.3.2.8 水闸常见问题的处理

水闸常见问题包括水闸的裂缝、渗漏、下游冲刷、磨损、气蚀等几个方面。

1. 裂缝处理

水闸的裂缝通常出现在闸底板、闸墩、翼墙、下游护坦等部位,浆砌石挡土墙和砌石护坡也易产生裂缝。

1)闸墩裂缝

闸墩裂缝最常发生在弧形闸门闸墩的牛腿与闸门之间,多呈铅直向且贯穿闸墩。处理时,多采用预应力拉杆锚固法,一般是沿闸墩主拉应力方向增设高强度预应力钢筋(拉杆),主拉杆的布置应与主拉应力大小、方向相适应,呈扁形分布。主拉杆上游端通过钢板与锚筋连接,下游端穿过牛腿,杆端配置螺帽并施加预应力。为保护拉杆并使表面平整,应将墩石凿成宽深均为5 cm的槽,将拉杆放入,张拉后用水泥砂浆抹平。

2)翼墙裂缝

上下游翼墙通常采用各种形式的挡土墙,由于温度变化、不均匀沉降、墙后未设排水孔、墙后填土不实或冻胀等原因,引起墙体移动、倾斜并产生裂缝。修补前,要查明并消除产生裂缝的原因。特别是墙后未设排水孔的,应重新设置。经验算,如墙体不能抵抗墙后土压力,可用锚筋加固。当挡土墙有整体滑动危险时,可在墙前打桩,并在桩上浇筑混凝土盖重。

3)下游护坦裂缝

护坦裂缝主要是地基不均匀沉陷、温度变化、排水堵塞或排水布置不合理等造成的。沉陷裂缝的处理一般是待其基本稳定以后,将裂缝改作沉陷缝,并在缝中设止水;排水堵塞应查明原因,及时进行必要的翻修;温度裂缝虽然易于产生,但尺寸小变化慢,一般可将缝隙凿槽,先用柏油麻绳封住后,再用砂浆抹平,但密实性差;也可在枯水期往槽内嵌补环氧材料或混凝土,有时也可将裂缝作为一道伸缩缝。对某些混凝土体较厚部位的贯穿性裂缝可采用灌浆处理法。

2.渗漏处理

水闸的渗漏主要是指闸基渗漏和侧向绕渗等。处理原则仍为上截下排,即防渗和排渗相结合。

1)闸基渗漏

闸基的异常渗漏不仅会引起渗透变形,而且直接影响水闸的稳定性,因此要认真分析,查清渗水来源,工程中通常采用以下措施进行防渗:

(1)延长或加厚原铺盖。加大铺盖尺寸,可以提高防渗能力。如原铺盖损坏严重,引起渗径长度不足,应将这些部位的铺盖挖除,重新回填翻新。

(2)及时修补止水。当铺盖与闸底板、翼墙间,岸墙与边墩等连接部位的止水损坏后,要及时进行修补,以确保整个防渗体系的完整性。

(3)底板、铺盖与地基间的空隙是常见的渗漏通道,不仅使渗透变形迅速扩大,还会影响底板的安全使用,一般可采用水泥灌浆予以堵闭。

(4)增设或加厚防渗帷幕。建在岩基上的水闸,如基础裂隙发育或较破碎,可考虑在闸底板首端增设防渗帷幕,若原来有帷幕,应设法加厚。

2)侧向绕渗

严重的侧向绕渗将引起下游边坡的渗透变形,甚至造成翼墙歪斜、倒塌等事故。工程中防渗措施较多,如经常维护岸墙、翼墙及接缝止水,确保其防渗作用;对于防渗结构破坏的部位,应用开挖回填,彻底翻修的方法;若原来没有刺墙,可考虑增设刺墙;但要严格控制施工质量;对于接缝止水损坏的情况,应补做止水结构,如橡皮止水、金属片止水、沥青止水。

3.下游冲刷处理

水闸下游冲刷破坏的主要部位是护坦、海漫、下游河床及两岸边坡。

处理方法如下:

(1)以改善水流流态,充分消能为目的的消能措施。

(2)以提高抗冲能力为目的的防护措施。

4.磨损处理

水闸的磨损现象,主要是发生在多沙河流上,如闸底板、护坦因设计不周引起的磨损,应通过改善结构的布置来防治。对于水闸护坦上因设置消力墩引起的立轴漩涡长时间挟带泥沙在一定的范围旋转,使护坦磨损,严重时会磨穿护坦,为此,可废弃消力墩,将尾槛改成斜面或流线型,使池内泥沙随水流顺势带向下游可减轻对护坦的磨损。

有些部位改善结构布置较为困难,如闸底板,应采用抗蚀性能好的材料进行护面或修补可起到较好的作用。磨损的修补材料较多,如环氧材料、高强度混凝土、呋喃材料等,可根据具体部位、磨损状况、自身条件,参考其他工程运用经验确定。

5. 气蚀处理

水闸的气蚀是工程运用中常见的问题，主要发生在高速水流脱离边界条件，产生过低负压的部位，气蚀的初期只是表层的轻微剥蚀，但随其不断发展，将产生较为严重的气蚀破坏，影响正常运用。

7.3.2.9 闸门、启闭机的运用

闸门、启闭机都有多种类型，其工作特点不尽相同，现简要介绍闸门、启闭机的一般操作及运用技术要求。

1. 运用前的准备工作

1) 严格执行启闭制度

启闭制度是管理人员进行闸门操作的主要依据，一般情况下，不经批准，不得随意变动。当接到启闭任务后，要迅速召集有关人员，做好各项准备工作，特别是闸门开度较大，其泄流水位变化对上下游有危害时，必须预先通知有关单位，以免造成不必要的损失。

2) 认真进行检查工作

为了确保闸门能安全及时启闭，必须认真细致地进行检查工作，如发现问题，应及时处理，再进行操作，主要内容包括闸门的检查、启闭设施检查及其他方面检查。

(1) 闸门的检查。闸门启闭前应检查门体有无歪斜，周围有无漂浮物卡阻现象，闸门开度是否在原定的位置；对于平板闸门应检查闸门槽是否有堵塞、变形；在冰冻地区，冬季启闭闸门前要检查闸门的活动部位有无冻结现象。

(2) 启闭设施检查。主要包括启闭电流或动力有无故障，对于人力启闭的，要有人员保证；电动机应当运行正常，机电安全保护设施应完好可靠；机械转动部位的润滑油应充足，并符合规定要求；检查牵引设备是否正常，如钢丝绳是否锈蚀、断裂，螺杆、连杆和活塞杆等有无弯曲变形，吊点结合是否牢固等。

(3) 其他方面检查。如上、下游有关船只漂浮物或其他障碍物影响行水情况，设有通气孔时，应检查通气是否正常，有无堵塞；上下游水位、流量、流态的检查观测等。

2. 闸门的操作运用

闸门在进行操作运用时，首先应明确设计规定的闸门运用原则，一般要求工作闸门能在动水情况启闭，检修闸门在静水情况启闭，事故闸门应能在动水情况关闭，一般在静水情况开启。闸门在操作运用时，应注意的主要问题如下：

(1) 工作闸门的操作。工作闸门允许局部开启时，在不同的开度泄水，应注意对下游的冲刷和闸门、闸身的振动；不允许局部开启的工作闸门中途停留使用；闸门泄流时，必须与下游水位相适应，使水跃发生在消力池内。一般应根据实测水位、流量、开度等资料进行分次开启；控制压力涵洞的闸门，在充分放水时，不应使洞内流量增减太快，停水过程要适当延长，并保持通气孔畅通，以防洞内产生负压、超压及气蚀等现象。

(2) 事故、检修闸门操作。不得用于控制流量；泄水期间，事故闸门要充分做好准备，一旦闸门下游发生事故，力争在最短的时间内关闭闸门；对于压力涵洞的检修闸门关闭后，洞内积水应缓慢放空，特别是洞身长度大、检修门距工作门较远的情况。

(3) 多孔闸门的运用。不能全部同时启闭时，可由中间向两边依次对称开启，闭门时则由两边向中间依次进行，以保证下泄水流均匀对称，减少冲刷；下泄水流量允许部分开启闸孔时，必须在水跃能控制在消力池内的情况下进行。

7.3.3 堤防

堤防是修建于江河、湖泊、海洋岸边以及水库、蓄滞洪区周边的挡水建筑物，随着使用位置及作用的不同而划分为不同的种类，并根据其工作条件的不同需采取相应的防护措施。

7.3.3.1 堤防的种类

堤防工程有不同的分类方法，主要是按其修建位置、作用和建筑材料的不同而划分的。

1. 按修建位置和作用分类

堤防是水利工程的重要组成部分，按其所在的位置和作用不同，通常分为防洪堤、海塘堤、渠堤。

1）防洪堤

防洪堤又分为江河堤、湖堤、库区堤及蓄滞洪区围堤等，它们是沿江河、湖泊、库区、蓄滞洪区的岸边或周边修建的，其主要作用是：用于束范、输送洪水，防止洪水漫溢成灾；减少挡水或蓄滞洪区域的淹没范围。

2）海塘堤

海塘堤修建在海边，用以防御涨潮和风浪潮引起的危害，又称为海堤或防潮、防浪堤。海堤分为土海堤和护坡（直立式、斜墙式、混合式）海堤两大类。

3）渠堤

渠堤修建在渠道两侧，用于输送引水或排水。

2. 按建筑材料分类

依据修建堤防的建筑材料不同，堤防可分为土堤、土石混合堤、石堤（砌石挡土墙）、钢筋混凝土堤等。其中，土堤最为常见，在缺乏土料的山区也常采用土石混合堤。

7.3.3.2 堤防的作用

1. 江河堤

在洪水位高于当地地面高程的江河岸边，顺水流方向修建的挡水建筑物，称为江河堤防，简称江河堤；江河堤一般为土堤或土石混合堤，也有的采用砌石或混凝土防浪墙；江河堤的主要作用有：约束江河水、束范洪水、防止洪水漫溢造成灾害。

2. 湖堤

在湖泊周围修建围堤，用以控制湖水水面，限制淹没范围，减少淹没面积，也可以通过修建围堤而抬高湖泊的蓄水水位，增加湖泊蓄水调洪能力，减轻江河防洪负担。

3. 海堤

沿海滩或海岸修建堤防（防浪墙），用以阻挡涨潮和风暴潮对沿海低洼地区的侵袭，确保防风浪潮安全，也能增加陆地面积、防止附近土地盐碱化。

4. 围堤

借助于修建在蓄滞洪区周围的堤防，可以抬高蓄洪水位，形成较大的蓄滞洪库容，以适应临时滞蓄超标准洪水的需要，并确保蓄滞洪区周边地区的安全。

5. 库区堤

在水库回水区外沿修建堤防后，可以控制水库蓄水时的回水范围，减少淹没面积，降低淹没损失；通过修建库区围堤，可以在水库挡水大坝设计挡水能力范围内，抬高水库的蓄水水位，增加水库的蓄水量，以充分发挥水库的工程效能。此前，曾有不少的水库，就是因为受回水影响的限制而不能按设计蓄水位运行,只能采用低水位运行,制约了工程投资效益的发挥。

6. 渠堤

通过修建在渠道两侧的堤防(渠堤),可以实行高水位输水,增大输水能力,从而扩大送水范围,并减少沟渠占地面积。

7.3.3.3　堤防各部位名称

堤身多用土或土石材料修成,两边具有一定坡度,一般呈梯形断面。图 7-11、图 7-12 分别是堤防的平面示意图和断面示意图,堤防各部位的名称主要有:

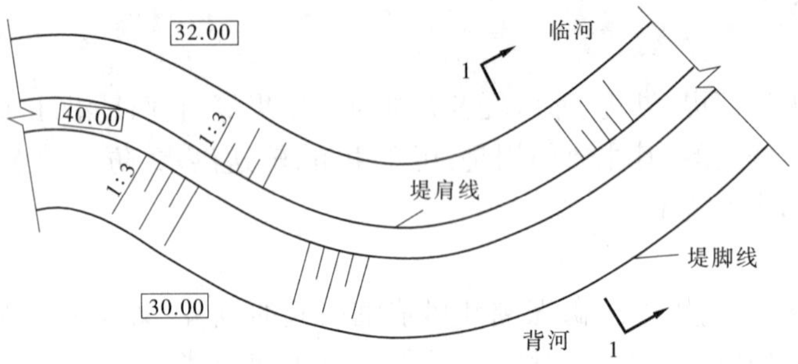

图 7-11　堤防的平面示意图

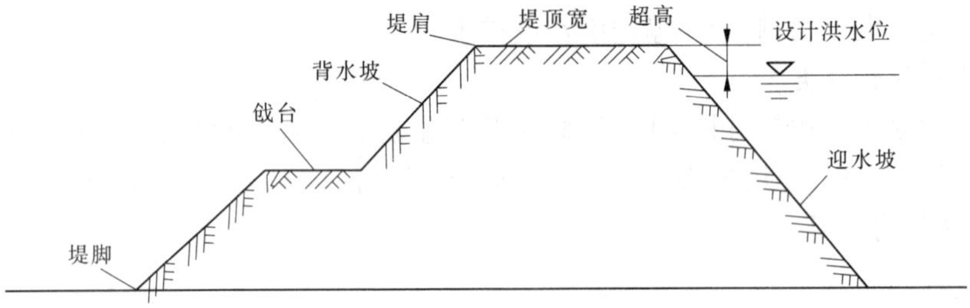

图 7-12　堤防断面示意图

堤顶:堤的顶部平面。

堤坡:临水侧堤坡(坡面)为迎水(河)坡,背水侧堤坡为背水(河)坡。

堤肩:指堤顶与堤坡交界的地方,也分临水(河)堤肩与背水(河)堤肩。

戗台:当堤坡高差较大时,在坝坡上设置的平台,除可稳定坝坡外,可兼作检查便道、交通。

堤脚:也称堤根,是堤防与地面相交的地方。

保护地:也称护堤地(或柳荫地),是为保护堤防完整与安全而在堤脚以外确定的一定管理范围,也分临水(河)护堤地与背水(河)护堤地,临水(河)护堤地内种植防浪林,背水(河)护堤地内栽植防护林。

7.3.3.4　堤防的修建标准

堤防工程的修建标准是与其所承担的防洪(或防潮)标准相对应的,防洪标准通常以所防御洪水的重现期或出现频率来表示,即以防多少年一遇的洪水为设计标准,防洪标准的确定又与枢纽工程的等别和堤防的级别有关。

1. 等级划分与防洪标准

枢纽工程按其规模、效益及在国民经济中的重要性分等，共分为五等；枢纽中的不同建筑物，按枢纽的等别、建筑物在枢纽中的作用和重要性进行分级，共分为5级。这种等级关系参见表7-1。

表7-1 水工建筑物级别划分

枢纽工程等别	永久性建筑物级别		临时性建筑物级别
	主要建筑物	次要建筑物	
Ⅰ	1	3	4
Ⅱ	2	3	4
Ⅲ	3	4	5
Ⅳ	4	5	5
Ⅴ	5	5	5

枢纽工程和建筑物的等级不同，对其要求也就不同，如防洪标准、坝顶超高、安全系数、建筑材料、结构尺寸、设备配置等方面的选择，与工程和建筑物的等级有关。

根据保护对象的重要性、洪水灾害的严重性，以及国民经济发展水平等条件，水利电力部曾颁布试行等级划分指标及防洪标准有关规定，摘录于表7-2～表7-4。

表7-2 水利水电工程分等指标（平原、滨海部分）（SL 252—2017）

工程等别	工程规模	水库总库容（亿 m^3）	防洪			治涝	灌溉	供水		发电
			保护人口（万人）	保护农田面积（万亩）	保护区当量经济规模（万人）	治涝面积（万亩）	灌溉面积（万亩）	供水对象重要性	年引水量（亿 m^3）	发电装机容量（MW）
Ⅰ	大（1）型	≥10	≥150	≥500	≥300	≥200	≥150	特别重要	≥10	≥1200
Ⅱ	大（2）型	<10，≥1.0	<150，≥50	<500，≥100	<300，≥100	<200，≥60	<150，≥50	重要	<10，≥3	<1200，≥300
Ⅲ	中型	<1.0，≥0.1	<50，≥20	<100，≥30	<100，≥40	<60，≥15	<50，≥5	比较重要	<3，≥1	<300，≥50
Ⅳ	小（1）型	<0.1，≥0.01	<20，≥5	<30，≥5	<40，≥10	<15，≥3	<5，≥0.5	一般	<1，≥0.3	<50，≥10
Ⅴ	小（2）型	<0.01，≥0.001	<5	<5	<10	<3	<0.5		<0.3	<10

注：1. 水库总库容指水库最高水位以下的静库容；治涝面积指设计治涝面积；灌溉面积指设计灌溉面积；年引水量指供水工程渠首设计年均引（取）水量。

2. 保护区当量经济规模指标仅限于城市保护区；防洪、供水中的多项指标满足1项即可。

3. 按供水对象的重要性确定工程等别时，该工程应为供水对象的主要水源。

表 7-3　平原、滨海区水库工程永久性水工建筑物洪水标准

项目	永久性水工建筑物级别				
	1	2	3	4	5
设计[重现期(年)]	300 ~ 100	100 ~ 50	50 ~ 20	20 ~ 10	10
校核洪水标准[重现期(年)]	2 000 ~ 1 000	1 000 ~ 300	300 ~ 100	100 ~ 50	50 ~ 20

表 7-4　山区、丘陵区水库工程永久性水工建筑物洪水标准

项目		永久性水工建筑物级别				
		1	2	3	4	5
设计[重现期(年)]		1000 ~ 500	500 ~ 100	100 ~ 50	50 ~ 30	30 ~ 20
校核洪水标准[重现期(年)]	土石坝	可能最大洪水(PMF)或10000 ~ 5000	5000 ~ 2000	2000 ~ 1000	1000 ~ 300	300 ~ 200
	混凝土坝、浆砌石坝	5000 ~ 2000	2000 ~ 1000	1000 ~ 500	500 ~ 200	200 ~ 100

中华人民共和国水利部于 1993 年 4 月发布《堤防工程技术规范》(SL 51—93),其中,堤防工程的级别划分见表 7-5。

表 7-5　堤防工程的级别划分

防护对象	项目	堤防工程级别				
		1	2	3	4	5
城镇	重要程度	特别重要城市	重要城市	中等城市	一般城市	
	非农业人口(万人)	≥150	150 ~ 50	50 ~ 20	≤20	
乡村	防护区耕地面积(万亩)	≥500	500 ~ 300	300 ~ 100	100 ~ 30	≤30
	防护区人口(万人)	≥500	500 ~ 150	150 ~ 50	50 ~ 20	≤20
工矿企业	主要厂区(车间)	特大型	大型	中型	中型	小型
	辅助厂区、生活区			较大型	大型	中、小型

2. 堤防的规划设计

1) 设计洪水及设计洪水位

确定洪水标准后,再确定对应洪水标准(频率或重现期)的设计洪水,并推算沿河道各控制站的洪水位,作为规划设计的依据。

确定设计洪水有多种方法,一是采用实际洪水法,即以过去曾经发生的某典型洪水作为设计洪水,设计洪水位要根据河道已发生的演变状况(特别是冲、淤变化)和将来可能的演变趋势进行分析、推算确定;二是频率计算法,根据实际发生的洪水资料,进行频率计算,选

择某一频率(洪水标准)的洪水作为设计洪水;三是以实际洪水位为基础,将其酌量提高,另加安全超高而作为设计的依据。

实际工程中,大多是根据实际发生的洪水(尤其是最大洪水)、历史调查洪水,以及频率计算成果,经综合分析比较,确定出堤防的设计洪水,并确定相应的洪水位。

应当注意:随着时间的推移,由于河道冲淤、边界条件等变化,河道的过水能力及水位表现也在发生变化;要结合实际变化情况及可能的变化趋势,对设计洪水的洪水位做阶段性调整。

2)堤线的选择

新建、改建堤防在选定堤线时,应根据河流的河势、河道演变特征、地质地貌条件,以及两岸的社会经济情况,进行多方案论证、比较,择优选定:

(1)堤线应大致与洪水流向平行,避免急弯或局部突出,两岸堤线尽量平行。

(2)堤线不宜距河槽太近,以免河床演变或河岸坍塌而危及堤防安全。

(3)堤线宜选择在地形高、整体性好、坚硬、地层单一的地基上。

(4)尽量照顾两岸城镇规划和工农业生产布局,节约土地,方便交通。

3)堤身断面设计

堤防多用土或土石材料修成,堤身一般采用梯形断面,堤身断面设计主要是确定堤顶高程、堤顶宽度、边坡坡度等。

(1)堤顶高程。堤顶高程 = 设计洪水位 + 风浪爬高 + 风壅增水高度 + 安全加高。其中,风浪爬高与地区风速、风向、水面宽度、水深、堤坡的坡度、坡面材料等因素有关,安全加高与堤防工程的级别、堤防是否允许过水等因素有关。

设计中,习惯将各种爬高与安全加高值之和称为堤顶超高(或堤顶综合超高),即堤顶高程为设计洪水位加堤顶超高。

(2)堤顶宽度。应考虑满足防渗、施工、管理、汛期抢险交通运输,以及堆放防汛器材等要求,结合堤防的级别而综合分析确定;一般1级堤防的堤顶宽度不宜小于8 m,2级堤防的堤顶宽度不宜小于6 m,3级以下不宜小于3 m;目前,黄河采用的堤顶宽度一般为10 ~ 12 m。

(3)设计边坡。应根据堤防等级、堤身高度、堤身结构、堤基及筑堤土质、水位涨落变化、洪水持续时间、风浪情况、防渗要求、施工条件等因素,先综合分析拟订并经过边坡稳定分析验算而确定,要满足边坡稳定要求,1 ~ 2级堤防的边坡不宜陡于1∶3。

(4)堤防结构及附属设施。

a. 堤顶应向一侧或两侧倾斜,坡度宜采用2% ~ 3%。

b. 为降低填土高度、减少用土量,堤顶上可以设置防浪墙。

c. 根据堤身稳定、施工、管理、排水等需要,确定是否设置戗台或设置多少级戗台。

d. 堤防的护坡应坚固耐用、抗冲、就地取材、方便施工和维修管理,两侧堤坡或同一坡的不同部位可以选用不同的护坡型式,背水侧多采用草皮护坡,临水侧的护坡型式应根据堤段靠溜情况、风浪大小、堤防等级、堤身与堤基土质等情况综合分析选择。

e. 为防止雨水的冲刷破坏,堤防可采用散排水或集中排水;受雨水冲刷严重或高于6 m的土堤,宜在堤顶、堤坡、堤脚、堤坡与山坡或其他建筑物的结合部设置集中排水设施(如排水沟),纵向排水沟可设在堤肩附近、戗台内侧、或堤脚处,横向排水沟每隔50 ~ 100 m设置一条并与纵向排水沟连通。

f. 堤防的防渗应满足渗流稳定计算的要求：均质堤防靠适宜的土料、合理的断面尺寸、及施工质量保障等来满足防渗要求；非均质堤防主要由防渗体承担防渗任务，所以非均质堤防的防渗体应满足渗透稳定、施工及构造要求，非均质堤防一般还设置反滤排水体。

g. 根据防汛抢险、运行管理、维修养护及群众生产的需要，应设置上下堤辅道（坡道），临水侧坡道应顺水流方向布置。

7.3.3.5 堤岸防护工程的结构型式

根据各类堤防的工作条件，对于受风浪、水流、潮汐作用而可能发生冲刷破坏的堤岸，应采取相应的防护工程措施，统称为堤岸防护工程。

堤岸上游坡防护工程的型式主要有坡式护岸、坝式护岸、墙式护岸等。

堤岸下游坡防护多采用草皮防护，草皮厚0.1 m左右，草皮太厚容易藏匿害堤动物，太薄则影响防护效果；若坝坡为砂性土，可先用黏性腐殖土包边，然后再植草皮。

对于江河堤防，在经常靠河（水）着溜、易受水流冲刷、容易出险的堤段（称为险工段）修建的临河防护工程（如具有挑流御水作用的丁坝、堆垛、护岸），称为险工；为预防大水期间发生顺堤行洪和冲刷堤身，在平工堤段依堤修建的、具有挑水护岸作用的坝垛，称为滚河防护坝，也称防洪坝；对于间接保护堤防安全的控导工程，也应视为堤岸防护的工程措施之一。

1. 坡式护岸

1）作用与使用范围

坡式护岸工程是防止江河堤岸冲刷坍塌而依堤岸、顺堤坡修做的平顺连续覆盖保护层，也称平顺护岸工程，又简称为护坡。江河堤防险工中的平顺护岸也属于坡式护岸。

坡式护岸，只是保护堤岸、免遭水流的冲（淘）刷，没有挑水作用，对近岸水流结构的影响较小；同样，水流对近岸河床的局部冲刷也较弱。因此，护岸属于防护工程，也是一种重要的稳定河床的工程措施。

坡式护岸，适用于以受风浪撞击、淘刷为主的湖堤和水库围堤的临水坡防护；也适用于河势比较平稳、主流比较稳定、离主流较远、堤前流速较小的江河堤防的临水坡防护；还常与坝式护岸配合使用，将坡式护岸用于坝垛之间。

2）结构形式

坡式护岸的结构形式主要有浆砌石护坡、干砌石护坡、堆石（乱石）护坡、混凝土护坡等。

（1）浆砌石护坡。堤岸防护中的砌石护坡，从石料的摆放方式来说，相当于河道整治工程所用坝（垛）岸中的扣石坝，即将沿子石石料的裸露面顺堤坡方向摆放。浆砌石护坡，是使用砂浆、砌筑成与堤坡坡度一致的平顺护面，具有护坡表面平整、抗冲能力强、坡度较缓、整体稳定性好的特点。

浆砌石护坡所用石料要质地坚硬、耐风化，石料大小应能满足抗冲刷、淘刷的要求，护坡可以是单层或双层，单层厚0.3～0.4 m，双层厚0.4～0.6 m；为防止水流冲（淘）刷土坡，砌石下面应设置具有反滤作用的碎石垫层，垫层厚一般为0.2 m；为增加护坡的稳定，护坡底部要适当加厚，并嵌入坝体或坝基内，如图7-13所示。位于冲、淤变化大的软基上的砌石护坡，其底部也可采取抛散石固根、护脚的方法，增加坡体的稳定性。

（2）干砌石护坡。干砌石护坡的结构及砌筑方法同浆砌石护坡，只是砌筑时不使用砂浆,其具有表面平整、抗冲能力强、坡度较缓、稳定性好、适应岸坡变形能力强、便于维修等特点,仅从沿子石的砌筑方法看,干砌护坡相当于河道整治工程中的干砌扣石坝(但扣石坝有腹石、无垫层),见图7-14。干砌石护坡(干扣石和浆扣石),按砌缝的形状分为平缝扣石(砌缝水平)和花缝扣石(砌缝按石料的自然形状插花扣严);按平行于坝坡面的裸露石面的大小分为丁扣(小面或较小面平行于坝坡面)和平扣(大面平行于坝坡面)。

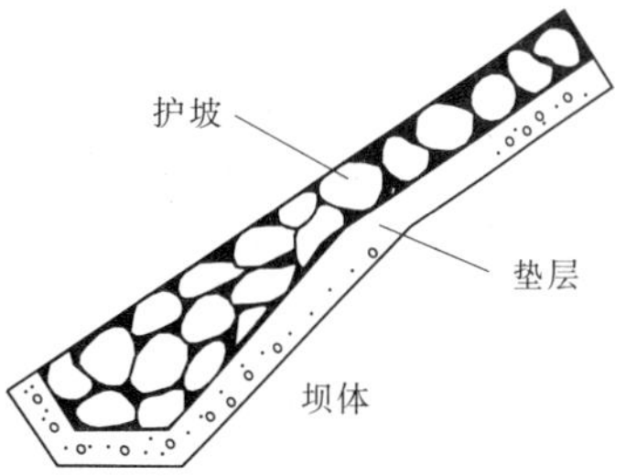

图7-13 浆砌石护坡示意图

(3)堆石(乱石)护坡。也称乱石护坡或抛石护坡,是用乱石作为裹护体材料、经过抛填修筑而成的护岸工程。堆石护坡施工简单,便于维修,适应堤防、堤基以及河床冲刷变形的能力强,多用于冲淤变化较大的河道或有较大沉降及不均匀沉降的堤防工程的整治和防护。

堆石抵抗冲刷、风浪的能力较低,需要的厚度要大于砌石或扣石护坡,因此堆石(乱石)护坡的用料较多。

乱石护坡的结构基本同砌石护坡,也应设置垫层,见图7-15。

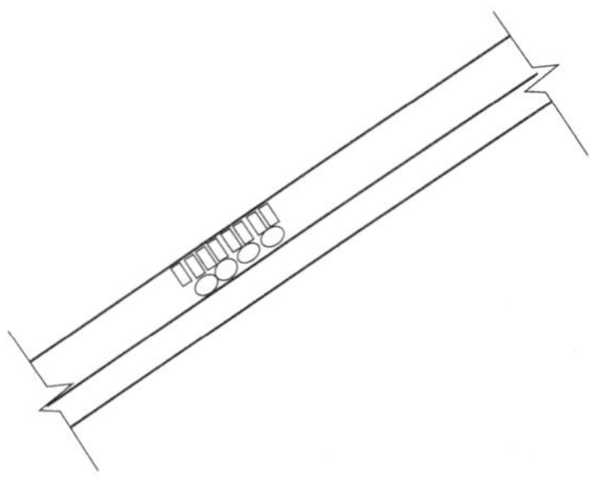
图7-14 干砌石护坡示意图

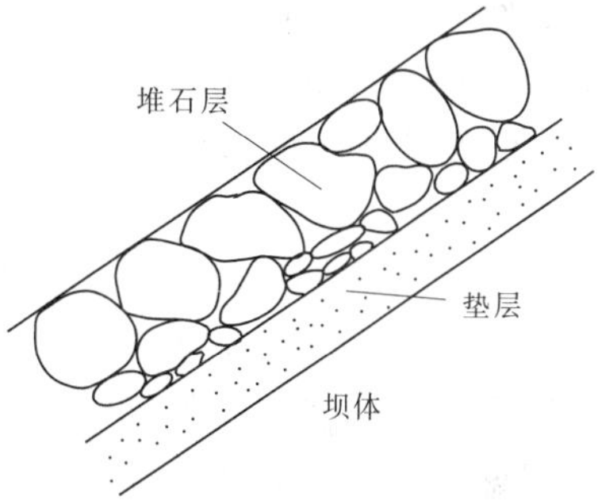

图7-15 堆石(乱石)护坡示意图

习惯上将乱石护坡的水下部分称为护根或护脚,水上部分称为护坦;乱石护坡的根部尺寸往往更大,石块的大小也要满足不被冲刷走失的要求。

2. 坝式护岸

1)坝式护岸及其使用范围

坝式护岸,是靠突出于堤坡之外、具有挡水和挑水作用的坝体,保护堤坡免遭冲刷、淘刷破坏。

坝式护坡,一般适用于河势变化大,主流坐弯顶冲、堤前水流速度较大、水流冲刷能力强、冲淤变化大的堤岸或河岸保护;部分坝型(如重力式砌石坝)也适用于海堤的防护。

2)坝的分类

用于护坡工程中的坝,有多种分类方法:

(1)按坝体材料分为石坝、混凝土坝等,以石坝最为常见。

(2)按坝体的使用性质分为丁坝、垛(也称为堆或矶头)、顺坝、导流坝等,以丁坝、垛最为多见。

(3)按坝的平面形状分有月坝、人字坝、磨盘坝、鱼鳞坝等。

(4)按坝的结构分为砌石坝、扣石坝、乱石坝等。

3)坝、垛的抗溜特点

(1)丁坝的抗溜特点。

丁坝的坝根与河岸或堤岸相连,坝头伸向河(水)内,在平面上呈“丁”字行,故而得名。

丁坝能将水流挑离堤岸或河岸,故又名挑水坝,所以丁坝具有调整水流、保护堤岸或河岸的作用。

丁坝常用于主流顶冲、水流速度较大的江河堤防的防护。

丁坝伸入河内的长度较大,一般在30 m以上,其挑流能力强,对坝所在位置以下堤岸的掩护作用显著;但河道中设置了丁坝后,在丁坝坝头附近易形成环流、漩涡等复杂流态,从而增加局部的冲刷能力,形成局部冲刷坑,易导致水下石料(根石)走失及坝头坍塌破坏,因此在设计、建设丁坝时,要正确估计冲刷坑的最大可能深度,以确定坝头防护措施及基础的防护范围,需设有较大尺寸的根石体,并随着冲刷坑的发展陆续进行抛石护根、加固,以达到需要的防护范围。

(2)垛的抗溜特点。

垛为短丁坝,又称为堆或矶头。垛具有调整水流、保护河岸或堤岸的作用,但不如长丁坝的挑流作用强,主要起迎托水流、保护河岸或堤岸的作用。同时,垛前的冲刷坑也较小。

长、短丁坝的划分,难以有统一的标准,原则上应根据河流宽度、丁坝对水流的影响程度等因素确定,短丁坝一般为10~30 m。

4)坝的结构

(1)砌石坝。也称“砌垒坝”,是沿子石水平安放、多以砂浆砌筑(干砌石坝较少)而成的坝。坝坡面呈台阶状,外坡1:0.35~1:0.4,内坡更陡或垂直,属陡坡坝(重力式坝)。砌石坝的整体性好、抗冲能力强,如果坐落在稳定、坚固的基础(如岩基)上,其稳定性好,具有较强的防护能力,可用于海堤以抵御海潮及风暴潮的侵袭;但如果将砌石坝用于冲淤变化大的河道整治或堤岸防护,由于基础(也称为软基)不稳定,将使砌石坝的整体稳定性较差,易出现整体滑动、倾倒等重大险情,为使其稳定,需设置尺寸较大的根石基础,见图7-16。

(2)扣石坝。沿子石采用扣砌方式(沿子石的一个面平行于坝坡面)修筑的坝,称为扣石坝。扣石坝表面平整、抗冲能力强,内坡一般为1:1.1~1:1.3,外坡一般为1:1.3~1:1.5,属缓坡坝,稳定性好,但软基上的扣石坝也需根石固基,见图7-17。

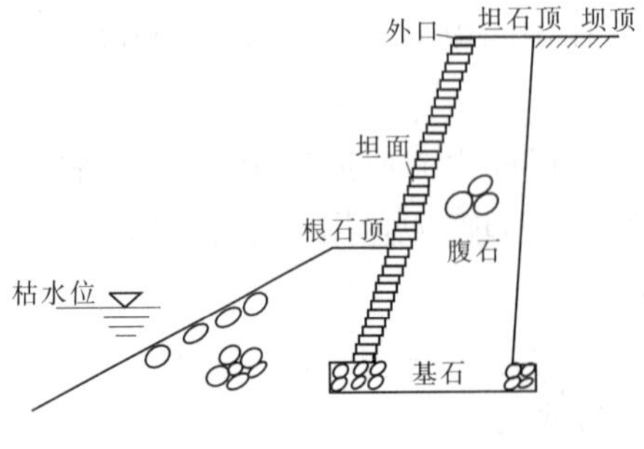

图7-16 砌垒坝示意图

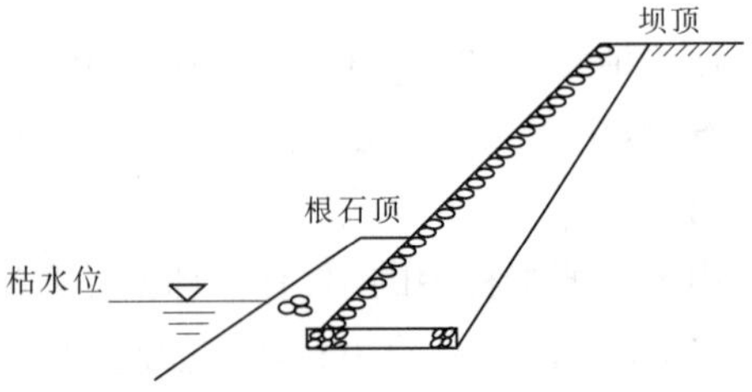

图7-17 扣石坝示意图

扣石坝按砌筑时是否使用砂浆分为干砌扣石坝和浆砌扣石坝;按砌缝的形状分为平缝(砌缝水平)扣石坝和花缝(砌缝按石料的自然形状插花扣严)扣石坝;按平行于坝坡面的沿子石面的大小分为丁扣坝和平扣坝。

丁扣坝:沿子石的小面或较小面(厚度方向)平行于坝坡面。

平扣坝:沿子石的大面(长度、宽度方向)平行于坝坡面,即沿子石的大面朝外、短轴方向垂直于坝坡面。

(3)乱石坝。也叫“抛石坝”,是用乱石作为裹护体材料、经过抛填修筑而成的坝。乱石坝一般顶宽1 m、内坡1:1~1:1.5、外坡1:1.3~1:1.5,有的坝另设根石台,根石台顶宽一般为2 m。

乱石坝的坦石、根石能随河床冲刷及时下蛰,适应基础及岸坡变形能力较强,便于维修及抢护。

5)坝垛布置

用于海堤防护的坝式护岸,坝的布置是连续的,即用坝体覆盖整个需要保护的范围。

用于江河堤防防护的坝式护岸,坝垛的布置有连续弯道式、分组弯道式及单坝挑流式。

在坝、垛、岸的布置中,一般以坝为主、垛为辅,必要时配以护岸(平顺护岸),坝、垛、护岸三者密切配合,相互作用,按照“上密、下疏、中适度;上短、中长、下较长”的原则进行布置。防护工程的上段,要能平顺接流,布置短而密的垛;中段是调整、控导水流的主要位置,要布置挑流作用强的丁坝,考虑主溜位置的变化,丁坝的间距要适度(比理论计算的要适当加密),并在坝垛之间布置护岸;工程的下段,要送溜出湾,为使出流平稳,并且较好地离开本岸,就要采用与中段丁坝逐渐过渡的较长坝垛,间距适当变疏。

3. 墙式护岸

墙式护岸,是借助于顺堤岸修建的陡坡式或直立式挡土墙,直接挡水、抵御水流冲刷及风浪或风暴潮引起的强烈淘刷和袭击,保护堤岸免遭破坏。

墙式护岸适用于河道狭窄、易受水流冲刷及风浪淘刷、保护对象重要、堤防尺寸受到建设限制等江河堤防局部段落的防护(也称防洪墙),如城区河流堤防的防护;也多用于海堤的防护。

墙式护岸的临水侧一般采用直立式,也有的采用陡坡式;背水侧可采用直立式、斜坡式、折线式、台阶式。

防护墙的墙基应嵌入堤岸护脚(堤基)一定深度,以满足整体抗滑稳定和抗冲刷的要求,如果堤基冲淤变化大(如冲刷深度大)可采取抛石护根、固基的措施。

修建防护墙常用的材料有钢筋混凝土、混凝土、浆砌石等。

防护墙的型式主要有重力式挡土墙、悬臂式挡土墙、扶壁式挡土墙等。

1)重力式挡土墙

挡土墙的断面尺寸比较大,依靠自身重量维持稳定,最简单的断面型式为梯形断面,结构简单,施工方便,但耗用建筑材料较多,一般用于墙高不超过5~6 m范围的挡土、护岸工程。

重力式挡土墙,常用浆砌块石或混凝土做成。为了提高挡土墙基础(底部)的整体性,以及改善堤基应力,浆砌块石挡土墙的基础常采用混凝土浇筑底板以增强整体性,板厚一般为0.5~0.8 m,基础部分也常设有前趾以加大基础尺寸,见图7-18(a)。

2)悬臂式挡土墙

悬臂式挡土墙由尺寸比较大且整体性比较好的底板及与底板整体连接的悬臂组成,借助于底板上的填土重量维持挡土稳定,见图7-18(b)。

悬臂式挡土墙比较节省材料,但对悬臂与底板的整体性以及悬臂的抗弯强度要求较高,常用混凝土或钢筋混凝土做成,悬臂式挡土墙的挡土高度也较小。

3)扶壁式挡土墙

扶壁式挡土墙由立墙、底板以及墙后的扶壁三部分组成,其中扶壁是间隔(间距一般为墙高的1/2～1/3)设置的,扶壁厚60～70 cm;这种结构可比重力式挡土墙明显减少用料,并借助扶壁之间底板上的填土重量维持挡土稳定,见图7-18(c)。

挡土墙高度在9～10 m以上,采用扶壁式挡土墙比较经济。

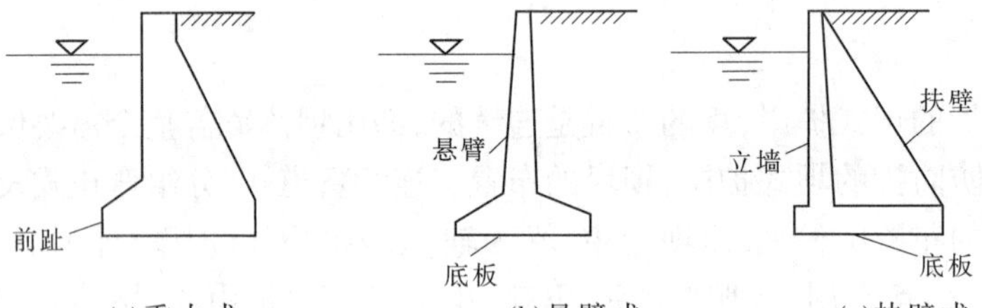

(a)重力式　(b)悬臂式　(c)扶壁式

图7-18　堤岸防护墙的型式示意图

7.4　水工图识读

7.4.1　水工图的分类和特点

7.4.1.1　水工图的分类

水利工程的兴建一般需要经过勘测、规划、设计、施工和竣工验收等几个阶段,每个阶段都要绘制相应的图样。勘测、调查工作是为可行性研究、设计和施工收集资料,提供依据,此阶段要画出地形图和工程地质图等。可行性研究和初步设计的主要任务是确定工程的位置、规模、枢纽的布置及各建筑物的形式和主要尺寸,提出工程概算,报上级审批,此阶段要画出工程位置图(包括流域规划图、灌区规划图等)、枢纽布置图。技术设计和施工设计阶段是通过详细计算,准确地确定建筑物的结构尺寸和细部构造,确定施工方法、施工进度、编制工程预算等。此阶段要绘制建筑物结构图、构件配筋图、施工详图等,工程建设结束还要绘出竣工图。下面介绍几种主要的水工图样。

1. 规划图

规划图是表达水利资源综合开发全面规划意图的一种示意图。按照水利工程的范围大小,规划图有流域规划图、水利资源综合利用规划图、灌区规划图、行政区域规划图等。

规划图通常绘制在地形图上,采用符号图例示意的方式反映出工程的整体布局、拟建工程的类别、位置和受益面积等内容。如图7-19所示为某河流域规划图,此图是乌江的一条支流,在该河流上拟建6个水电站。规划图表示范围大,图形比例小,一般采用比例为1:5000～1:10000,甚至更小。

2. 枢纽布置图

将整个水利枢纽的主要建筑物的平面图形画在地形图上,这样的图形就称为水利枢纽布置图。枢纽布置图可以单独画在一张图纸上,也可以和立面图等配合画在一张图纸上。

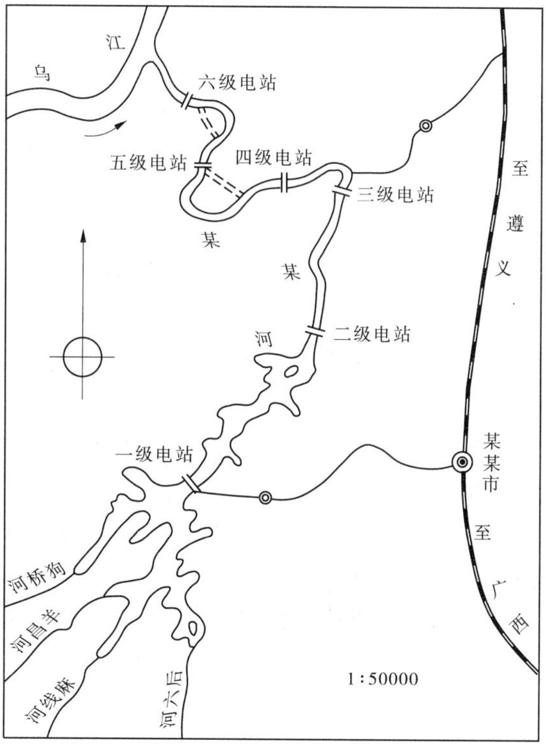

图7-19 某河流域规划图

枢纽布置图一般包括以下内容：

(1)水利枢纽所在地区的地形、河流及流向、地理方位(指北针)等。

(2)各建筑物的平面形状、相应位置关系。

(3)建筑物与地面的交线、填挖方坡边线。

(4)建筑物的主要高程和主要轮廓尺寸。

为了使主次分明,结构上的次要轮廓线和细部构造一般省去不画或用示意图表达它们的位置、种类,图中尺寸一般只标注建筑物的外形轮廓尺寸和定位尺寸、主要部位的标高、填挖方坡度等。所以,枢纽布置图主要是用来表明各建筑物的平面布置情况,作为各建筑物的施工放样、土石方施工及绘制施工总平面图的依据等。

3. 建筑物结构图

建筑物结构图是以枢纽中某一建筑物为对象的工程图样,包括结构平面布置图、剖面图、分部和细部构造图、混凝土结构图和钢筋图等。主要用来表达水利枢纽中单个建筑物的形状、大小、结构和材料等内容。

4. 施工图

施工图是按照设计要求,用于指导施工所画的图样。主要表达施工过程中的施工组织、施工程序和施工方法等。

5. 竣工图

工程完工验收后要绘出完整反映工程全貌的图样称为竣工图。竣工图详细记载着建筑物在施工过程中经过修改后的有关情况,以便汇集资料、交流经验、存档查阅以及供工程管理之用。

7.4.1.2 水工图的特点

水工图的绘制,除遵循制图基本原理以外,还应根据水工建筑物的特点制定一系列的表达方法,综合起来水工图有以下特点:

(1)比例小。水工建筑物形体庞大,画图时常用缩小的比例。特殊情况下,当水平方向和铅垂方向尺寸相差较大时,允许在同一个视图中的铅直和水平两个方向采用不同的比例。

(2)详图多。因画图所采用的比例小,细部结构不易表达清楚。为了弥补以上缺陷,水工图中常采用较多的详图来表达建筑物的细部结构。

(3)断面图多。为了表达建筑物各部分的断面形状及建筑材料,便于施工放样,水工图中断面图应用较多。

(4)图例符号多。水工图的整体布局与局部结构尺寸相差较大,所以在水工图中经常采用图例、符号等特殊表达方法及文字说明。

(5)考虑水的影响。水工建筑物总是与水密切相关,因此水工图的绘制应考虑到水的问题。如挡水建筑物应表明水流方向和上、下游特征水位。

(6)考虑土的影响。由于水工建筑物直接修筑在地面上,所以必须表达建筑物与地面的连接关系。

7.4.2 水工图的表达方法

前面介绍的工程形体表达方法都适用于表达水工建筑物,这里只进一步阐述和补充水工图表达的一些特点。水工图的表达方法分为两类:基本表达方法和特殊表达方法。

7.4.2.1 基本表达方法

1.视图的名称和作用

1)平面图

在水工图中,平面图(即俯视图)是基本视图。平面图分表达单个建筑物的平面图及表达水利枢纽的总平面图(枢纽布置图)。表达单个建筑物的平面图主要表明建筑物的平面布置,水平投影的形状、大小及各部分的相互位置关系、主要部位的标高等。

平面图的布置与水有关,对于挡水坝、水电站等挡水建筑物的平面图把水流方向选为自上向下,用箭头表示水流方向,如图 7-20 所示;对于过水建筑物(水闸、渡槽、涵洞等),则把水流方向选作自左向右。根据《水利水电工程制图标准》(SL 73—2013)规定:视向顺水流方向观察建筑物,建筑物左边为河流左岸,右边为河流右岸。图样中表示水流方向的符号,根据需要可按图 7-21 所示的三种形式绘制。枢纽布置图中的指北针符号根据需要可按图 7-22所示的两种形式绘制,其位置一般画在图形的左上角,必要时也可以画在右上角,箭头指向正北方向。图中“B”值根据需要自定。

2)立面图

表达建筑物的各个立面的视图叫立面图(即正、左、右、后视图)。水工图中立面图的名称与水流有关,视向顺水流方向观察建筑物所得的视图称为上游立面图;视向逆水流方向观察建筑物所得的视图称为下游立面图。立面图主要表达建筑物的外部形状,上、下游立面的布置情况等,如图 7-20 所示下游立面图。

3）剖视图

在水工图中，剖切平面平行于建筑物轴线或顺河流流向时所得的视图，称为纵剖视图，如图 7-23 所示 *A*—*A*。剖切平面垂直于建筑物轴线或河流流向时所得的视图，称为横剖视图，如图 7-23 所示 *B*—*B* 和 *C*—*C*。剖视图主要表达建筑物的内部结构形状及相对位置关系，表达建筑物的高度尺寸及特征水位，表达地形、地质情况及建筑材料。

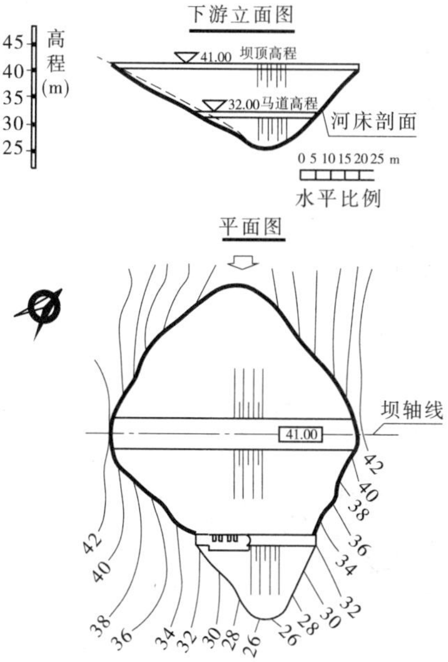

图 7-20　平面图和立面图

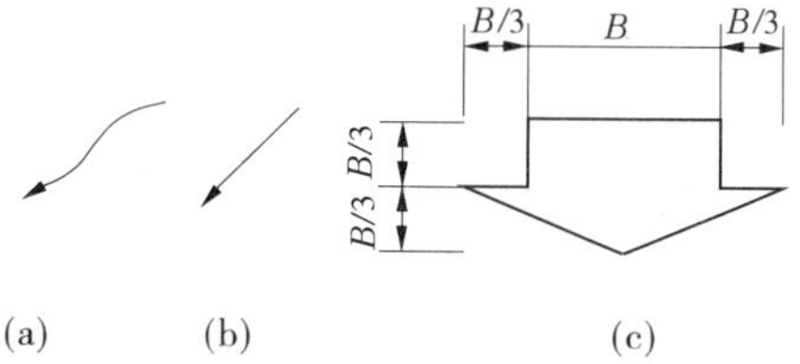

图 7-21　水流方向符号

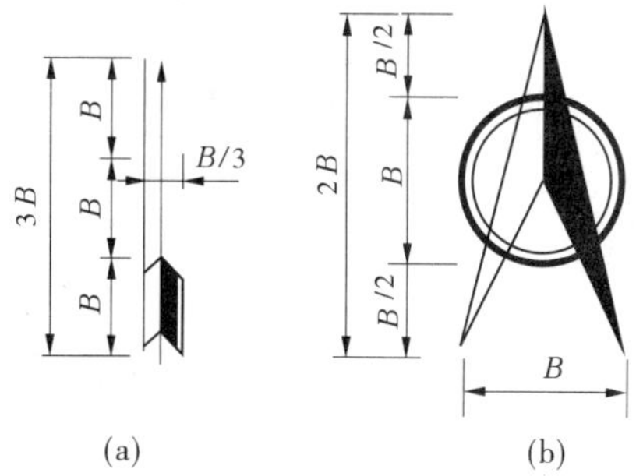

图 7-22　指北针符号

4）剖（断）面图

剖面图表达建筑物组成部分的断面形状及建筑材料，土石坝剖面图中筑坝材料的分区线应用中粗实线绘制并注明各区材料名称，当不影响表达设计意图时可不画剖面材料图例，如图 7-23 所示为河流纵、横剖面图，图 7-24 所示为水工建筑物的纵、横剖面图。

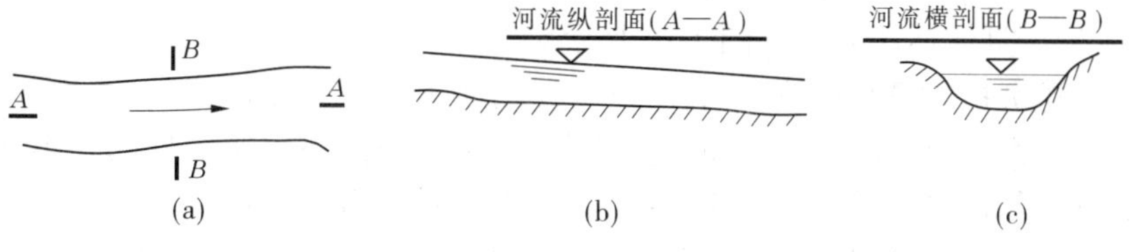

图 7-23　河流的纵、横剖面图

5）详图

将物体的部分结构用大于原图形所采用的比例画出的图形称为详图。详图一般应标注，其形式为：在被放大部分处用细实线画小圆圈，标注字母。详图用相同的字母标注其图名，并注写比例，如图 7-25 所示。详图可以画成视图、剖视图、剖面图，它与被放大部分的表达方式无关。必要时，详图可用一组（两个或两个以上）视图来表达同一个被放大部分的结构。

2. 视图配置和标注

表达建筑物的一组视图应尽可能按投影关系配置。由于水工建筑物的大小不同，有时

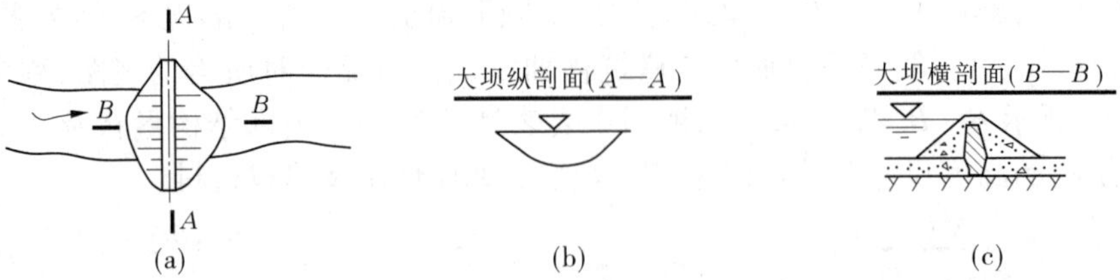

图 7-24　水工建筑物的纵、横剖面图

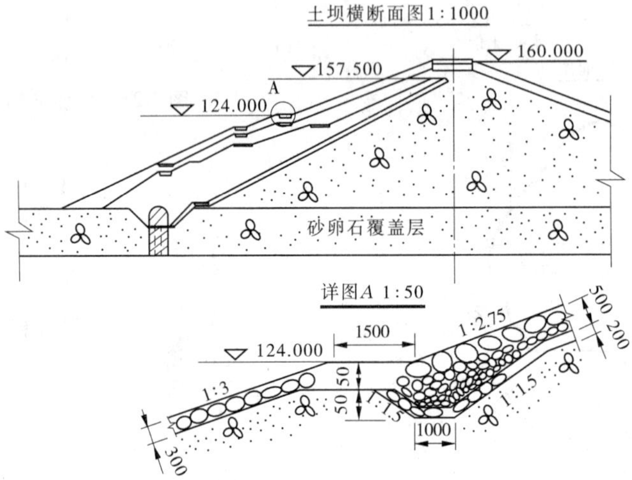

图 7-25　水工详图示例

为了合理利用图纸，允许将某些视图不按投影关系配置，而是将其配置在图幅的合适位置，对于大而复杂的建筑物，可以将某一视图单独画在一张图纸上。

为了读图方便，每个视图一般均应标注图名，图名统一注写在视图的正上方，并在图名的下边画一条粗实线，长度以图名长度为准。当整张图只使用一种比例时，比例统一注写在标题栏内；否则，应逐一标注。比例的字高应比图名的字高小 1 ~ 2 号。具体标注方式如图 7-26 所示。

土坝横断面图 1:1000　或　详图A / 1:50

图 7-26　图名标注方式

由于水工建筑物一般都比较庞大，所以水工图通常采用缩小的比例。绘图时比例大小的选择要根据工程各个不同阶段对图样的要求、建筑物的大小以及图样的种类和用途来确定。不同阶段的各种水工图一般采用的比例如下：规划图为 1:2000 ~ 1:10000，枢纽布置图为 1:200 ~ 1:5000，建筑物结构图为 1:50 ~ 1:500，详图为 1:5 ~ 1:50。为便于画图和读图，建筑物同一部分的几个视图应尽量采用同一比例。在特殊情况下，允许在同一视图中的铅垂和水平两个方向采用不同的比例。如图 7-20 所示，土坝长度和高度两个方向的尺寸相差较大，所以在下游立面图中，其高度方向采用的比例较长度方向大。但这种视图不能反映建筑物的真实形状。

7.4.2.2　特殊表达方法

1. 合成视图

对称或基本对称的图形，可将两个视向相反的视图（或剖视图或剖面图）各画一半，并以点画线为界合成一个图形，分别注写相应的图名，这样的图形称为合成视图，如图 7-27 所

示 $B—B$ 和 $C—C$ 合成的剖视图。

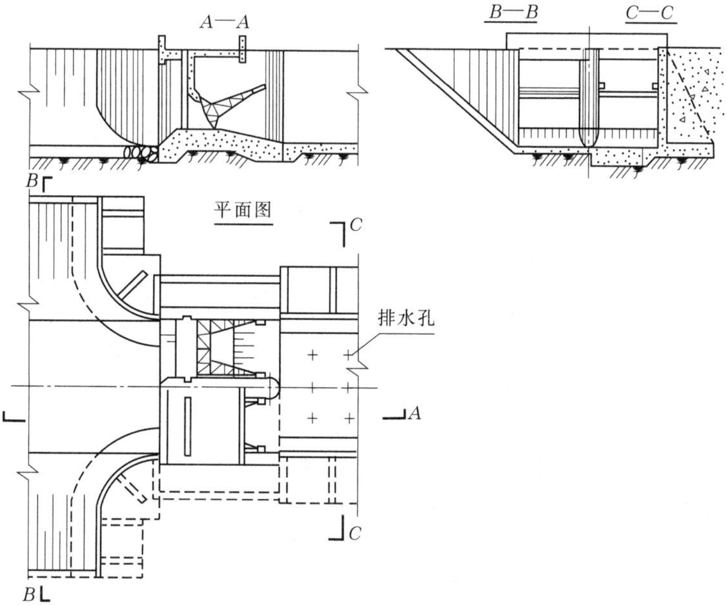

图 7-27　合成视图、拆卸画法、简化画法

2. 拆卸画法

当视图(或剖视图)中所要表达的结构被另外的结构或填土遮挡时,可假想将其拆掉或掀去,然后进行投影。如图 7-27 所示平面图中对称线前半部分将桥面板拆卸,翼墙及岸墙后的回填土掀掉后绘制图,因此翼墙与岸墙背水面轮廓可见,轮廓虚线变成实线。

3. 简化画法

对于图样中的一些细小结构,当其成规律地分布时,可以简化绘制,如图 7-27 中的排水孔。图样中的某些设备(如闸门启闭机、发电机、水轮机调速器、桥式起重机)可以简化绘制。

4. 展开画法

当构件或建筑物的轴线(或中心线为曲线时,可以将曲线展开成直线后,绘制成视图(或剖视或剖面)。这时,应在图名后注写“展开”二字,或写成“展视图”,如图 7-28 所示。

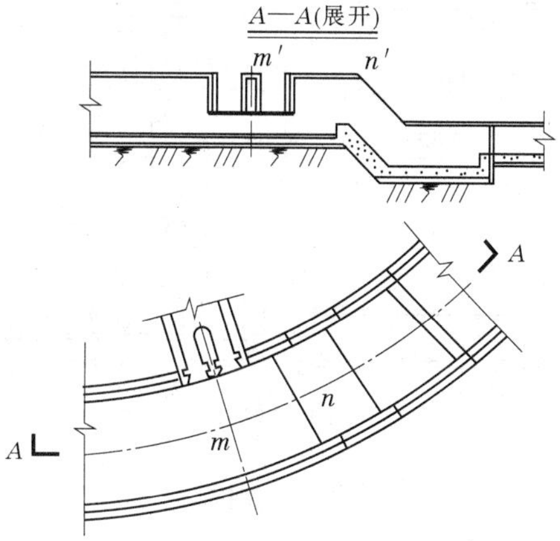

图 7-28　展开画法

5. 省略画法

当图形对称时,可以只画对称的一半,或只画对称的1/4,但必须在对称线上加注对称符号,如图7-29所示。

在不影响图样表达的情况下,根据不同设计阶段和实际需要,视图和剖视图中某些次要结构和附属设备因属外部构件或另有图纸表达,在建筑物结构图中可简化绘制或省略不画。

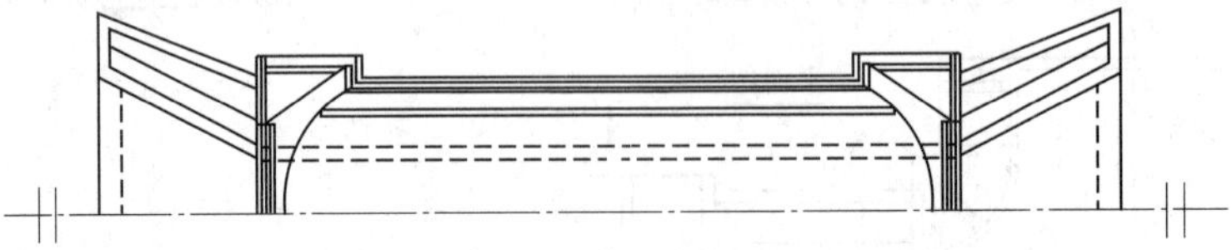

图7-29 省略画法

6. 连接画法

当图形较长而又需要全部画出时,可将其分段绘制,再画出连接符号表示相连的关系,并用大写拉丁字母编号。如图7-30所示的土坝立面图的连接画法。

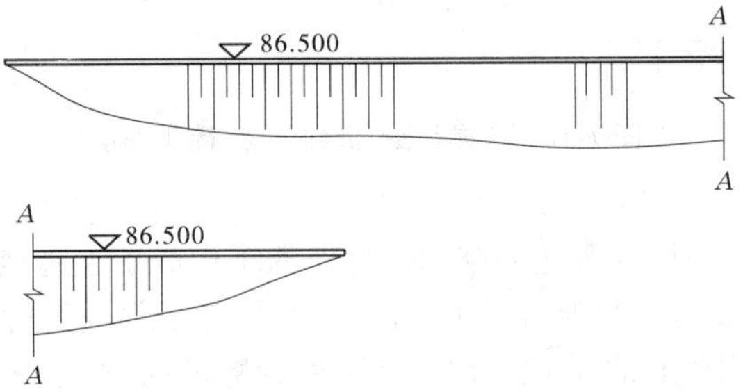

图7-30 连接画法

7. 分层画法

当建筑物或某部分结构有层次时,可按其构造层次分层绘制,相邻层用波浪线分界,并且用文字注写各层结构的名称,如图7-31所示。

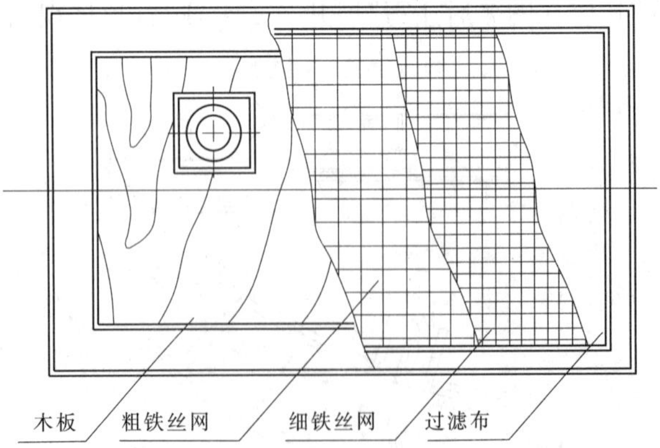

图7-31 分层画法

8. 缝线(缝隙)的画法

在绘制水工图时,为了清晰地表达建筑物中的各种缝线,如伸缩缝、沉陷缝、施工缝和材料分界缝等，无论缝线两边的表面是否在同一平面内，在绘图时这些缝线都按轮廓线处理，规定用粗实线绘制，如图 7-32 所示。

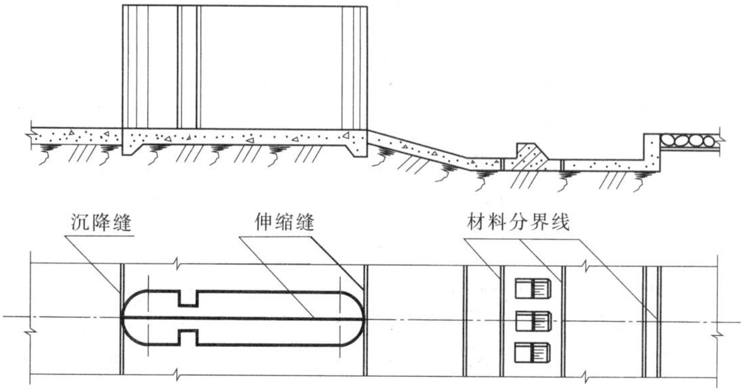

图 7-32 缝隙的画法

9. 示意画法

在规划示意图中，各种建筑物是采用符号和平面图例在图中相应部位示意表示的。这种画法虽然不能表示结构的详细情况，但能表示出它的位置、类型和作用。常见的水工建筑物平面图例如表 7-6 所示。

7.4.3 水工图的尺寸注法

水工图中的尺寸是建筑物施工的依据。前面有关章节详细介绍的尺寸标注的基本规则和方法，在水工图中仍然适用。本节将根据水工建筑物的特点及设计和施工的要求，介绍水工图尺寸基准的确定与有关尺寸的标注方法。

7.4.3.1 一般规定

(1)水工图中的尺寸单位，流域规划图以 km 计，标高、桩号、总平面布置图以 m 计，其余尺寸均以 mm 计。若采用其他尺寸单位，则必须在图样中加以说明。

(2)水工图中尺寸标注的详细程度，应根据设计阶段的不同和图样表达内容的不同而定。

7.4.3.2 高度尺寸的注法

水工建筑物的高度，除注写垂直方向的尺寸外，一些重要的部位，如建筑物的顶面、底面、水位等均须标注高程，即标高。常在建筑物立面图和垂直方向的剖视图、断面图中标注。

(1)标高包括标高符号及尺寸数字两部分。标高符号一般采用等腰直角三角形，用细实线绘制，其高度 h 约为数字高度的 2/3，如图 7-33(a)所示。标高符号尖端可以向下指，也可以向上指，根据需要而定，但必须与被标注高度的轮廓线或引出线接触。水面标高(简称水位)，水面线以下画三条渐短细实线，如图 7-33(c)所示。标高数字一律注写在标高符号右边，单位以 m 计，注写到小数点后第 3 位。在总布置图中，可注写到小数点后第 2 位。零点标高注成 ±0.000，正数标高数字前一律不加“+”号，负数标高数字前必须加注“-”号，如 -1.500。

(2)在平面图中，高程符号为细实线矩形线框，矩形线框的长、宽比约为 2∶1，在其内注写标高数字，其形式如图 7-33(b)所示。

表 7-6　常见的水工建筑物平面图例

符号	名称		图例	符号	名称		图例
1	水库	大型		13	泵站		
		小型	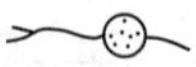	14	暗沟		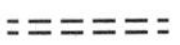
2	混凝土坝		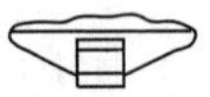	15	渠		
3	土石坝		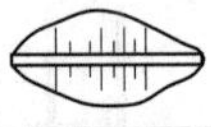	16	船闸		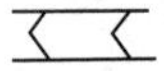
4	水闸		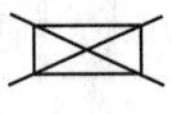	17	升船机		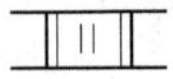
5	水电站	大比例尺	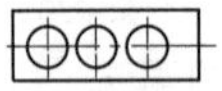	18	码头	栈桥式	
		小比例尺				浮式	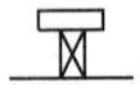
6	变电站			19	溢洪道		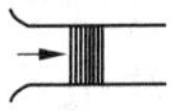
7	渡槽		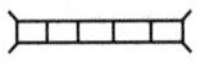	20	堤		
8	隧洞		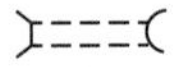	21	护岸		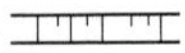
9	涵洞		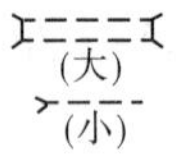	22	挡土墙		
10	虹吸		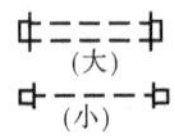	23	防浪堤	直墙式	
11	跌水		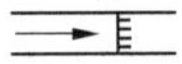			斜坡式	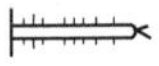
12	斗门		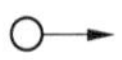	24	明沟		

(3)高程基准与测量基准一致,高度尺寸可采用主要设计高程为基准,或按施工要求选取,一般采用建筑物的底面为基准,仍采用标注高度的方法标注,如图 7-33(d)、(e)所示。

7.4.3.3　平面尺寸的注法

水工建筑物建造在地面上,通常根据测量坐标系来确定各个建筑物在地面上的位置。这里主要介绍平面布置图中的尺寸基准。水利枢纽中各个水工建筑物在地面上的位置是以所选定的基准点或基准线进行放样定位的,基准点的平面位置是根据测量坐标来确定的,两个基准点相连即确定了基准线的平面位置。如图 7-34 所示的平面布置图中,坝轴线的位置是由坝端两个基准点的测量坐标来确定的,坝轴线的走向用方位角表示。

建筑物在长度或宽度方向若为对称形状,则以对称轴线为尺寸基准。若建筑物某一方向无对称轴线,则以建筑物的主要结构端面为基准。

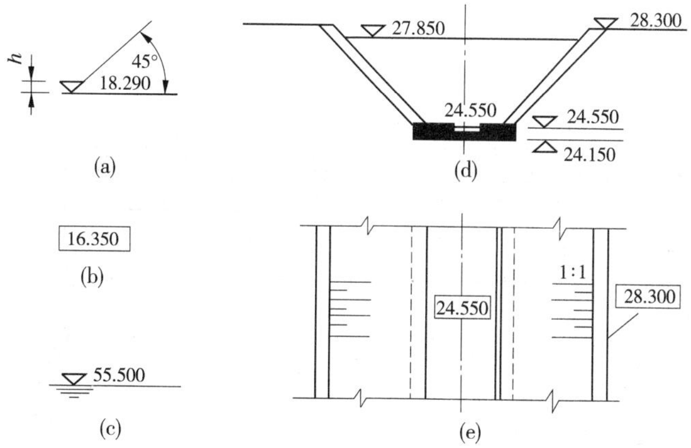

图 7-33 标高注法

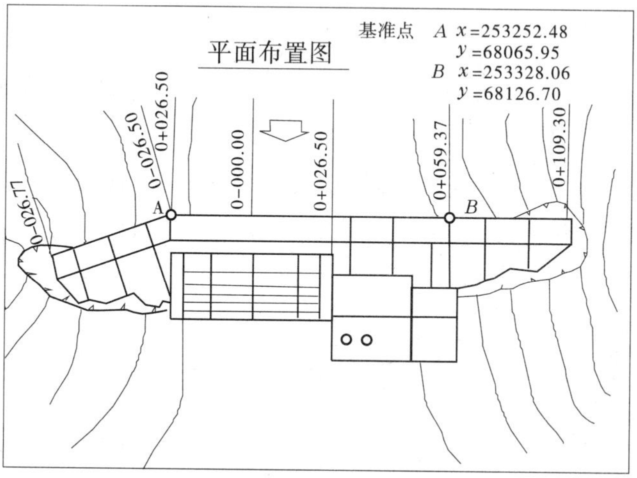

图 7-34 平面尺寸注法

7.4.3.4 长度尺寸的注法

对于坝、隧洞、渠道等较长的水工建筑物，沿轴线的长度方向一般采用“桩号”标注，标注形式为 $K \pm M$，K 为千米数，M 为米数。起点桩号为 $0+000$，起点桩号之前注成 $K—M$ 为负值，起点桩号之后为 $K+M$ 为正值。桩号数字一般垂直于轴线方向注写，且标注在轴线的同一侧，整齐排列。当轴线为折线时，转折点的桩号应重复标注，如图 7-35 所示。

当同一图中几种建筑物均采用“桩号”进行标注时，可在桩号数字前加注文字以示区别，如图 7-36 所示，为某隧洞桩号的标注。

7.4.3.5 连接圆弧与非圆曲线的尺寸注法

连接圆弧需注出圆弧半径、圆弧对应的圆心角，使夹角的两边指向圆弧的端点和切点。根据施工放样的需要，还需注出圆弧的圆心、切点和圆弧两端的高程以及它们长度方向的尺寸，如图 7-37 所示。

非圆曲线尺寸的标注一般是在图中给出曲线的方程式，画出方程的坐标轴，并在图附近列表给出非圆曲线上一系列点的坐标值，如图 7-37 所示溢流坝面的标注。

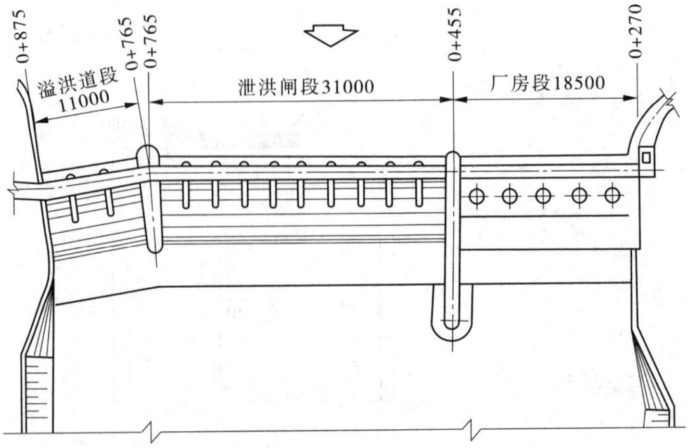

图 7-35　桩号数字的注法

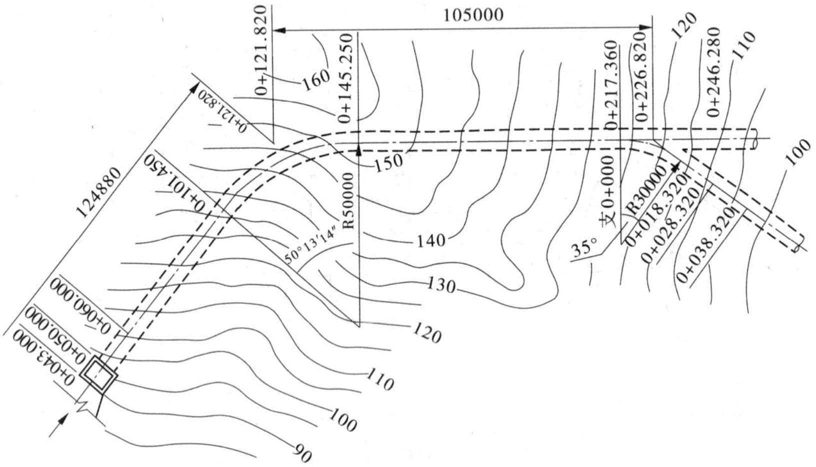

图 7-36

7.4.3.6　多层结构尺寸的注法

在水工图中,多层结构的尺寸常用引出线引出标注。引出线必须垂直通过被引出的各层,文字说明和尺寸数字应按结构的层次注写,如图 7-38 所示。

7.4.3.7　简化注法

均匀分布的相同构件和构造,其尺寸可按图 7-39、图 7-40 所示的方法标注。

7.4.3.8　封闭尺寸链与重复尺寸

图样中既标注各分段尺寸又标注总体尺寸时就形成了封闭尺寸链。若既标注高程又标注高度尺寸就会产生重复尺寸。由于水工建筑物的施工是分段进行的,为便于施工与测量,需要标注封闭尺寸。

若表达水工建筑物的视图较多,难以按投影关系布置,甚至不能画在同一张图纸上,或采用了不同的比例绘制,致使看图时不易找到对应的投影关系,为便于看图,允许标注重复尺寸,但应尽量减少不必要的重复尺寸,另外要防止尺寸之间出现矛盾和差错。

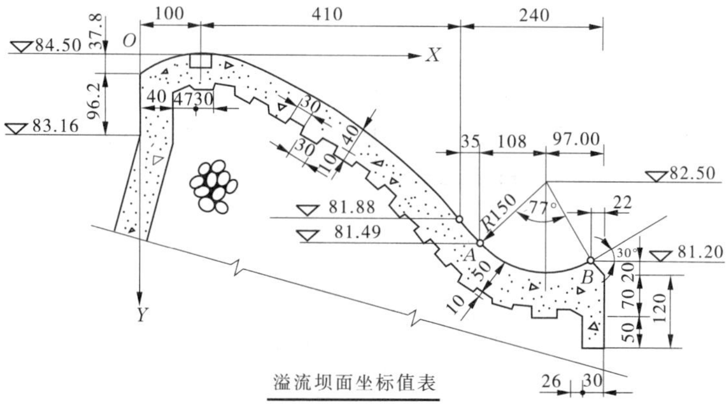

X(cm)	0	30	60	90	120	180	240	300	360	420	510
Y(cm)	37.8	10.8	2.1	0	2.1	18	44.1	76.7	118	169.5	262

图 7-37　溢流坝面的标注

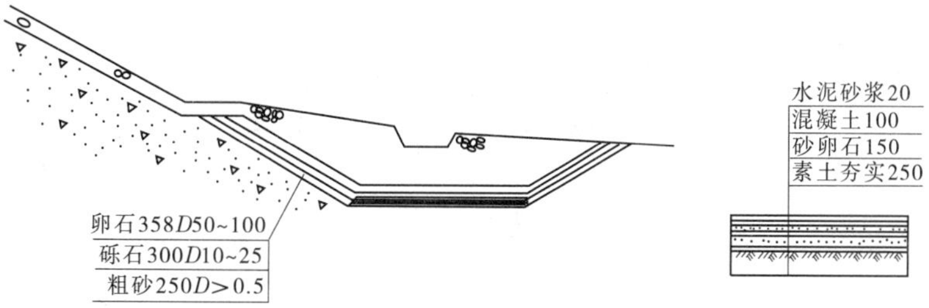

(a)　　　　(b)

图 7-38　多层结构尺寸注法

7.4.4　水利工程图的识读

7.4.4.1　读图的方法和步骤

表达一个水利枢纽的图样往往数量较多，视图一般也比较分散，因此在读图时应按一定的方法步骤进行，才能减少读图的盲目性，提高读图的效率。识读水工图一般由枢纽布置图到建筑结构图，先看主要结构后看次要结构，读建筑结构图时要遵循由总体到局部，由局部到细部，然后由细部回到总体，这样经过几次反复，直到全部看懂。具体步骤如下。

1. 概括了解

读图时，要先看有关的专业资料和设计说明书，按图纸目录依次或有选择地对相关图样进行粗略阅读。读图时首先阅读标题栏和有关说明，从而了解建筑物的名称、作用、比例、尺寸单位以及施工要求等内容。分析水工建筑物总体和各部分采用了哪些表达方法；找出有关视图和剖视图之间的投影关系，明确各视图所表达的内容。

2. 深入阅读

概括了解之后，还要进一步仔细阅读，其顺序一般是由总体到部分，由主要结构到次要结构，逐步深入，读懂建筑物的主要部分后，再识读细部结构。读水工图时，除要运用形体分析法外，还需要了解建筑物的功能和结构常识，运用对照的方法读图，即平面图、剖视图、立

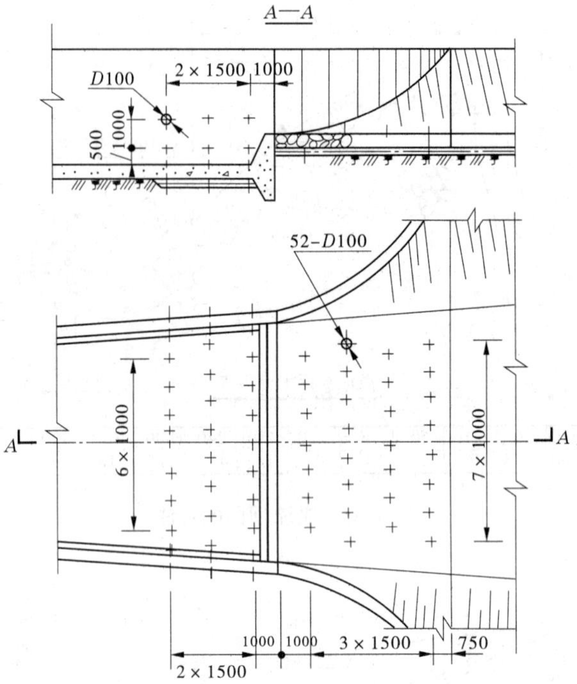

图 7-39　相同构件尺寸注法(一)

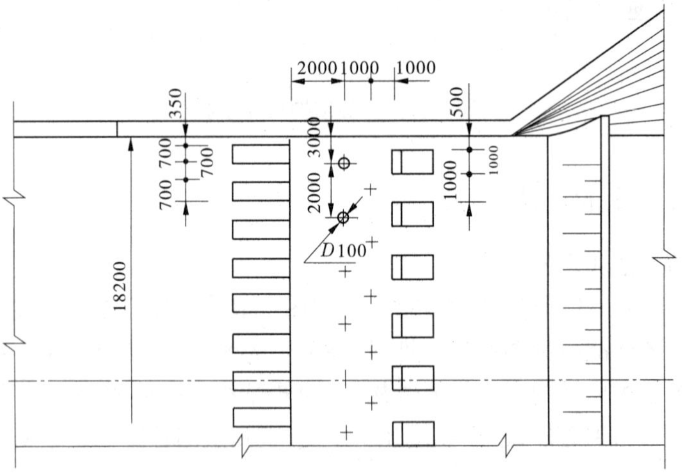

图 7-40　相同构件尺寸注法(二)

面图对照着读,图形、尺寸、文字说明对照着读等。

3. 归纳总结

通过归纳总结,对建筑物(或建筑物群)的大小、形状、位置、功能、结构特点、材料等有一个完整和清晰的了解,图 7-41 为水工图的识读技术路线。

7.4.4.2　水利工程图的识读举例

阅读图 7-42 所示的涵洞设计图。

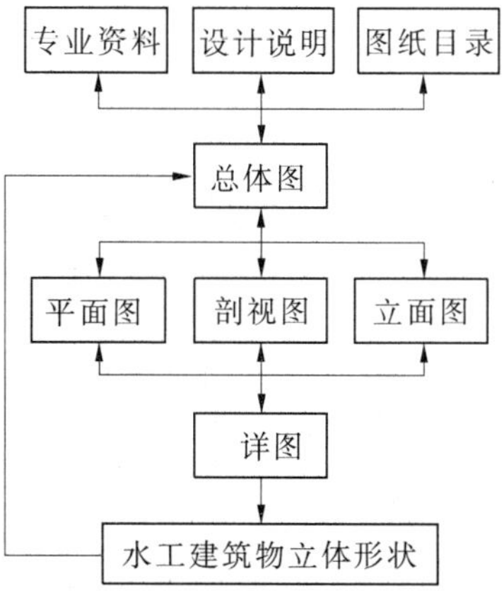

图7-41 水工图的识图技术路线

1. 涵洞的作用和组成

涵洞是修建在渠、堤或路基之下的交叉建筑物。当渠道或交通道路（公路和铁路）通过沟道时常常需用填方，并在填方下设一涵洞，以便使水流或道路通畅。

涵洞一般由进口段、洞身段和出口段三部分组成。常见的涵洞形式有盖板涵洞和拱圈涵洞等。涵洞的施工方法是先开挖筑洞，再回填。

2. 读图

1）概括了解

阅读标题栏和有关说明，可知图名为涵洞设计图，作用是排泄沟内洪水，保证渠道通畅。画图比例为1∶50，尺寸单位为mm。

2）分析视图

本涵洞设计图采用了三个基本视图，即平面图（半剖视图）、纵剖视图、上游立面图和洞身横剖视图组合而成的合成视图，以及两个移出断面图来表达涵洞。

涵洞左右对称，平面图采用对称画法，只画了左边的一半，为了减少图中的虚线，既采用了半剖视图（*D*—*D* 剖视），又采用了拆卸画法。它表达了涵洞各部分的宽度，各剖视图、断面图的剖切位置和投影方向以及涵洞底板的材料。

纵剖视图是一全剖视图，沿涵洞前后对称平面剖切，它表达了涵洞的长度和高度方向的形状、大小和砌筑材料，并表达了渠道和涵洞的连接关系。

上游立面图和 *A*—*A* 剖视图是一合成视图，前者反映涵洞进口段的外形，后者反映洞身的形状、拱圈的厚度及各部分尺寸。

B—*B*、*C*—*C* 为两个移出断面，分别表达了翼墙右端、左端的断面形状，与进口段下部底板的连接关系、细部尺寸及材料。

3）深入阅读

根据涵洞的构造特点，可沿涵洞长度方向将其分为进口段、洞身段和出口段三部分进行分析。

（1）进口段。从平面图和上游立面图可知，进口段为八字翼墙，结合纵剖视图，可以看出翼墙为斜降式，由 *B*—*B* 断面知翼墙材料为浆砌石，两翼墙之间是护底，护底最上游与齿墙合为一体，材料也是浆砌石，在翼墙基础与护底之间设有沉陷缝。

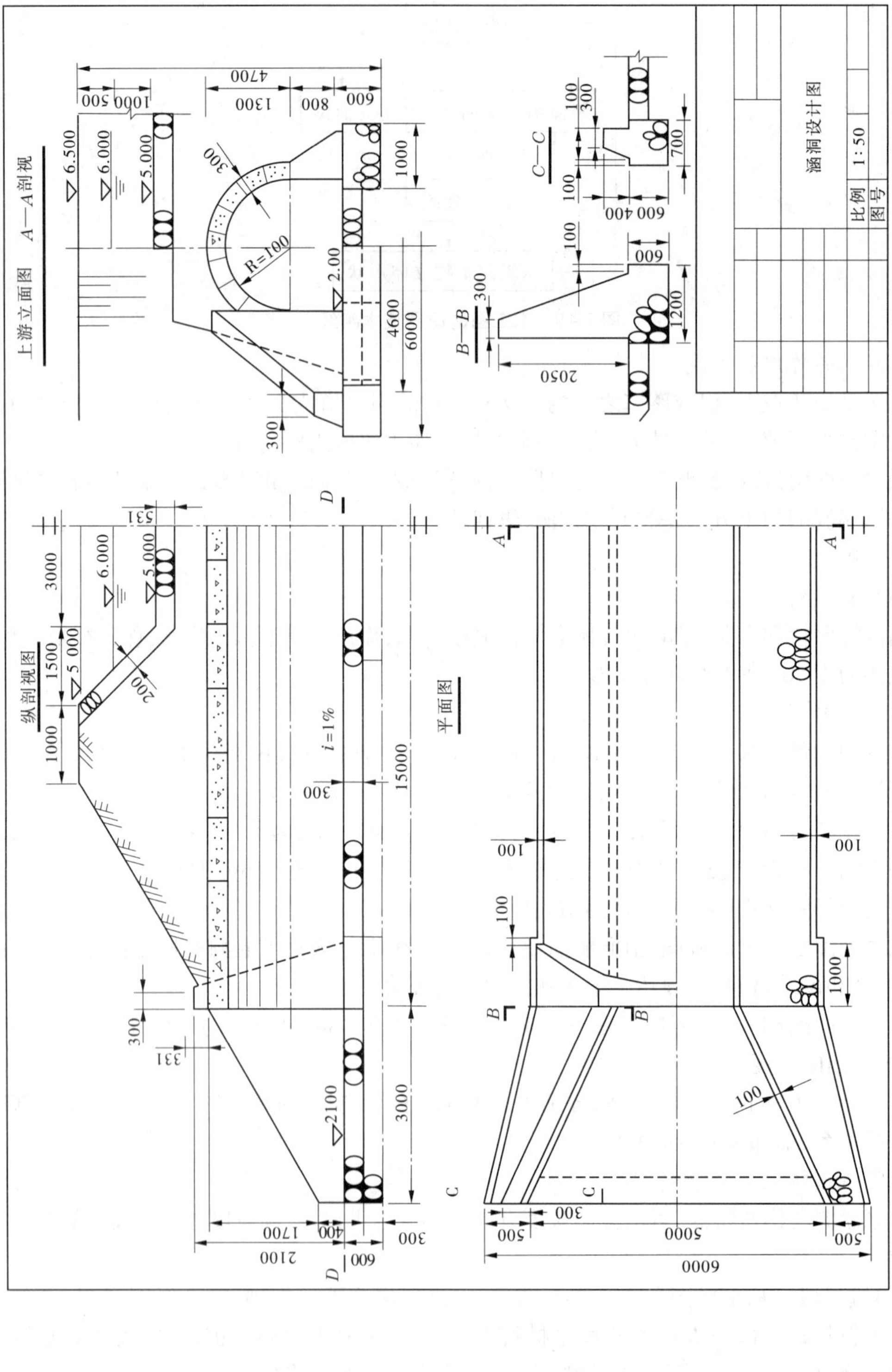

图 7-42 涵洞设计图

(2)洞身。从合成视图可以看出洞身断面为城门洞形,上部是拱圈,用混凝土砖块砌筑而成,下部是边墙和基础,用浆砌石筑成,从纵剖视图可以看出洞底也为浆砌石筑成,其坡降为1%,以便使水流通畅。

(3)出口段。由于该涵洞上游与下游完全对称,出口形体与进口相同。

4)归纳总结

通过以上分析,对涵洞的进口段、洞身段和出口段三大组成部分,先逐段构思,再根据其相对位置关系进行组合,综合想象出整个涵洞的空间形状,如图7-43所示。

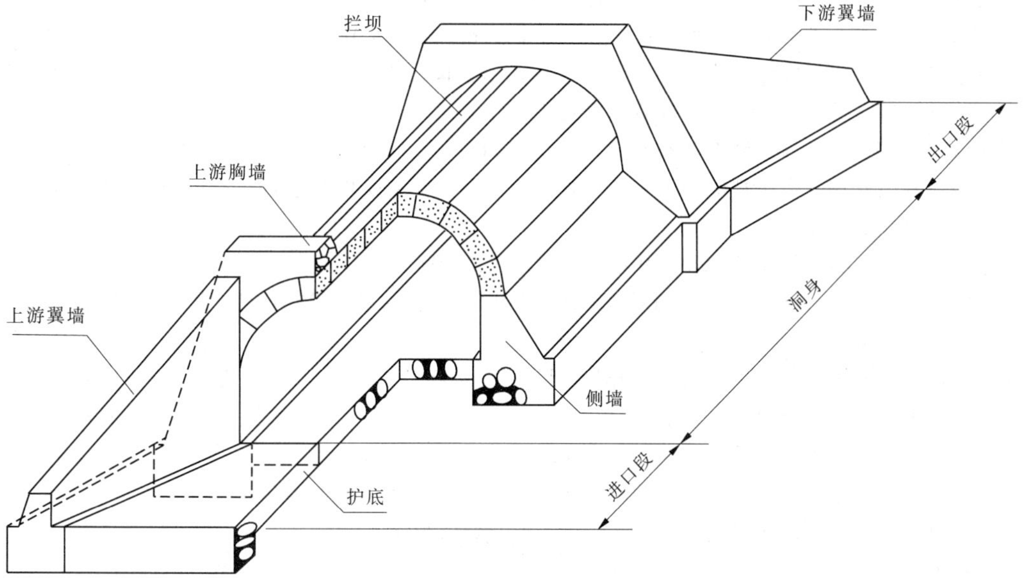

图7-43

参考文献

[1] 何铭新,郎宝敏,陈星铭. 建筑工程制图[M]. 北京:高等教育出版社,2004.
[2] 罗福武. 土木工程概论[M]. 武汉:武汉理工大学出版社,2005.
[3] 江见鲸,叶克明. 土木工程概论 [M]. 北京:高等教育出版社,2001.
[4] 曲恒绪. 土木工程概论[M]. 合肥:合肥工业大学出版社,2010.
[5] 张新来. 工程制图[M]. 北京:中国铁道出版社,2000.
[6] 杨翠花. 工程识图[M]. 北京:人民交通出版社,2001.
[7] 中华人民共和国住房和城乡建设部. 房屋建筑制图统一标准:GB/T 50001—2017[S]. 北京:中国建筑工业出版社,2017.
[8] 焦胜军. 土木工程识图[M]. 北京:中国铁道出版社,2010.
[9] 中华人民共和国铁道部. 高速铁路隧道工程施工技术指南(铁建设(2010)241 号)[S]. 北京:中国铁道出版社,2010.
[10] 何晓科. 水利工程概论[M]. 北京:中国水利出版社,2007.
[11] 杨革. 水利工程概论[M]. 北京:高等教育出版社,2009.
[12] 关宝树. 隧道工程施工要点集[M]. 北京:人民交通出版社,2011.
[13] 童林旭. 地下空间与城市现代化发展[M]. 北京:中国建筑工业出版社,2005.
[14] 丁文其,杨林德. 隧道工程[M]. 北京:人民交通出版社,2012.